'뭐야뭐야'를 통해서
함께 알아가는
'한일'의 역사와 우리

감수

가토 게이키 加藤圭木
히토쓰바시대학·대학원 사회학연구과(한국근현대사·한일관계사) 교수.

엮은이

아사쿠라 기미카 朝倉希実加
히토쓰바시대학 대학원 사회학연구과 석사과정.

이상진 李相眞
히토쓰바시대학 대학원 사회학연구과 박사 후기 과정.

우시키 미쿠 牛木未来
2024년 히토쓰바시대학 대학원 사회학연구과 석사과정 수료(원서 집필 시 동 석사과정 재학).

오키타 마이 沖田まい
2022년 히토쓰바시대학 사회학부 졸업.

구마노 고에이 熊野功英
히토쓰바시대학 대학원 사회학연구과 석사과정.

옮긴이·한글판 감수

서정완 徐禎完, Suh Johng-wan
한림대학교 일본학과 교수, 일본학연구소 소장.

옮긴이

여현정 余賢正, Yeo Hyeon-jeong

한림대학교 미디어스쿨 디지털미디어콘텐츠 전공 2019년 입학. 일본학과 복수전공, 4학년. 2023년 3월부터 일본학연구소 연구보조원으로 활동.

박종후 朴鐘厚, Park Jong-hoo

한림대학교 일본학과 2021년 입학. 4학년. 2022년 1월부터 일본학연구소 연구보조원으로 활동.

'뭐야뭐야'를 통해서 함께 알아가는 '한일'의 역사와 우리

초판발행 2025년 2월 15일

감수 가토 게이키
엮은이 아사쿠라 기미카·이상진·우시키 미쿠·오키타 마이·구마노 고에이
옮긴이 서정완·여현정·박종후
한글판 감수 서정완
한글판 기획 한림대학교 일본학연구소

펴낸이 박성모
펴낸곳 소명출판
출판등록 제1998-000017호
주소 서울시 서초구 사임당로14길 15 서광빌딩 2층
전화 02-585-7840
팩스 02-585-7848
이메일 somyungbooks@daum.net
홈페이지 www.somyong.co.kr

ISBN 979-11-5905-573-7 03300
정가 28,000원

'뭐야뭐야'를 통해서
함께 알아가는
'한일'의 역사와 우리

엮은이	아사쿠라 기미카 · 이상진 · 우시키 미쿠 · 오키타 마이 · 구마노 고에이
감수	가토 게이키
옮긴이	서정완 · 여현정 · 박종후
한글판 감수	서정완

『ひろがる「日韓」のモヤモヤとわたしたち』의 한글판 『'뭐야뭐야'를 통해서 함께 알아가는 한일의 역사와 우리』^{이하,『뭐야뭐야』} 2가 출간되는 것을 매우 기쁘게 생각합니다. 이 책 번역에 진력해 주신 한림대학교 서정완 교수님과 번역 프로젝트팀 여러분에게 감사의 말씀을 드리고 싶습니다.

이 책은 그 전에 간행한 『「日韓」のモヤモヤと大学生のわたし』^{한글판 제목} 『우리가 모르는 건 슬픔이 됩니다』, 이하 『뭐야뭐야』 1의 속편이며, 당시 집필자가 이번에는 편자가 되어 엮었습니다.

저희는 한국문화는 유행하고 있으나 일본에 의한 한반도 식민지지배의 역사에 대해서는 입을 닫는 일본사회, 문화교류로 역사 문제가 해결될 수 있다는 목소리에 '뭐야뭐야'를 느껴서 『뭐야뭐야』 1을 집필한 것입니다. 그러다 보니, 『뭐야뭐야』 1에서는 일본 시민과 한국 문화 팬을 향해서 일본과 한국 / 조선의 역사에 대해서 인권이라는 시점에서 기본적인 내용을 해설하는 것을 첫째 목표로 삼았었습니다. 그리고 역사적 사실뿐 아니라, 일본인이 일본이 저지른 가해의 역사를 어떻게 마주해야 하는가에 대한 문제에 대해서도 생각할 수 있도록 노력했습니다.

이러한 『뭐야뭐야』 1의 후속편이 되는 이 책은 『뭐야뭐야』 1에서는 충분히 다루지 못한 문제에 대한 해설이나 『뭐야뭐야』 1의 내용을 더 깊게 논의한 내용으로 구성했습니다. 구체적으로는 역사부정론의 문제나 재일코리안의 역사, 사회운동에 대한 글을 실었습니다. 그리고 이

『뭐야뭐야』 2도 『뭐야뭐야』 1과 마찬가지로, 기본적으로는 일본인을 향해서 쓴 것입니다. 그래서 한국 독자 여러분에게는 이 책이 일본사회의 상황과 일본인의 역사인식에 대해서 알게 되는 계기가 되지 않을까 생각합니다.

한편 이 책에서는 한국의 역사부정론에 대해서도 다루었습니다. 그 이유는 저희가 후속편을 제작한 배경과도 관계됩니다만, 『뭐야뭐야』 1 간행 이후, 한일 양국에서 나라의 수반이 교체되어 기만적인 '한일우호'라는 관계가 형성되고 있다는 현실이 있습니다. '기만적'이라고 한 것은 현재 한일관계가 역사 문제에 뚜껑을 닫고 '우호'적인 관계를 구축하려는 움직임을 보이고 있기 때문입니다. 이러한 상황은 일본뿐 아니라, 한국의 역사부정론과의 관계도 무시할 수 없게 만듭니다. 물론 이 책에서 지적한 것처럼, 한국의 역사부정론은 일본과 긴밀한 관계에 있습니다만, 이 책이 한국 독자 여러분에게 한국의 역사부정론의 움직임을 보다 구조적으로 이해하는 데 도움이 되기를 바랍니다.

또한 이 책에서는 '일본사회 속 한국과 조선'에 관한 글도 많이 실었습니다. 이 책을 통해서 한국사회에 충분히 알려지지 않은 재일코리안의 역사에 대해서도 이해가 깊어지기를 바랍니다.

마지막으로, 말할 것도 없는 당연한 내용입니다만, 일본은 아직도 한반도 식민지지배에 대한 책임에 충분히 마주하지 않고 있으며, 식민지지배에 의한 피해자의 인권은 아직도 회복되지 않고 있다는 사실을 확인해 두고자 합니다. 이 책임을 다해야 하는 것은 다름이 아닌 일본인이며, 식민지지배에 대한 책임을 추구하는 일도 원래는 일본인이 해야 하는 일입니다. 이런 점을 잘 인식하고 한국의 시민과 함께 작금의 기만적인 '한일우호' 관계를 해체하기 위해서 연대하는 것이 중요하다고 생각합니다. 그러나 이는 어디까지나 인권과 평화를 기반으로 하는 것이어야 할 것입니다. 이러한 한일 시민의 연대로 작금의 한일관계의 현실을 되묻고 재검토하는 일은 일본의 식민지지배에 대한 책임을 추궁하는 일로 이어질 뿐 아니라, 필연적으로 남북 분단의 문제를 해결하기 위한 노력에 기여하는 바가 있다고 생각합니다. 이러한 일을 염두에 두시고 이 책을 읽어주실 것을 편자 일동 바라고 있습니다.

2024년 9월

엮은이를 대표해서 구마노 고에이

　이 책의 원서 『ひろがる「日韓」のモヤモヤとわたしたち』[2023.11]는 히토쓰바시대학 가토 게이키[加藤圭木] 교수가 담당하는 세미나에 모인 학생이 주체적으로 한일 사이에 놓여있는 역사, 사회 문제를 함께 생각하고 고민한 성과와 풀어나가야 할 과제를 담아서 세상에 발신한 책입니다. 이 책의 장점이자 가장 눈여겨봐야 할 특징은 이 책의 출발점이 '한일 근대사 연구'라든지 '과거사 해결을 위한 제안'과 같은 기존의 딱딱한 문제의식이 아니라, 'モヤモヤ[모야모야]'라는 매우 공감도가 높은 일상적인 심적 상태에 있다는 점입니다.

　기성세대가 80년 동안 한일 간의 역사 문제와 여기에서 파생한 현안을 해결하지 못하고 있는 속에 한국의 노래, 영화, 드라마, 화장 등의 대중문화를 통해서 상호 교감하는 젊은 세대가 마치 N극과 S극 사이에서 자리를 못 잡고 빙빙 도는 자석처럼 느끼는 심리적 불안정을 'モヤモヤ'라는 말로 표현하고, 그것이 공감의 확산을 불러일으킨 것입니다.

　이 'モヤモヤ'에는 국가나 민족이라는 배타적인 경계선을 뛰어넘어 민주주의와 인권을 존중하는 시민으로서 옳고 그름을 공유해서 옳음을 지키고 그름을 바꾸려는 의지와 행동이 깃들어 있습니다. 지난 80년 동안 해결하지 못한 역사, 인권, 차별 문제를 한 올 한 올 풀어나갈 수 있는 실마리를 이처럼 젊은 세대가 주도하는 시민의식의 공유와 공감에서 찾아야 할지도 모릅니다.

　필자는 2023학년도 한림대학교 일본학과 3~4학년 대상 담당 교과

목 실라버스^{syllabus}를 작성하면서, 기존의 내용을 모두 버리고 완전히 새로운 실라버스를 구상하던 중에 『「日韓」のモヤモヤと大学生のわたし』^{2021.7}를 만났습니다. 바로 2023년 1학기, 2학기 교재로 채택했고, 2024년도 1학기에는 그 후속인 『ひろがる「日韓」のモヤモヤとわたしたち』를 교재로 채택했습니다. 이 두 책을 주교재로 선택한 이유는 일본에서 한국을 바라보며 생기는 'モヤモヤ'는 그 방향만 바꾸어서 한국에서 일본을 바라보면, 바로 한국 학생이 느끼거나 품게 되는 'モヤモヤ'이기 때문입니다. 그리고 대학생, 대학원생이 주축이 되어 제작한 책이라는 점에서 같은 세대 한일 대학생의 입장과 생각의 차이에 대한 부분을 수강생이 직접 체감할 수 있다고 판단했기 때문입니다. 실제로 3학기에 걸쳐서 강의를 진행해 보니, 'モヤモヤ'를 매개로 '상호 교감'이라는 화학반응이 바로 일어났습니다. 그만큼 이 'モヤモヤ'를 통한 접근은 실효성이 있다는 뜻이 되겠지요.

그런데 막상 번역에 임하면 이 'モヤモヤ'를 어떻게 옮겨야 할지 매우 고민스러운 것 또한 사실입니다. 그 이유는 'モヤモヤ'는 '답답함', '불안함', '두려움', '걱정' 등 다양한 스펙트럼을 가지는 동시에, 때로는 '분노'나 '불만'이라는 심리상태를 내포하기도 하기 때문입니다. 게다가 이 'モヤモヤ'의 대상도 때로는 사람일 수도 있고, 때로는 현재의 현실이나 상황, 때로는 국가나 집단일 수도 있는 등 매우 광범위하기도 합니다. 게다가 'モヤモヤ'라는 대상은 때로는 'モヤモヤ'를 촉발하는 기점이자 원인이기도 합니다. 즉 이렇게 다양한 스펙트럼을 가진 'モヤモヤ'를 '답답함'이나 '슬픔'으로 번역하면 'モヤモヤ'가 가진 다양성을 특정 의미와 범위로 좁히는 일이 되어, 그 의미의 폭을 단순화하고 평면화하게 됩니다. 이는 'モヤモヤ'의 해체라고 해도 과언이 아닐 것입니다. 그렇게 되면 이 책을 번역 출판하는 의미가 반감되기에 고민 끝에 쉬운 길을 택하지 않고, 더 좋은 출구를 찾는 쪽을 선택했습니다. 즉 'fuzzy'하지만 많은 사람이 공감하는 'モヤモヤ'를 살리는 것이 이 책의 특징과 기획의도를 살리는 기본이 된다고 생각했기 때문입니다.

숙고한 끝에 'モヤモヤ'를 '뭐야뭐야'로 옮기기로 했습니다.

소리가 비슷한 것도 있지만, 그보다 중요한 것은 어떤 상황이나 문제에 대해서 "뭐가 문제야", "해법이 뭐야", "어떻게 하면 되는데"라는 물음인 '뭐야뭐야'가 'モヤモヤ'의 심정과 상당히 호응하는 데가 있다고 판단했기 때문입니다. 그리고 요즘 한국의 젊은 세대는 '뭐야뭐야'를 '모야모야'라고 쓰기도 합니다. 즉 'モヤモヤ'와 같은 소리 '뭐야뭐야'이기도 한 것입니다. 완전한 번역은 아닐 수도 있으나, 'モヤモヤ'를 살린다는 점에서는 생각이 미치는 범위에서는 가장 유효하다고 판단했습니다.

그리고 'モヤモヤ = 뭐야뭐야'로 옮기기로 한 것을 받아서, 이 책에서는 편의상 『「日韓」のモヤモヤと大学生のわたし』를 『뭐야뭐야』 1로, 『ひろがる「日韓」のモヤモヤとわたしたち』를 『뭐야뭐야』 2로 줄여서 표기하였습니다.

마지막으로 번역 과정에서 고심한 부분이 있습니다.

일본어에서는 '한반도'를 '간한토^{韓半島}'라 하지 않고 '조센한토^{朝鮮半島}'라 하며, 이 말이 표준어처럼 정착되어 있습니다. 더 복잡한 것은 우리

말 '한국', '한국인', '한국어'에 대한 일본어가 '간코쿠^{韓國}', '간코쿠징^{韓國人}', '간코쿠고^{韓國語}'이기도 하지만, 때로는 '조센^{朝鮮}', '조센징^{朝鮮人}', '조센고^{朝鮮語}'라고도 한다는 점입니다. 즉 '조센^{朝鮮}'이라는 말은 '조선왕조', '식민지 조선', 해방 후의 '한국' 또는 '북한', 때로는 '한반도 전체'를 지칭하므로, 문맥에 따라 어휘 선택을 신중하게 해야 합니다. 구체적으로는 일본어 원서의 '朝鮮'을 '조선'으로 할 것인가, 또는 '한국'으로 옮길 것인가, 아니면 '한반도'로 옮길 것인가 입니다. 한편 일본어에서는 조선민주주의인민공화국＝북한을 지칭할 때 '훗칸^{北韓}'이 아니라, '기타조센^{北朝鮮}'이라고 합니다. 한국은 '한반도', 북한은 '조선반도', 일본은 '조센한토'를 쓰는데, 이처럼 복잡한 양상을 우리는 어떻게 이해해야 할까요?

일본인 지인에게 물으면 "이것은 일본에서 사용되어 온 관행이니까"라고 넘기는 경우가 있습니다만, 개인적으로 이에 동의하지 않습니다. 그 이유는, 백 보 양보해서 이것이 '관행'이라고 해도, 그 '관행'은 어디서 온 것일까요? 이 부분을 생각해야 하기 때문입니다. 이 책에서도 언급하고 있습니다만, 일본이 저지른 조선에 대한 식민지통치와 그 과정에서 멸시하며 수탈한 암울한 역사를 제대로 인정하고 배우며 거기서 미래를 위한 교훈을 얻지 못한 결과, 지금까지 그 잔재를 이어온 것이 '혐한'에 대표되는 작금의 차별이 아닐까요? 한일 양국의 과거사를 의식한 양심적인 일본인 연구자가 저서에 "'조선'은 역사적 용어로 사용했습니다"는 양해의 말을 남기는 것은 차별하려는 의도는 전혀 없다는 본인의 양심을 밝히고, 불쾌하게 생각하는 피해자가 생기지 않기를 바라는 마음일 것입니다. 이 책 원서에서도 "이 책에서는 '조선'이라는 용어를 민족명, 지역명으로 사용합니다", "대한민국과 북한 중 어느 한 나라를 가리키는 것이 아닙니다" 또한 "'조선인'이라는 용어는 민족의 총칭으로써 사용합니다", "일본의 식민지지배 결과로 일본에 거주하게 된 조선인과 그 자손을 국적 및 일본의 외국인등록 상의 국적 표시, 소속 단체와 상관없이 '재일조선인'이라 부르겠습니다^{당사자 자신이 쓰는 호칭을 부정하는} ^{게 아닙니다}"라는 설명을 두고 있습니다. 『뭐야뭐야』 2 편자 여러분이 보여준 고민과 배려의 흔적이라 생각합니다. '조선'을 둘러싼 문제는 이 책에서 지적하는 피해자의 명예가 회복되지 않은 과제의 연장선에 있는 것이며, 단순한 언어적 '관행'의 문제는 아니라고 생각합니다. 이것이 관행이라면, 일본 우익이 한국, 한국인, 재일코리안에 대해서 기본 인권을 짓밟은 그야말로 혐오스러운 발언을 하는 것도 일본사회의 관행이라는 말이 됩니다. 그렇지 않다고 생각합니다.

그런데 이런 양해가 필요하지 않은 사회가 바람직하고 자연스럽고, 이런 양해를 구해야 하는 현실 자체가 문제를 품고 있다는 것을 말해준다고 생각합니다. 『뭐야뭐야』 1도 『뭐야뭐야』 2도 이런 문제가 해소된 사회를 만들고 싶다는 열정에 의해서 이 세상에 나온 것이라 생각합니다. 이번 한글판 또한 편자 여러분의 훌륭한 뜻에 조금이나마 도움이 되기를 바랍니다.

이상과 같은 동참 의식의 실천으로, 이 책에서는 일본어 '朝鮮'과 관련해서 식민지 조선, 일제강점기 조선 / 대한제국을 칭하는 경우는 그대로 '조선'으로 표기했으며, 해방 이후 한국을 칭한다고 판단되는 경우는 '한국'으로, 북한을 칭한다고 판단되는 경우는 '북한'으로 옮겼습니다. 그리고 남북한 전체를 칭한다고 판단되는 경우는 '한반도'로 옮겼습니다. 그리고 필요에 따라서 '한국 / 조선인' 등으로 병기하기도 했습니다. 그리고 '재일한국인', '재일조선인', '재일한국조선인' 부분은 특별한 경우가 아니라면 '재일코리안'으로 통일했으며, '북한 = 조선민주주의인민공화국'을 '공화국'으로 표기한 부분은 '북한'으로 통일했습니다. 완전한 규칙이 될 수는 없겠으나, 최대한 객관성을 담보하면서, 『뭐야뭐야』 2의 편자 입장을 존중하면서도 한국 독자의 가독성도 고려한 결정임을 말씀드립니다. 그리고 참고문헌은 원문 그대로 표기하는 것을 원칙으로 했습니다. 연구자에게 문헌 추적을 가능하게 하기 위함과 동시에 일본어 참고문헌 제목을 국문으로 옮기는 의미가 없다고 판단했습니다. 반대로 이 책에서 인용한 국내 참고문헌은 일본어로 옮겨놓았는데, 한글판에서는 모두 한글로 복원했습니다.

일본의 한반도 침략과 식민지지배, 계속되는 전쟁에 의한 폭력의 일상화와 광기에 의한 인간성 상실, 그리고 냉전체제에 의한 남북 분단은 이데올로기와 진영 논리 앞에 인간의 존엄과 인간성을 마비시켰습니다. 일본어 '朝鮮'의 해석 문제는 번역이라는 어휘 선택이나 언어적 관행 문제가 아니라, 『뭐야뭐야』 2에서도 다루고 있는 역사 문제이고 사람의 존중과 인권의 문제이자 '우리' 문제인 것입니다. 침략과 수탈이라는 식민지지배, 폭력성이 극대화되고 정당화되는 전쟁의 반복과 점점 마비되고 상실하는 인간성을 회복하고 지키려는 마음에서 '뭐야뭐야'가 피어오른다고 생각합니다. 대일본제국에 의한 제국주의와 식민지주의라는 욕망에 의한 가해의 역사와 이데올로기에 의한 냉전체제가 갈라놓은 남북 분단의 아픔이, 그리고 오늘날 우리의 무관심과 무지가 만들어 낸 근대사의 상흔傷痕을 아직도 해소하지 못하고 있는 한국과 일본, 넓게는 동아시아라는 공간으로 시선을 넓혀서 '우리'의 과제를 제대로 인식하고 함께 노력할 수 있으면 합니다.

마지막으로 한국과 일본의 젊은 세대가 민주주의와 인권을 공통된 가치관으로 삼고, 상호 존중하며 화해와 공존이라는 미래를 위해서 함께 고민하고 실천하는 구호로 'モヤモヤ / 모야모야 / 뭐야뭐야'가 자리를 잡기를 한 한국인 일본 연구자로서 진심으로 바랍니다. 이 책을 번역출판하는 이유이기도 합니다.

2025년 2월
한림대학교 일본학연구소
소장 서정완

이 책에 관심을 가져주셔서 감사합니다. 한일 사이에서 느끼는 '뭐야뭐야'[1]라는 말이 눈에 들어와서, 또는 한일관계를 알고 싶어서 이 책을 고르신 것이 아닐까, 추측해 봅니다. 어쩌면 전작인 히토쓰바시대학 사회학부 교수 가토 게이키 세미나편 『「日韓」のモヤモヤと大学生のわたし』[이하, 『뭐야뭐야』]1을 읽어 주신 분도 계시겠죠. 다시 만나 뵙게 되어 반갑습니다!

저희는 2021년 7월에 『뭐야뭐야』 1을 펴냈습니다. 일본에서는 K-POP, 한국 드라마를 필두로 한국 문화가 유행하고 있지만, 일본과 한국의 역사 이야기는 화제에 올리는 경우가 좀처럼 흔하지 않습니다. 한일 교류를 통해 양국의 대립을 넘어설 수 있다고 하지만, 과연 정말 그럴까요? 저희가 느끼는 한일의 '뭐야뭐야'를 많은 분과 공유하고 싶다는 마음으로 『뭐야뭐야』 1을 펴냈습니다. '전후 최악의 한일관계'라는 말이 나오는 상황에서 다양한 '뭐야뭐야'를 품은 사람이 많았는지, 『뭐야뭐야』 1은 저희 예상을 뛰어넘어 많은 분께서 읽어 주셨습니다.

시간의 흐름은 참으로 빨라서 『뭐야뭐야』 1이 출간된 지 벌써 약 2년이라는 시간이 흘렀습니다. 대학생이었던 저희는 어느덧 대학원생과 회사원이 되었습니다. 그리고 그동안 한일 양국의 수반首班이 바뀌고, 여행자가 급증해서 왕래가 잦아지고 쉬워지는 등, 많은 변화가 있었습

----

1 **[역자주]** 일본어 'モヤモヤ'를 '뭐야뭐야'로 번역한 이유에 대해서는 '역자 서문'에서 그 취지와 이유를 밝혔으니 참조 바랍니다.

니다. 언론매체에서도 양국의 '화해' 분위기를 알리는 기사가 쏟아지고 있습니다. 그러나 한편으로 저희 마음속에는 『뭐야뭐야』 1에서 미처 전하지 못한 이야기가 많이 남아 있었습니다. 그리고 이 '뭐야뭐야'에서 발전해서 사회를 어떻게 바꿔야 하고, 그러기 위해서 어떤 행동을 해야 하는지 고민하는 목소리도 많이 접할 수 있었습니다. 그래서 『뭐야뭐야』 1을 발판으로 한일 양국의 변화에 대응하면서도 독자 여러분을 격려할 수 있는 책을 만들고 싶다는 마음으로 이 『뭐야뭐야』 2『ひろがる「日韓」の モヤモヤとわたしたち』2를 펴내기로 했습니다. 이번에는 『뭐야뭐야』 1의 저자 5명이 엮은이가 되어 이 책을 준비했습니다.

이 책에서는 우선 첫 번째 이야기에서는 한일 사이에서 느끼는 '뭐야뭐야'가 어떻게 공유되었는지 알아보겠습니다. 두 번째 이야기에서는 애초에 '뭐야뭐야'가 왜 생겼는지에 대한 의문에 접근하기 위해서 일본 사회에서 이는 역사 부정에 대해서 살펴보겠습니다. 세 번째 이야기에서는 '한일'이라는 시점으로는 다 담을 수 없는 한국인과 한국의 역사에 대해 저희가 실제로 보고, 듣고, 느낀 점과 함께 생각해 보겠습니다. 네 번째 이야기에서는 이상의 내용을 바탕으로 우리 한 사람, 한 사람이 사회를 바꾸기 위해 무엇을 할 수 있는지 생각해 보고자 합니다.

그리고 각 장에는 저희가 게스트를 초빙해서 개최한 행사에 관한 기록과 한일 양국의 사회와 우리 삶에 관해서 이야기를 나눈 좌담회를 실었습니다. 독자 여러분께서도 좌담회에 참여하는 마음으로 읽어 주셨으면 합니다.

이 책이 '뭐야뭐야'를 기점으로 우리 사회를 다시 생각하게 되고, 새로운 사회를 실현하는 출발점이 되기를 바랍니다.

2023년 6월

엮은이를 대표하여 구마노 고에이

이 책을 엮은 사람

아사쿠라 기미카朝倉希実加

히토쓰바시一橋대학 대학원 사회학연구과 석사과정 2학년. 1999년생, 주로 도쿄에서 자랐으며, 현재2023년 6월 한국 유학 중입니다. 대학원에서는 일제 식민지시기 여성운동을 연구하고 있습니다. 최근에는 예쁜 카페나 잡화점을 찾는 즐거움에 빠져 있습니다. 그리고 역사박물관을 돌거나 집회에 참여하거나 하고 있습니다.

이상진李相眞

히토쓰바시대학 대학원 사회학연구과 박사 후기 과정 1학년. 1996년생. 한국 출신. 2023년 1월에 석사논문을 제출하고 박사 후기 과정에 진학했습니다. 현재2023년 6월 1년 동안 휴학하고 한국에 와 있습니다. COVID-19 때문에 4년 정도 한국에 돌아가지 못했기에 올해는 한국에서 다양한 경험을 하면서 즐길 생각입니다.

우시키 미쿠牛木未来

히토쓰바시대학 사회학연구과 석사과정 3학년. 1999년생. 도쿄 출신. 『뭐야 뭐야』1 집필 후에 한국에 유학하는 등 시민운동에 참여하고, 석사논문 집필을 하고 있습니다, 유학 중에 먹었던 밥이 그리워서 서울에서 젓가락, 컵, 접시 등 한 세트 장만했습니다. 연구 주제는 일제 식민지시기 평안북도의 농업사입니다.

오키타 마이沖田まい

2022년 히토쓰바시대학 사회학부 졸업. 회사원 2년째. 1999년생. 도쿄 출신. 대학 다닐 때부터 아르바이트에 학생 단체 일 등, 바쁘게 지냈습니다만, 취업 후에는 더더욱 일에 몰두하는 삶을 달리고 있습니다. 바쁜 일상에 쫓기면서 관심을 보여주신 여러분과 이 책을 통해서 이어지기를 바랍니다.

구마노 고에이熊野功英

히토쓰바시대학 대학원 사회학연구과 석사과정 2학년. 1999년생. 도쿄 출신. 대학원에서는 일제 식민지시기 성매매를 연구하고 있습니다. 요즘 K-POP은 제4세대를 주로 듣고 있으며, 특히 aespa, LE SSERAFIM, NewJeans를 좋아합니다. 싱어송라이터인 백예린도 자주 듣습니다.

얼굴 그림

하바 이쿠호羽場育保

2021년 히토쓰바시대학 사회학부 졸업.

* 이상은 원서 집필 시점의 프로필임.

첫 번째 이야기

두 번째 이야기

확산하는 '한일'의 '뭐야뭐야'

『뭐야뭐야』 1을 간행한 이래 많은 독자께서

'한일'의 '뭐야뭐야'에 대해 함께 생각해 주셨습니다.

첫 번째 이야기에서는 먼저 이런 확산을 되돌아보고 싶습니다.

그리고 그다음에 일본과 한국의 역사에 대해서 배우는 과정에서

새로 만나게 된 '뭐야뭐야'에 대해서 생각해 보겠습니다.

확산하는
'한일'의 '뭐야뭐야'

구마노 고에이熊野功英

『뭐야뭐야』1을 제작하다

한일 사이에서 느끼는 '뭐야뭐야'. 이 말을 듣고 느껴지는 바가 있는 사람은 뉴스에서 한일관계를 다룬 보도를 보았거나, 주변 사람들과의 대화중에 한국 관련 화제가 나왔을 때 뭔가 답답함을 느낀 적이 있었던 사람이라 생각합니다. 또한 K-POP이나 한국 드라마 등의 한국 문화를 좋아하는 사람이라면 분명 한일관계나 역사 문제에 부딪힌 경험이 있었을 것입니다.

좋아하는 아이돌이나 배우가 역사 문제와 관련된 발언으로 SNS가 악성 댓글로 도배가 되었을 때 '반일'일지도 모른다. 그렇지만 역사 문제는 잘 모르겠다. 즐거운 마음으로 팬덤 문화 '덕질'을 하고 싶으니까, 역사와 관련해서는 되도록 건들지 않는 편이 좋을지도 모른다. 이런 생각을 해본 사람도 적지 않을 것입니다.

한편, 누군가에게 한국에 관한 부정적인 이야기를 듣고 상처받은 사람도 있을지 모릅니다.

이런 분들을 위해서 저희가 펴낸 책이 2021년 7월에 간행된 『뭐야뭐야』1입니다. 『뭐야뭐야』1 제작 배경에는 일본사회에서 한국 문화가 유행하는 한편 일본이 가해한 역사와 관련된 이야기는 나오지 않는 상황, 즉 한국 문화나 한일 교류를 통해 한일 양국의 대립을 완화할 수 있다는 이야기에 저희는 '뭐야뭐야'를 느꼈습니다. 왜냐하면 이러한 상황과 이야기는 일본인이 기분을 해하지 않는 것만 즐기고, 일본이 가해한 역사를 무시하는 단지 '문화의 소비'라고 할 수 있는 태도이기 때문입니다. 또한 애초에 일본이 지금까지 대한제국에 대한 침략과 식민지지배라는 역사를 진지하게 마주하지 않은 점이 바로 역사 문제의 근본적인 원인임에도 불구하고, 이것이 마치 한일 간의 '피차일반'인 문제로 여기는 경우도 많아서, 이러한 일본에 의한 가해의 역사를 묻지않는 한일 양국의 교류에는 문제가 있다고 생각했습니다. 이처럼 일본에 의한 가해의 역사를 경시하는 움직임은 비교적 한국에 호의적이라고 할 수 있는 젊은 세대에서도 볼 수 있는 일이므로, 저희 스스로의 문제이기도 합니다. 그래서 저희는 한국뿐만 아니라 조선민주주의인민공화국이나 다른 아시아 여러 나라까지 포함해서 각국에 자행한 일본의 가해의 역사에 대해서 성급한 '화해'를 논하기 전에 일본이 앞장서서 진상규명, 사실인정, 공식사과, 법적책임의 인정, 배상, 책임자 처벌, 재발 방지 조치, 기억사업 등이 실행되어야 한다는 저희 생각을 전하려고 노력했습니다. 그리고 그 축은 한일간의 역사 문제가 되며, 정치·외교 문제 이전에 인권 문제라는 사실입니다.

하지만 이러한 저희의 생각을 한국 문화 팬이나 역사에 관심이 없는 사람에게 어떻게 하면 이해받을 수 있을지가 가장 큰 과제였습니다. 그래서 저희는 저희 스스로가 품고 있던 한일간의 '뭐야뭐야'나 스스로가 차별적인 언동을 해버린 이야기, 역사를 배우기 시작한 경위 등을 '나'라는 개인 이야기를 에세이와 좌담회의 형식으로 전하기로 한 것입니다.

이 작업이 많은 분에게 공감을 불러일으켰는지 『뭐야뭐야』 1은 한일 사이에서 '뭐야뭐야'를 품고 있던 분들이 관심을 보여주셔서, 2022년 3월에는 누계 1만 부를 달성했습니다. K-POP 팬 등의 규모를 생각하면 미미한 숫자일 수 있습니다만, 그렇다고 하더라도, 적지 않은 분이 한일의 '뭐야뭐야'를 통해서 역사를 배우고, 생각하기 시작한 것입니다.

'뭐야뭐야'의 연쇄작용

『「日韓」のモヤモヤと大学生のわたし』^{『뭐야뭐야』} 1이라는 제목을 가진 책을 간행한다고 공표했을 때부터 '「日韓」のモヤモヤ'라는 말에 반응을 보이며, 트위터^{현 X}에서 '책 내용이 신경 쓰인다'는 의견이 많았습니다. 『뭐야뭐야』 1이 간행되자, 관련 정보가 트위터를 시작으로 SNS상에서 급속도로 확산되었습니다.

여기서 특징적이었던 것은 저희 체험담에서 촉발되었는지 자기가

『뭐야뭐야』 1, 촬영: 구마노 고에이.

한일 사이에서 느낀 '뭐야뭐야'에 어떻게 대응했는지를 담은 글이 블로그나 트위터에 계속 올라왔다는 점입니다. "나도 K-POP이나 한국 드라마를 즐기면서 '뭐야뭐야'를 느끼거나 차별적인 언동을 해버린 적이 있다", "나 자신의 무지함이나 역사 문제와 차별에 대해서 생각하지 않아도 살아올 수 있었던 일본인의 특권에 대해서 깨닫게 되었다." 이러한 솔직한 고백을 담은 글도 많았습니다. 그리고 이번에는 이들 글을 읽은 사람들이 "나도 비슷한 일로 '뭐야뭐야'를 느끼고 있다"는 사실을 깨닫고 『뭐야뭐야』 1을 알게 되는 계기가 되거나, 배움의 시작이 되곤 했습니다. 저희가 이야기한 '뭐야뭐야'가 독자의 '뭐야뭐야'가 되고, 그것이 다시 다른 사람이 자신의 '뭐야뭐야'를 깨닫게 되는 이른바 "'뭐야뭐야'의 연쇄"가 일어난 것입니다.

앞서 일본사회에서 한국 문화가 유행하는 한편 일본에 의한 가해의 역사에 대해서는 언급되지 않고 있는 상황에 대해서 언급했습니다만, 그 이유는 역시 역사 문제를 이야기하는 것이 금기시되어 있기 때문일 것입니다. 또한 "역사와 문화는 별개니까"라는 식으로, 과거의 역사는 일단 덮어두고 문화만을 즐기려는 사람이 많았던 것으로 생각됩니다. 유감스럽게도 일본사회 전체를 놓고 보면 이런 풍조는 확실히 여전히 계속되고 있습니다. 그러나 『뭐야뭐야』 1이 하나의 계기가 되어, 적어도 일부 한국 문화 팬 사이에서 일본에 의한 가해의 역사에 대해 이야기하고 마주하고자 하는 분위기가 생겨났습니다.

실제로 『뭐야뭐야』 1 간행 전부터 책이 나오기를 기다렸다는 hiko 씨는 트위터에 "이 책이 당시 내가 기댈 수 있는 든든한 버팀목 같은 존재였어…… 지금처럼 많은 것을 공유할 수 있는 BTS 팬인 아미[A.R.M.Y]나 K-POP 팬을 만나지 못한 때여서 어디에 접속하면 되는지 몰랐기 때문에"[2023.5.26]라고 과거를 회상하는데, 이를 통해서 『뭐야뭐야』 1 간행 전과 후는 '뭐야뭐야'에 대해서 함께 이야기를 나눌 수 있는 장의 확산에 커다란 차이가 있음을 알 수 있습니다. 또한, hiko 씨는 '원폭티셔츠' 문제[2018년에 BTS 멤버가 원폭이 그려진 티셔츠를 입은 것이 문제가 된 건, 『뭐야뭐야』 1 중 「K-POP 아티스트가 입은 '원폭티셔츠」 참조]와 관련해서 아래와 같이 의견을 주셨습니다.[2023.6.30, 트위터 다이렉트 메시지]

지극히 개인적인 의견입니다만, 한일 양국의 역사에 대해서 조금씩 이야기할 수 있게 되어도, '티셔츠' 건에 대해서는 무서워서 이야기를 꺼낼 수도 없었고, 이야기해서는 안 되는 것으로 되어 있었는데, 조금씩 이야기할 수 있게 된 계기 중 하나가 '뭐야뭐야' 1'이었다고 생각합니다. 저도 '티셔츠'가 헤이트 스피치에 이용되었을 때, '광복절'을 설명하면서 반박할 수 있게 되었습니다. 반박하면서 이 문제에 대해서 모르는 아미가 이 문제에 대해 알아줬으면 하는 마음이 강했습니다. 역사와 '티셔츠'에 대해 언급할 수 있게 되었고, 이런 이야기를 공유하게 되어, 이 책을 읽지 않은 사람에게도 지식, 인식이 확산되었다고 생각합니다.

이처럼 『뭐야뭐야』 1이라는 책 한 권이 계기가 되어 K-POP 팬이 역사 문제에 대해 올바른 지식이나 인식을 갖게 되고, 그것을 다른 팬에게도 확산하게 되는 상황을 알 수 있습니다. K-POP 팬이 역사를 배우고 이와 관련해서 이야기를 나누는 일이 흔치 않았던 이전 상황을 떠올리면, 『뭐야뭐야』 1 독자에 의해서 그동안 금기시되었던 것이 어쩌면 깨졌다고 할 수도 있습니다.

'뭐야뭐야'의 연쇄는 블로그나 트윗에서 그치지 않았습니다. 일부 독자 사이에서 실시간으로 대화할 수 있는 장이 생겨난 것입니다. 하나 예를 들면, 트위터의 스페이스^{이용자가 음성으로 소통이 가능한 기능}를 이용한 '뭐야뭐야'에 대한 생각을 나누는 공간입니다. 일부 독자가 이 스페이스 기능을 통해서 다른 이용자와 연결해서 '뭐야뭐야'나 그와 관련해서 배운 내용을 공유하고, 이 이야기를 듣고 있던 다른 이용자가 본인 감상을 이야기하면서 서로 대화를 나누는 관계가 형성되었습니다. 그리고 『뭐야뭐야』 1을 교재로 한 독서회도 대면과 비대면으로 개최되고 있으며, 한일 사이의 '뭐야뭐야'에 대해서 밀도 있는 대화도 나누고 있는 모양입니다.

여기서 말하는 '뭐야뭐야'란 역사적 사실에 관한 '뭐야뭐야'라기보다는 아직도 민족 차별이 존재하거나, 역사 문제에 관심이 적은 일본사회에 대한 '뭐야뭐야'입니다. 실제로 K-POP 아이돌의 언행이나 한국 드라마가 계기가 되어, 팬이 차별적인 언행을 해서 역사 문제가 화제로 오를 때마다 『뭐야뭐야』 1의 독자가 배움을 공유하거나 책이나 영화를 추천하고 소개하는 활동도 이루어지고 있습니다. 이런 상황에 대해서

hiko 씨도 자신이 생각하는 『뭐야뭐야』 1의 의의에 대해 아래와 같이 말씀하고 계십니다. 2023.6.30, 상동

무슨 문제가 생기면 (팬덤에서는 언제나 어떤 일이 일어나고 있습니다만) 일단 이 책부터 추천하는 등, 우리 사이에서 공통인식처럼 되었다고 생각합니다. 팬덤에서는 계속해서 사람이 바뀌기 때문에 그때마다 몇 번이고 이야기를 해주고 싶고, 그럴 때마다 『뭐야뭐야』 1을 추천하고 싶습니다. 고민에 빠져있던 저이기에 『뭐야뭐야』 1이 간행된다는 사실을 접했을 때부터 저에게는 기댈 수 있는 든든한 버팀목과 같은 존재였으며, 저 말고도 저와 같은 생각을 한 사람은 있었을 것이고, 앞으로도 복잡한 생각과 고민을 품고 있으면서도 이 책을 통해서 배우거나 구원받는 사람이 있을 것으로 생각합니다.

이처럼 『뭐야뭐야』 1은 팬덤 사이에서 역사 문제와 관련된 화제가 등장할 때마다 마치 추천 도서처럼 적극 '권하는 책'이 된 것입니다.

『뭐야뭐야』 1을 제작한 저희 세미나에서도 새로운 연쇄반응이 있었습니다. 『뭐야뭐야』 1을 읽은 것이 계기가 되어, 저희 세미나에 후배가 들어온 것입니다. 그리고 이들 후배가 『뭐야뭐야』 1에 관한 심포지엄을 직접 개최해서 저희 저자를 초대하기도 했습니다. 두 번째 이야기 참조 그뿐이 아니라, 『뭐야뭐야』 1을 통해서 저희 세미나의 존재를 알아서 다른 대학에서 저희 히토쓰바시대학 대학원에 진학해서 지금 함께 공부하고 있는 사람도 있습니다. 다음 절 참조

저희도 세미나에서 일본과 한국의 역사를 알게 되었고, 서로의 '뭐야

뭐야'를 공유하며 배움을 이어 왔습니다. '뭐야뭐야'의 연쇄는 말 그대로 저희가 체험한 '뭐야뭐야'의 공유가 세미나를 넘어 독자에게 확산된 현상이었던 것입니다.

'한일'을 둘러싼 새로운 상황과 우리

이러한 『뭐야뭐야』 1 독자에 의한 '뭐야뭐야'의 연쇄는 일본사회의 극히 일부이기는 하지만, 확실하게 상황을 바꾸어 온 현실도 또한 있습니다. 이런 와중에 일본에서는 2021년 10월부터 기시다 후미오岸田文雄 정권이, 한국에서는 2022년 5월부터 윤석열 정권이 들어서서 작금에 이르러서는 "한일관계가 좋아졌다"는 말을 자주 듣게 되었습니다. 『뭐야뭐야』 1이 간행되었을 때와 비교하면 상황이 조금 좋은 방향으로 바뀌었다고 생각하는 사람도 있을 것입니다. 그러나 과연 우리는 이러한 지금의 상황을 어떻게 받아들여야 할까요? '한일관계의 개선'이란 도대체 무엇을 의미하는 것일까요? 이 책에서는 『뭐야뭐야』 1을 펴내는 과정에서 발견했던 과제에도 언급하면서 이 물음에 대해서 생각해 보고자 합니다.

『뭐야뭐야』1과
만난 나

와카바야시 치카若林智香

안녕하세요. 처음 뵙겠습니다. 와카바야시 치카라고 합니다. 저는 『뭐야뭐야』1을 읽은 것이 계기가 되어 다른 대학에서 히토쓰바시대학 대학원에 진학해서 지금 가토 게이키 교수님의 대학원 세미나에 참여하고 있습니다.

저는 중학생 때 본 한국 드라마의 영향으로 한국문화에 큰 관심을 가지게 되었습니다. 그런데 한국문화를 좋아하게 되면 될수록, 가족과의 대화에서 그리고 한일 관련 뉴스를 접하면서 '뭐야뭐야'를 느끼게 되었습니다. 일본인 중에서는 "한국은 반일 국가다"라고 말하는 사람이 있습니다. 당시 저는 "왜 일본인은 한국에 대해서 '거부감'을 갖고 있는 것일까?"라는 '뭐야뭐야'라는 감정을 느끼곤 했는데, 그 '뭐야뭐야'를 주변 사람과 공유할 수는 없었으며, 그 결과 소외감을 느끼고 있었습니다.

이러한 '뭐야뭐야'를 품은 채로 조금 어른스러워진 고등학생 때는 일본인이 한국에 대해서 반발심을 가지고 있는 것은 일본에 의한 식민지 지배의 역사를 잘 모르기 때문이라고 생각하게 되었습니다. 그래서 대학에 가서 이에 관한 것을 공부하자고 생각했습니다. 물론 당시 저에게 심오한 문제의식이 있었던 것은 아니고, 막연하게 대학에 가면 이 '뭐야뭐야'를 풀 수 있는 어떤 단서를 찾을 수 있을지도 모르겠다고 기대했던 것입니다.

대학 입시 결과, 제2지망 학교에 가게 되었습니다만, 놀랍게도 그 대학에는 한국 근현대사나 식민지 조선의 역사를 전공하는 전임 교수님이 안 계셨을 뿐 아니라, 심지어 전근대사를 포함해서 한국사를 전공하는 교수님이 아예 안 계셨습니다. 저의 조사 능력이 부족했던 탓이겠지만, 애초에 식민지 시기의 한국의 역사를 본격적으로 배울 수 있는 대학이 너무 적다는 문제이기도 했다고 생각합니다. 결국 제가 다녔던 대학에서는 거의 아무것도 배우지 못하는 상황이었기에, 스스로 관련된 책을 읽으면서 노력은 했지만, 문제의 소지가 있는 설명에 의문점을 품지 못하고 그대로 받아들이고 마는 등, 커다란 한계가 있었습니다. 지금 생각해 보면, 일본사회에 역사부정론_{역사수정주의, 두 번째 이야기, 「"무엇이 진실인지 모르겠다"는 것은 왜인 거야?」 참조}이 만연되어 있었던 것입니다. 역사부정론을 담은 서적이 넘치는 일본에서 기초도 없는 상태에서 식민지 한국의 역사를 혼자 공부한다는 것은 위험하다고 느낀 것입니다.

이렇듯 속수무책인 상태에서 3학년이 되었을 때, 저는 대학원에 진학하기로 마음먹고 있었습니다. 전혀 식민지 시기 한국의 역사를 배우지 못했기 때문이었습니다. "어느 대학원으로 갈까……"라는 생각으로 여기저기 알아보던 나날이었습니다만, 어느 날 우연히 서점에서 『뭐야 뭐야』1을 발견하게 되어 책을 샀습니다. 정말로 우연이었습니다.

집에 돌아와서 바로 읽기 시작했습니다. 이유는 모르겠으나, 눈물을 흘리면서 읽었습니다. 페이지를 넘길 때마다 "맞아, 맞아, 이런 '뭐야뭐야' 나도 가지고 있어……!"라며 마음속에 맴돌고 있던 '뭐야뭐야'를 말로 표현한 언어화에 감동했고, 그 '뭐야뭐야'를 기점으로 발전된 논의가 전개되는 사실에 충격을 받았습니다. "내가 배우고 싶었던 것이 히토쓰바시대학에 있다!"라는 생각이 들어서, 바로 가토 게이키 교수님께 식민지시대 한국의 역사를 본격적으로 배우고 싶고, 그 후, 가능하면 대학원에 진학하고 싶다는 내용의 메일을 드렸습니다. 그 결과, 가토 교수님의 세미나에서 개최하는 공부 모임과 답사에 참가하게 되었습니다. 이 과정에서 저 자신도 믿을 수 없을 정도로 다양한 면에서 인식의 변화가 일어났습니다.

저도 고등학생 때는 "일본과 한국은 문화 교류를 통해서 우호적인 관계를 이어가면 좋겠다, 그러기 위해서 나는 행동으로 옮기고 싶다"고 생각하고 있었습니다. 그런데 이러한 인식이 표면적으로 피해자를 무시하는 생각이었다는 사실을 깨닫게 되었습니다. 식민지지배의 문제가 인권 문제라는 사실을 제대로 이해하지 못하고 있었던 것입니다. '한일'이라는 틀로 이 문제를 바라보고 있었기 때문에 아무 생각 없이 조선민주주의인민공화국^{북한}과 재일코리안의 존재를 인식하지 못하고 배제하고 있었다는 사실을 깨닫게 된 것입니다.

나아가 식민지지배와 그 후의 남북분단의 역사, 그리고 일본에서 벌어지고 있는 재일코리안에 대한 차별이 역사적으로 이어오는 문제라는 사실, 즉 식민지지배가 만들어 낸 다양한 모순이 지금에 이르기까지 계속되고 있는 사실을 알게 되었습니다. 지금도 가해자 쪽에 있는 사람으로서 차별이나 억압에 가담하고 있다는 사실에 마음이 불편했습니다.

현실정치와 사회가 보이는 모습에 대해서 의문점을 가지고 바라보는 중요성을 배웠습니다. 저를 포함해서 일본에 사는 일본인은 다수파에 속합니다. 다수파인 '우리'는 아무런 의문도 품지 않고 살아가는 편이 편하고, 지금의 일본은 다수파가 그런 삶을 선택할 수 있는 사회라고 생각합니다.

과거 일본이 침략전쟁과 식민지지배를 추진해서 수도 없이 많은 사람을 희생시킨 배경에는 천황제 국가라는 체제에 의문을 품지 않고, 국가가 어떠한 폭력을 저질러도 남의 일로 여기거나, 때로는 그 폭력을 지지했던 많은 사람의 무책임한 태도가 있었다고 생각합니다. 그리고, 이러한 구도는 지금도 근본적으로는 변하지 않았습니다. 특히 다수파로 살고 있으면 이러한 정치나 사회에 의문점을 품는 일조차 없습니다.

공부 모임에 참가해서 생긴 가장 중요한 변화는, 같은 문제의식을 가진 사람과 '뭐야뭐야'를 공유하고, 함께 배울 수 있는 공간이 생겼다는 점입니다. 『'위안부' 문제를 아이들에게 어떻게 가르칠 것인가』[慰安婦]問題を子どもにどう教えるか, 高文研, 2017의 저자이자 중학교 교사인 히라이 미쓰코平井美津子 선생님은 히토쓰바시대학이 개최한 심포지엄두 번째 이야기, 가해의 역사를 가르치고 배우는 것참조에 참석하셨을 때, "무엇보다 같은 문제의식을 공유하는 사람과

대화를 나누고, 함께 있는 것이 가장 행복한 일이라고 생각한다"고 말씀하셨습니다. 이 말씀은 저에게 소중한 말 중 하나입니다. 저를 받아주고, 함께 고민하고, 같이 배우고, 행동할 수 있는 사람과 만남으로써 정말 온몸에서 에너지가 넘쳐나는 느낌입니다.

마지막으로 하나 더 지난 1년간 배우면서 가장 중요하게 생각했던 말을 소개하고자 합니다. 세미나에서 오키나와로 답사세 번째 이야기, 오키나와와 일본군 '위안부' 문제를 갔을 때 들은, 오키나와에서 변호사로 활동하고 계신 재일코리안 백충白充 씨의 말입니다.

'어떤 어른이 되고 싶은가?'가 아닌 '어떤 어른이 되고 싶지 않은가?'

살아가면서 '되고 싶은 어른'이나 '하고 싶은 일'은 변하지만, '되고 싶지 않은 어른'이나 '하고 싶지 않은 일'은 변하지 않는다. 그러니까 '되고 싶지 않은 어른'이 되지 않도록 노력하는 인생, '하고 싶지 않은 일'을 하지 않는 인생을 살자는 의미입니다. 이 말뜻은 자기 신조에 어긋나는 행위는 하지 않는다는 뜻입니다.

저에게 '하고 싶지 않은 일'은 다른 사람을 짓밟고 살아가는 것입니다. 사람을 짓밟으며 살아갈 수 있는 사람은 자기가 차별과 억압에 가담하고 있다는 사실을 깨닫지 못한 채 살아가거나 그 사실을 외면하고 살아가는 사람입니다. 자기가 차별과 억압에 가담하고 있다는 사실을 인식하게 되면 괴로울 것입니다. 일본이 저지른 가해의 역사를 알게 되면, 마음 어딘가에서 반발하고 싶은 마음에 "그런 걸 생각해봤자 소용 없으니, 앞만 보고 가자", "다른 사람에 상처를 입히는 일은 살다 보면 흔히 있는 일이잖아" 등의 말로 도망가고 싶은…… 그런 사람이 많다고 생각합니다. 그런데 여기서 도망간다는 것은 무엇을 의미하는 걸까요? 도망간다는 것은 피해자를 무시하고 상처를 입히고 만다는 뜻입니다. 저는 그런 사람은 되고 싶지 않습니다.

물론 저는 완벽한 사람은 아닙니다. 다른 사람에게 큰 상처를 입힌 적도 있고, 그런 과거를 지워버리고 싶은 생각도 했었습니다. 그래서 더더욱 죄악감을 잊지 않고 살아가기 위해서, 일본의 식민지지배가 낳은 차별과 폭력이 전혀 해체되지 않고 있는 현대사회에서 소외된 존재 옆에서 함께 살아가고 싶습니다.

여러분에게 묻고 싶습니다. 여러분은 어떻게 살고 싶지 않습니까?

'한일'의 역사를 무시하고 K-POP을 듣는 게 가능해?

구마노 고에이熊野功英

"역사와 문화는 별개니까……" 이건 K-POP 아이돌에 의해 '한일' 역사와 관련된 언행이 화제가 될 때마다 일본의 K-POP 팬 사이에서 자주 들을 수 있는 말입니다. 저도 과거에는 역사는 제쳐두고, (애초에 역사를 의식조차 하지 않고 있었습니다) 음악을 비롯한 K-POP 콘텐츠만을 즐기는 사람이었습니다. 여기서는 다시 한 번 이 "역사와 문화는 별개니까"라는 일본인이 K-POP을 듣는 문제에 대해서 생각해 보고 싶습니다.

'반일反日'이라는 말

인권이 존중받는 평화로운 세상을 만드는 것을 목표로 일본군 '위안부' 피해 생존자의 삶에서 아이디어를 얻은 굿즈를 제작·판매수익의 일부는 기부하는 한국의 라이프·스타일 브랜드 '마리몬드', 그 '마리몬드' 아이템을 착용한 K-POP 아이돌에게 '반일 딱지'가 붙은 일이 있었습니다. 그리고 일본의 식민지지배로부터 독립을 축하하는 날인 광복절8·15에 관한 코멘트나 사진을 SNS에 올린 K-POP 아이돌이 '반일'이라고 공격받는 사건도 있었습니다. 일본군 '위안부' 문제나 광복절에 관한 학술적인 설명은 『뭐야뭐야』1에서 확인해주시기로 하고, 여기서 다루고 싶은 것은 '반일'이라는 말입니다.

'반일'이라는 말이 사용될 때 일본에서는 '일방적인 일본(인) 혐오'라는 의미가 강하다고 생각됩니다. 그러나, 잊어서는 안 되는 것은 일본이 저지른 제국주의적인 한반도 침략과 식민지지배라는 역사 안에서 일본군 '위안부' 제도에 의해 성피해에 대표되는 많은 인권침해가 저질러졌다는 사실입니다. 일본과 한국의 역사 문제는 정치·외교 문제 이전에 인권 문제입니다. 또한 일본이 대한제국을 식민지로 만들고 조선민족의 자결권을 빼앗은 것이고, 그것이 폭력적인 수단으로 자행되었다는 점에서 불법이라는 점도 잊어서는 안 됩니다.

다시 말해서 일본에서 말하는 '반일'적이라 비난받는 언행은 실은 '반일본제국주의'가 그 본질이며, 일본의 한반도 침략, 식민지지배에 의한 인권침해의 역사를 기억하거나 민족의 자주 결정권을 회복하려는 것이지, 단순한 '일본인 혐오'나 '일본 헤이트'가 아닙니다. 그런 의미에서 보면, 일본인이 본래 '반일'이라는 말에 담긴 의미를 제대로 받아들일 수 있게 되는 것이 중요합니다. 반대로, 이를 부정하는 것은 인권과 평화라는 중요한 가치관을 부정하는 것으로 이어집니다. 그리고 K-POP 아이돌에는 일본인 팬도 많으니까 '반일'적인 언행은 삼가 주었으면 좋겠다는 의견은 가해국 측이, 피해국 측에게 입을 다물라고 말하는 것과 같으며, 이는 오만하게 상대를 내려보는 태도라고도 할 수 있습니다.

K-POP 아이돌도 한국인이고, 한국의 반일 교육을 받고 자랐으니 어쩔 수 없다는 주장도 있지만, 애초에 자기 나라 역사에 일본의 침략과 식민지지배라는 역사적 경험이 각인된 이상, 그러한 역사를 학교에서 배우는 건 당연합니다. 예를 들어, 일본의 교육에서 나치 독일에 의한 유대인 학살의 역사를 배우는 것을 '반독(일)'이라고 하지 않습니다. 마찬가지로 일본에 의한 한반도 침략, 식민지지배의 역사를 배우는 것이 "일방적인 일본(인) 혐오"라는 의미로 '반일'이라고 불리는 것은 이상한 일인 것입니다.

'15엔 50전'이라는 발음

이외에도 중요한 문제가 있습니다. 예를 들어, K-POP 아이돌이 일본 팬을 향해서 일본어로 노래하거나 자기소개를 할 때, 그 발음에 대해서 일본 팬이 '귀엽다'고 말하거나 '재미있다'고 말하는 것 자체에 문제가 있습니다. 특히 일본과 한국과의 관계에서는 식민지조선인이 일본어 발음으로 차별받은 역사가 있기에 더욱 그렇습니다.

1923년에 관동대지진이 일어났을 당시, "조선인이 우물에 독을 풀었다"는 식의 거짓 소문을 치안 당국이 퍼뜨려서 일본의 군, 경찰, 민중이 수천 명의 조선인을 학살한 사건이 일어났습니다.^{이 책 세 번째 이야기, 「100년 전 도쿄에서 일어난 일」 참조} 그때 조선인을 색출하기 위한 수단이 일본어 발음이었습니다. '15엔 50전'이라는 발음하기 어려운 일본어를 시켜서, 제대로 발음하지 못한 사람을 죽인 것입니다.^{加藤, 2014} 그뿐 아니라, 한반도를 식민지지배하는 과정에서 조선인에게 일본어 사용을 강제한 역사가 있다는 것도 잊어서는 안 됩니다.

덧붙여 남성 K-POP 아이돌을 최애로 삼을 때 문제가 되는 것이 바로 병역입니다. 남성 아이돌이 군대에 가는 것에 놓고 일본인 팬이 슬퍼하는 경우가 많은데, 사실은 여기에도 한국과 일본의 역사가 관련되어 있습니다.

애초에 한국 남성이 병역의 의무를 져야만 하는 이유는 한반도가 남북으로 분단되어 있기 때문입니다. 한국전쟁^{1950~1953}은 휴전 중이고, 아직 끝난 것이 아닙니다. 그리고 한반도 남북분단의 근본적인 원인은 일본의 식민지지배에 있습니다.

물론 한반도가 남북으로 분단된 것은 일본에 의한 식민지지배가 끝난 후의 일이고, 동서냉전의 영향이 크다는 사실은 말할 필요도 없습니다. 그러나 일본이 한반도를 식민지로 만든 것이 남북분단의 토대가 되었다는 점 또한 사실입니다. 제2차 세계대전 당시 일본의 동맹국이었던 독일은 패전 후 서독과 동독으로 분단되었으나, 아시아에서는 일본이 아닌 일본의 식민지였던 한반도가 남북으로 분단되었습니다.

그래서 이러한 배경에 대한 이해없이 "군대 가지마세요"라고 말하는 것은 역사를 무시한 태도라고 생각합니다. 왜냐하면 남성 아이돌이 군대에 가지 않으면 안 되는 구조가 만들어진 배경에 일본이 크게 연관되어 있기 때문입니다.

역사를 보지 않고 즐거운 부분만을 보는 것은
문화를 소비하는 것이다

제 의식을 바꾼 것은 대학교 1학년 때 만난 같은 세대의 재일코리안 학생이 한 말이었습니다. K-POP이 유행하는 일본사회에서 "역사를 보지 않고 즐거운 부분만을 보는 것은 문화를 소비하는 것이다"라는 말입니다. 그 말이 계기가 되어 일본인인 제 역사인식이나 마음속에 내재되어 있던 차별의식을 마주할 수 있게 된 것입니다. '한국 문화를 좋아하니까 한국에 대해 편견과 차별의식은 없다'고 생각하고 있었는데, 알고 보니, 일본이 저지른 가해의 역사에 대해 깊게 생각해본 적도 없었던 것입니다. 무지함으로 인해서 다른 사람에 상처 입히고 마는 가해성을 갖는다는 것을 처음 깨달았습니다.

다시 말해서, 일본인인 저에게는 그런 역사를 생각하지 않아도 아무런 탈 없이 생활할 수 있는 특권이 있던 것입니다. 이러한 특권을 누리면서 자기 입맛에 맞는 부분만 골라서 한국 문화를 하나의 상품으로 여기며 즐기고 있던 저는 '문화의 소비자'였던 것입니다. 그렇게 생각하니, "역사와 문화는 별개니까" 혹은 "음악에 정치 이야기를 가지고 들어오지마"와 같은 발언을 할 수 있는 것 자체가 일본인의 특권이고 이것이야말로 바로 '문화의 소비'라고 할 수 있습니다. 이런 말의 배경에는 '정치적인 것은 피하고 싶다'는 생각이 있는지도 모르지만, 역사에 대해서 눈을 감아버리고 문화만을 즐기려는 선택도 정치적인 행위입니다.

이상은 K-POP 팬 사이에서 자주 화제에 오르는 문제를 정리한 것에 불과합니다. 또한 '한일'에 따옴표를 붙인 것은 K-POP과 관련된 일이나 한국과의 관계만 보는 것이 아니라, 일본과 한반도, 넓게는 아시아 각국과의 역사 문제로 바라볼 필요가 있기 때문입니다. 문제의 본질은 K-POP을 얼마나 건전하게 즐길 것인가가 아니라, K-POP 팬이고 아니고의 여부에 상관없이, 일본 국민이 일본이 저지른 가해의 역사에 대해서 얼마나 제대로 마주할 것인가의 문제인 것입니다.

'한일'의 '뭐야뭐야'와 마주하는 당사자성과 상상력

게스트 · 히라이 미쓰코 平井美津子

'한일' 사이의 '뭐야뭐야'를 마주하기 위해서는 무엇이 필요할까요? 교육 현장에서 가해의 역사를 가르치고 계신 중학교 교사이신 히라이 미쓰코 선생님을 초대해서 함께 생각해 봤습니다. 이때 떠오른 주제어는 '당사자성'과 '상상력'이었습니다.

간행기념 심포지엄 〈わたしたちはなぜ『「日韓」のモヤモヤと大学生のわたし』をつくったのか〉 2021년 8월 7일, 온라인 개최한 내용의 일부입니다.

당시 학년 ｜ 아사쿠라 · 오키타 · 구마노 : 학부 4학년

이상진 · 우시키 : 석사 1학년

이쿠노구 生野区에 살며

오키타 오늘은 게스트로 히라이 미쓰코 선생님을 모셨습니다. 오사카부 大阪府 공립 중학교의 교사로서 오랫동안 교육 현장에서 아이들에게 일본군 '위안부' 문제에 관한 교육 실천을 하고

계시며, 이외에도 오사카대학^{大阪大学}, 리쓰메이칸대학^{立命館大学}에서도 강의를 하고 계십니다. 히라이 선생님의 말씀을 먼저 듣고, 저자 5명과 함께 하는 세션에 들어가겠습니다.

히라이 저는 일본에서 가장 '재일'^{재일코리안. 이하, '재일'은 작은따옴표를 생략}이라 불리는 사람이 일본에서 가장 많이 사는 '오사카시^{大阪市} 이쿠노구^{生野区}'라는 곳에서 태어나고 자랐습니다. 어릴 때부터 집 근처에서는 김치 등 한국 요리 냄새가 저녁 시간이 되면 나곤 했습니다. 친구 중에는 재일코리안이 있었는데, 일본 이름을 쓰는 사람도 한국 이름을 쓰는 사람도 있었습니다.

일본인 중에서는 재일코리안은 자기들과는 다르다고 생각하는 사람이 있다는 것을 어릴 때부터 느끼고 알고 있었습니다. 저희 집은 공장을 운영하고 있어서 저녁 시간이 늦어진 날에 이웃집에 밥을 얻어먹으러 갔을 때 처음으로 빨갛고 매운 요리를 먹었는데, 그게 정말 맛있었습니다. 집에 돌아가서 할머니께 그 이야기를 말씀드렸더니 할머니께서는 뭐라 말할 수 없는 '좋았겠네'와는 거리가 먼 다른 표정을 보이신 것을 기억하고 있습니다. 할머니는 메이지시대에 태어나셨으며, 할머니는 방에 메이지 천황과 쇼켄^{昭憲} 황태후의 사진을 걸어 놓는 분이었기에, 지금 생각해 보면 "그래서 그러셨구나……"라는 생각이 듭니다. 그렇지만 당시는 "할머니는 왜 저렇게 얼굴을 찌푸리시는 걸까?"라고 생각했습니다. 저는, 외부 사람들이 오사카시 이쿠노구를 어떻게 보고 있는지 모르고 있었습니다만, 중학교, 고등학교, 대학을 다니면서 외부인과 교류하면서 이쿠노구 출신이라고 말하면 "어? 히라이는 재일코리안이야?"와 같은 말을 자주 들었습니다. 그때 저는 제 속에 차별성이 있다는 것을 확실하게 알았습니다. 왜냐하면, 재일코리안이라는 말을 듣는 것에 대해서 저는 발끈하면서 부정했기 때문입니다. 나는 나도 모르는 사이에 할머니와 같은 시선으로 재일코리안을 바라보고 있었던 것이구나, 하는 생각이 들었습니다. 지금도 제 안에 내재하는 차별성이라는 것을 종종 느낄 때가 있습니다. 이런 차별성을 불식하기 위해서는 많이 배워야 한다고 생각해서, 대학에서는 일본사를 공부해서 중학교 교사가 되었고, 사회과 수업에서는 당연히 한일관계사를 가르치기에 계속 공부해서 지금에 이르고 있습니다.

당사자성과 상상력

히라이 일본인과 재일코리안 사이에는 풀기 어려운 문제가 많은 것 같습니다. 굉장히 친하게 지내던 재일코리안 가족이 있는데, 그 가족 장남이 일본인 여성과 결혼하게 되자, 그의 어머니는 "어째서 너는 일본인과 결혼하는 거니! 받아들일 수 없어"라고 말한 겁니다. 친구가 "집에 좀 와줘"라고 해서 갔는데, 그때 그 재일코리안 아주머니로부터 일본이 한반도를 식민지로 만들어서 당시 조선 사람이 얼마나 많은 고통을 받았고, 일본에 건너와서는 얼마나 많은 차별을 받았는지를 그때 처음 들었습니다. 굉장한 충격이었습니다. 그토록 가깝게 지내왔는데, 아주머니가 그런 생각을 하고 있었다고는 저는 상상도 하지 못했었습니다. 알려고 하지 않았던 것입니다. 그의 어머니는 자식이 일본인과 결혼하게 되자, 그동안 참아왔던 일본인에 대한 감정을 폭발시켰던 것입니다. 저는 그 아주머니를 탓할 수 없었습니다. 반대로 저를 포함한 일본인이 어째서 그런 일을 저질렀는지, 이를 어떻게 받아들이고 어떻게 생각하면 되는지 모르겠다는 것이 저의 20대 후반의 체험이었습니다. 그러하기에 역사를 가만히 배우기만 할 것이 아니라, 살아있는 체험을 듣고 채록하는 일의 중요성을 이때 경험을 통해서 배웠고, 이는 저에게 중요한 원칙이 되었습니다.

그래서 수업 시간에 제가 이야기할 때는 역사적으로 일본이 식민지로 만든 사실이나 식민지하에서 어떤 경험을 한 사람이 있는지, 제가 채록한 이야기를 가능한 한 전달하려고 노력하고 있습니다.

이번에 여러분이 펴낸 『뭐야뭐야』 1에서도 '당사자성'과 '상상력'이 중요한 주제어가 되고 있습니다만, 평소에 저는 아이들에게 그 부분을 이야기하고 있습니다.

한국문화를 접하고

히라이 제가 가르치는 아이들은 남녀 불문하고 K-POP을 정말 좋
아합니다. 한 여학생이 "선생님, 우리가 어른이 되면 같이
한국에 가요"라고 말하기에 "그래, 꼭 그러자"라고 대답했
습니다. 이런 여학생들에게 제가 한국에 다녀온 이야기를
하자, "선생님, 우리는 한국 사람을 이토록 좋아하는데, 한국
사람은 우리 일본 사람을 싫어하는 거죠?"라고 묻더군요.
"왜 그렇게 생각해?"라고 물었더니, "인터넷에 그러던데요"
라고 해서, "인터넷에서 뭘 봤는지 모르지만, 한국 사람에
대한 일본 사람의 발언은 어떻게 생각해?"라고 묻자, "그것
도 심하다고 생각해요"라고 하더군요. 이런 상황을 설명하
듯이, 친해지고 싶은데도 그러지 못할 것 같은 많은 부정적
인 말이 오가고 있어서 "뭐가 뭔지 모르겠어"라고 중학교 3
학년 학생이 발언했습니다. 그러니까, 중3 정도 학년에서 역
사를 공부한 학생, 또는 BTS를 좋아하는 학생, 한국 요리를
좋아하는 학생, 얼짱 메이크업을 좋아하는 학생까지, 모두
가 어떻게 해야 하는지, 어디서부터 시작하면 되는지 몰라
서 방황하고 있는 것입니다. 가장 손쉽게 시작할 수 있는 것
이 문화입니다. 문화부터 시작하는 것이 저도 부정하지 않
으며, 실제로 매우 중요하다고 생각합니다.

오사카시 이쿠노구에는 코리아타운이 있습니다. 토요일

이 되면 한국의 아이돌 굿즈 판매하는 가게나 한국 요리점이 젊은이로 가득 채워집니다. 저는 일본과 한국을 이해하는 입구로써 이런 식으로 방문하는 것은 참 좋다고 생각합니다. 그러나 여기서 끝나진 않았으면 합니다. 일본이 한반도를 식민지로 만든 때로부터 100년 이상, 강화도조약부터 따지면 150년이 되어갑니다. 이 150년 동안 일본과 한국 사이에 놓인 문제는 그런 간단한 문제가 아닙니다. 이 부분을 알려고 노력하지 않는다면 정말로 좋은 사이가 될 수 없다고 생각합니다. 이 부분을 이해하지 못한 상태에서 보여주기 식 표면적인 관계는 넷우익적인 담론이 끼어들면 아주 간단히 무너지고 말 것입니다. 그러지 않기 위해서,『뭐야뭐야』1 여러분이 생각한 입구부터 시작해서 더 알려고 노력하자, 더 스스로 생각하고 싶다는 생각으로 앞으로 나아가는 행동이 정말 중요하다고 생각합니다.

3·1운동 100주년을 맞은 한국

히라이 2019년, 3·1운동 100주년 때 한국을 방문했습니다. 학생들에게 올해 3·1운동 100주년이라 내일 한국에 간다고 말하자, "한국 가세요? 부러워요"라는 말에 이어서 "위험하진 않아요?"라고 걱정하는 말을 들었습니다. 실제로 외무성에서 "반일적인 운동이 일어나곤 해서 위험하니 그런 장소에는 접근하지 말도록"이라는 정보도 흘리고 있었습니다. 이를 접하고 매우 화가 났지만, "위험하진 않을까? 일본인이 이런 날에 한국에 와서"라고 생각하는 나 자신이 있었던 것도 사실입니다. 하지만 실제로는 2019년 3월 1일 이른 아침에 (3·1운동 당시 독립선언서 낭독이 있었던) 탑골 공원에 가자, 정말 많은 어르신이 계셨는데, 분위기로 눈치채셨는지 "일본이야?"라고 물으셔서 "일본입니다"라고 조금 망설이며 대답했더니, 굉장히 기뻐해 주시면서 태극기를 손에 쥐어주셨습니다. 이런 날에 한국에 오는 일본인은 괜찮다고 생각하셨는지 저는 안심하고 행사에 참여하였습니다. 행사장은 광화문광장이었고, 젊은이들이 멋진 군무로 펼친 공연이 있었습니다. 이 광화문 뒤에는 일제강점기 때 일본이 세운 조선총독부가 있었고, 이 총독부 건물이 궁전경복궁을 가리고 있었습니다. 아주 많은 일본인 관광객이 빠지지 않고 경복궁을 방문하는데, 과연 이들 중 얼마나 많은 일본인이 그곳에 조선총독부 건물이 있었다는 사실을 알고 있을까요?

교사로서 답답한 점

히라이 이쿠노에서 자란 저 자신부터 어렸을 때부터 '뭐야뭐야'를 품고 있었습니다만, 지금은 교사로서 학생 여러분과는 또 다른 '뭐야뭐야'를 품고 있습니다. 예를 들면, 어느 학생이 "선생님, 이 책을 읽어 보라고 어머니께서 주셨어요"라고 말하며 『反日種族主義—日韓危機の根源』[1]를 가져온 것입니다. 이런 책이 일반 가정에까지 돌고 있는 것입니다. 한국인이 썼다곤 믿기지 않을 정도로 노골적인 '반한'이죠. 그런데 이 학생에게 "읽지 마"라고는 할 수 없습니다. 중학생 정도 나이대 학생은 제법 직선적으로 이런 이야기를 해서 저로서는 오히려 고맙지만, 이 책을 가지고 온 학생뿐 아니라, 이런 가정은 이 외에도 있겠죠. 이런 가정이 있으니까 이 책이 베스트셀러가 된 것일 테니까요. 실제로 서점에 가보면 이런 부류의 책이 가득하죠. 이 『뭐야뭐야』[1]이 모든 서점에서 눈에 확 들어올 정도로 높게 쌓여 있다면, 제 생각으로는 이런 부류의 책에 대항할 수 있는 책이 될 수 있다고 생각합니다.

저로서는 "'반일 종족주의'는 틀렸으니 읽지 마!"라고는 말

---

1   한국의 이영훈 편저, 문예춘추, 2019. 역사부정론 즉 역사수정주의의 입장에서 쓴 저작. 두 번째 이야기의 「"무엇이 진실인지 모르겠다"는 것은 왜인 거야?」, 「한국에서는 역사를 어떻게 생각하고 있어?」 참조. 국내에서는 『반일 종족주의―대한민국 위기의 근원』(미래사, 2019)이라는 제목으로 간행됨.

하고 싶지 않습니다. 읽고 나서 스스로 "뭔가 이상하지 않아?", "어디가 잘못된 것일까?", "이 문제를 스스로 생각해보고 싶어"라는 생각을 해주기를 바랍니다.

배움터가 있다는 것

히라이 아마도 여러분이 『뭐야뭐야』1을 출판하기에 이르는 동안에 여러분이 중학교, 고등학교에서 받은 수업에서는 "이런 이야기 배운 적 없는데?" 또는 "배웠는지 모르지만 기억이 나질 않아" 등 이런저런 경우가 있었을 테지만, 히토쓰바시대학에 들어와서 일본과 한국 문제를 연구하는 교수님과 만날 수 있었기에 이런 책을 펴낼 생각을 하게 된 것이라 생각합니다. 그래서 '만남'이란 참으로 소중하다고 생각합니다. 그렇지만 여러분처럼 가토 게이키 교수님과 만난 사람만 있는 것은 아니죠. 제가 시간강사로 강의하는 대학에서도 인터넷상의 이야기를 그대로 믿고 있는 학생은 많습니다. 한일관계 관련해서 이런저런 설문조사를 하곤 합니다만, "정치가 시선에서 생각하는구나"라든지 "아베 신조安倍晋三 씨 이야기를 그대로 믿고 있구나"라는 생각이 드는 학생이 상당합니다. 이건 역시 슬픈 일이죠. 역사를 대학 입시를 위한 지식으로밖에 생각하지 않고, 지금을 살아가기 위한 힘이라고 생각하지 않는 이유도 있다고 생각합니다.

저는 역사라고 하는 것은 지금을 살아가는 데 있어서 매우 중요한 지침이 된다고 생각합니다. 자신의 역사관을 똑바로 세우고 있지 않으면, 역사라고도 할 수도 없는 엉터리 담론에 휘둘리고 말기 때문입니다. 여러분 자신이 '뭐야뭐야'를 느끼고 있었고, 그래서 그 '뭐야뭐야'를 해소하고 싶은데, 혼자서는 어렵다. 하지만 가토 세미나에 들어오면 나와 같은 '뭐야뭐야'를 품고 있는 동료가 있기에 혼자가 아니라, 다른 사람과 공유하면서 '뭐야뭐야'와 싸우겠다고 생각한 점이 저는 기쁘고, 멋지고, 훌륭하다고 생각합니다. 이 책을 읽고 굉장히 마음이 따뜻해지면서 아직 얼마든지 미래를 기대할 수 있다는 생각이 들었습니다.

오늘 좋은 기회를 주셔서 감사합니다.

역사를 배우는 의의

오키타 『뭐야뭐야』 1을 읽은 감상만이 아니라, 히라이 선생님께 품고 계신 '뭐야뭐야'까지 공유해 주셨는데, 아주 신선했고, 감사의 마음으로 가득합니다. 오늘 말씀을 듣고 각자 느낀 바가 있다고 생각합니다만, 아사쿠라 씨 어떠신가요?

아사쿠라 무슨 이야기부터 할까요. 교육이 역사인식에 미치는 영향에 대해서 말씀드리고 싶습니다. 저번에 제가 이런 문제를 공부하고 있다는 것을 알고 있는 친구로부터 "'위안부' 문제는 잘 모르겠어"라는 이야기를 들었습니다. 이런 배경에는 현재의 교육 방식이 있다고 생각합니다만, 제 친구와 같은 감각이 일본사회 기저에 깔린 것은 아닌가. 하는 생각을 하게 됐습니다. 앞서 히라이 선생님도 말씀하신 것처럼, 역사가 암기 과목이나 대학 입시를 위한 공부로 인식하고 있는 부분이 큰 이유가 아닐까, 하는 생각이 듭니다. '내 문제'로서 역사와 차별에 대해서 어떻게 임할 것인가를 생각하는 문제도 포함한 교육이 미래를 생각하면 중요하지 않나 생각합니다.

오키타 정말 말씀하신 그대로입니다. 『반일 종족주의』라는 책이 집에 있고, 교과서와 교육 현장에 정치적 외압이 있는 작금의 상황에서 "무엇이 진실인지 모른다"는 것이 일반적인 상황이 되지 않을까, 하는 생각이 들었습니다. 하지만, 히라이 선생님 말씀을 듣고 "뭔가 이해가 안 돼"라는 불편함이나 '뭐야뭐야'를 느끼는 계기가 하나라도 있다면 지금까지와는 다른 방향으로 흘러갈지도 모른다는 희망을 느꼈습니다. 구마노 씨는 어떻게 생각하나요?

구마노 무엇보다 히라이 선생님께서 자기 안에 차별성이 내재하고 있다는 사실을 깨달았다는 이야기가 너무 신선했습니다. 저 또한 제 안에 있는 가해성이나 차별성을 발견한 경험이 있어서[2] 저 또한 앞으로도 배움을 계속해야겠다고 생각했기 때문에 히라이 선생님 말씀에 큰 공감을 했습니다.

그런데 『뭐야뭐야』 1을 읽고 "역사를 알아야 한다"는 의무감이나 압박감을 느낀 사람도 있을지 모릅니다. 물론 이 문제는 인권 문제로서 반드시 알고 있어야 한다고 생각합니다. 다만 중요한 것은 의무가 아닌, 스스로 알고자 하는, 배우고자 하는 자세라고 생각합니다. 이러한 자세가 『뭐야뭐야』 1을 통해서, 특히 K-POP을 좋아하는 사람에 확산되면 좋겠다는 생각이 지금 말씀을 들으면서 생각이 났습니다.

그리고 역사를 배우는 의의입니다만, 히라이 선생님께서는 "지금을 살아가는 데 있어서 매우 중요한 지침이 된다"고 말씀하셨는데, 저도 그렇게 생각합니다. 역사는 암기 과목이라는 이미지가 커서 배우는 의미를 모르겠다는 사람이 많은 걸로 압니다. 그러나 특히 한국과 일본의 역사를 배우면 인권에 대한 인식은 물론이고, 자신의 가치관이나 살아가는 방식에 대해서 필연적으로 생각하게 된다고 생각합니다.

오키타　감사합니다. 상진 씨는 어떠신가요?

이상진　히라이 선생님께서 말씀하신 것처럼 역사를 마주할 때는 '상상력'과 '당사자성'이 중요하다고 생각합니다. 저도 『뭐야뭐야』 1에 실은 에세이에서 (일제강점기에 일본에서 생활하셨고

....

2　　『뭐야뭐야』 1, 네 번째 이야기, 「단순한 케이팝 팬이 역사를 배우기 시작한 이유」 참조.

광복 후 귀국한) 조부 이야기를 적었습니다만, 그동안 재일코리안의 역사에 대해서 공부는 했지만, 표면적인 지식에 머물러 있었습니다.

『뭐야뭐야』 1 제작에 참여해서 조부 이야기를 쓰면서 이 문제에 대해 본격적으로 마주할 수 있게 되었습니다. 재일코리안의 역사를 자기 일로 생각하게 된 것입니다.

저의 경우, 한국인이면서 가족으로부터 전해들은 이야기가 있어서 '상상력'과 '당사자성'을 비교적 쉽게 가질 수 있습니다. 그리고 『뭐야뭐야』 1의 저자 중에는 재일코리안과 한국인으로부터 차별에 대해서 비판을 당하는 등, 강렬한 경험을 한 사람도 있습니다.[3] 그러나 이런 강렬한 경험만이 나를 바꾸는 것은 아닙니다. 즉 강렬한 경험이 없다고 해서 '상상력'과 '당사자성'을 가질 수 없는 것은 아니라는 뜻입니다. 수업을 듣고, 책을 읽고, 역사 현장을 찾아가는 등의 간접적인 경험을 통해서 상상을 펼칠 수도, 자신을 바꾸는 계기를 얻을 수도 있습니다.

히라이 선생님 말씀 중에 학생들이 "한국 사람은 일본 사람을 싫어한다"라고 말했다고 하셨는데, 한국인으로서 일본인을 좋아한다, 싫어한다는 문제가 아니라, 일본인이 한국인과 공통되는 역사인식을 하고 있는가가 중요하다고 생각

---

3   『뭐야뭐야』 1, 네 번째 이야기, 「한국인 친구가 생겼지만…」, 「단순한 케이팝 팬이 역사를 배우기 시작한 이유」 참조.

합니다. 『뭐야뭐야』 1에 실린 좌담회에서도 이야기가 나옵니다만, '반일'이란 어디까지나 한반도를 식민지지배 한 일본제국주의에 대한 비판이고, 이런 역사를 반성하지 않는 현재의 일본 정부와 사회에 대한 저항이라고 생각합니다.

오키타 감사합니다. 우시키 씨는 어떠신가요?

내 안의 차별과 마주하다

우시키 히라이 선생님 말씀 중에 굉장히 심금을 울린 부분은 "재일코리안이야?"라는 질문을 받았을 때 자기 안에 있는 차별성을 느꼈다는 대목입니다. 저도 정말 똑같은 경험을 한 적이 있는데, 그때 저도 "아니요, 일본인입니다"라고 대답해 버렸습니다. "일본인이 아니면 어쩔 건데"라고 받아치면 좋았을 텐데, 하고 나중에 후회했습니다. 책을 펴낸 다음에도 저의 태도나 삶의 방식, 언행과 어휘 선택 등 모든 면에서 조심해야 한다는 자각이 있습니다. 그렇다고 행동과 사고를 자유롭게 하지 못하게 된 것은 아니고, 보다 제 안의 본질적인 부분과 마주할 수 있게 되었습니다. 저 스스로는 이런 삶이 더 좋습니다. 물론 솔직히 말하면, 마냥 좋기만 한 것은 아닙니다. 저는 피해자를 억압하는 구조 위에 살고 있기에 피해자 측과 같은 입장에 서서 도움을 줄 수는 없어서 답답함을 느낄 때도 있습니다. 하지만 저 자신에 대한 분노가 에너지가 되기에 여기서 한 발짝 물러서서 여러분과 함께 앞으로 일에 대해서 생각하고 싶습니다.

식민지지배의 역사를 배우고 있으면 주변에서 "한쪽으로 기울지 않고 객관적으로 역사를 봐야 한다"는 말을 듣기도 하고, 『뭐야뭐야』1이나 이 세미나가 '친한', '반일'이라는 말을 듣기도 합니다. 먼저 역사적 사실을 제대로 바라보고 피해자의 인권을 중심으로 생각하면, 이 문제는 어느 한쪽으로 경도될 문제가 아니라고 저희는 생각합니다. 이 부분과 관련해서, 이 책에 대한 온라인 감상평을 보면 많은 독자께서 있는 그대로 받아들이고 계셔서 정말 안도했습니다.

한일 교류 장면에서 일본인은 "나에게는 차별의식은 없다"라든지 일본인과 한국인은 서로 책임지고 반성해야 한다는 식의 생각을 하는 경향을 자주 볼 수 있습니다. 예를 들면, "일본이 과거에 저지른 짓은 나쁘다고 생각하지만, 한국이 일본을 역사 문제로 집요하게 공격해서 일본인도 기분이 상했기 때문에 한국인도 사과해야 한다"와 같은 의견을 가진 사람도 있습니다. 과거에 저 또한 그랬습니다. 하지만 한국인이 일본을 비판하는 것은 불합리한 일에 목소리를 내는 것이지, 부당하게 공격하는 것과는 질적으로 다릅니다. 이 부분을 정확하게 알아야 할 필요가 있습니다. 일본이 저지른 가해의 역사와 마주하는 데 익숙하지 않은 사람은 일본이 나쁜 짓을 했다는 비판을 들으면 좋은 일도 했다고 말하고 싶은 마음이 든다고 생각합니다. 저 역시 이전에는 그랬습니다. 일본의 근현대사에서 일본인이 '좋다'고 생각하던 일이 누군가를 희생시킨 일이었다는 사실을 의식하게 되면 일본인의 생각 또는 한국인의 생각이라는 이분법적인 시각으로 보지 않고, 하나의 역사로 인식할 수 있다고 생각합니다.

한 친구에게 "이런 책을 냈어"라고 전했더니 "하긴 너는 한국인 친구가 많았으니까"라는 말을 들었습니다. 불편함을 느끼며 생각하게 되었습니다. 왜냐하면 '친구가 있다'는 이유만으로 역사를 마주하고, 안 하고를 결정할 만큼 가벼운 문제도 아니고, 본래 모두가 마주해야만 하는 문제라고 생각하기 때문입니다. 적절한 표현일지는 잘 모르겠습니다만, 제가 사회에 살면서 희생시킨 사람이나 존재에 대해서 생각하는 마음을 소중히 여기며 살아갈 수 있으면 합니다.

'혐한파'와 어떻게 마주하면 좋을까

오키타 감사합니다. 여기부터는 참가자 여러분의 질문에 대답하는 시간을 갖도록 하겠습니다. 먼저 "'혐한파'나 우익 성향인 사람을 온라인상에서 만나면 어떻게 대응하겠습니까?", "온라인상에서 근거 없는 '혐한' 발언이 있어서, 『뭐야뭐야』1을 읽었는데도 다시 '뭐야뭐야'를 느껴서 답답합니다"는 질문과 의견이 있었습니다. 이런 분들에게 우리가 뭔가 해드릴수 있는 일은 없는지를 생각하는 분이 많은 것 같은데, 우시키 씨 어떠신가요?

우시키 저도 굉장히 공감합니다. 온라인상에서 볼 때마다 답답합니다. 다만 너무 혼자서 끙끙 앓지 말고 이 문제를 공유하고 이야기할 수 있는 공간을 마련하고 넓혀 가는 일이 중요하다고 생각합니다.

『뭐야뭐야』 1에서 '마리몬드'[38~39쪽 참조] 이야기, '군함도'[42~42쪽 참조] 이야기가 있습니다만, 이 두 글은 실은 바로 제 대학 동기가 트위터에서 이들 문제에 관해서 '넷우익' 발언하는 것을 보고 쓴 글입니다. 만약에 앞으로도 그런 발언을 들으면, "이 책 읽어봐"라고 하면서 이 책을 건네고 싶습니다. 이런 문제는 한마디로 설명하기는 어려울 테니, 『뭐야뭐야』 1을 역사를 부정하는 발언에 저항하는 하나의 도구로 사용해 주시면 너무 좋겠습니다.

오키타 감사합니다. 트위터에서는 공격적인 발언도 많을 것 같은데, 구마노 씨 어떠신가요?

구마노 '넷우익'이나 역사 왜곡을 하는 사람에게 어떻게 대응할 것인가입니다만, 중요한 것은 논의의 대상에 올리지 말고 상대를 하지 않는 것이 첫 번째라고 생각합니다. 이 말은 이 사람들을 무시해서가 아니라, 차별이나 인권침해를 학문적인 뒷받침을 가진 논의와 같은 테이블 위에 올려서는 안 되기 때문입니다. 그들의 이런 주장이 같은 테이블 위에 오르면, 유언비어하고 학문을 동등한 레벨에서 논하는 꼴이 되고, 그렇게 되면 관련 지식이 없는 사람은 어느 쪽이 진실인지 알 수 없는 사태가 벌어지기 때문입니다.

이런 기본전제 위에 그렇다고 차별을 그대로 방치하는 것은 나쁜 영향이 크니, 트위터의 경우는 신고하거나 신고를 호소하는 등의 행동이 중요하다고 생각합니다.

오키타 맞습니다. 그런 작은 행동 하나하나가 소중한 의사 표시가 된다고 생각합니다.

현대인의 책임

오키타 개인적으로 신경이 가장 많이 쓰이는 질문입니다만, "내가 태어나지도 않은 시대에 일본군이 범한 범죄에 대해서 전쟁에 끝난 후에 태어난 사람이 책임을 지고 사죄하는 것이 필요하다는 이야기가 있습니다. 이에 대해서 작금의 젊은 여러분은 어떻게 생각합니까?"라는 질문입니다. '전후 70년'인 2015년에 나온 아베 신조는 담화에서 "우리 아이와 손자, 그리고 그다음 세대 아이들에게 사죄를 계속할 숙명을 짊어지게 해서는 안 됩니다"라고 말하고 있습니다만, 여러분께서도 각자 생각하시는 바가 있었지 않나 생각합니다. 구마노 씨 어떠신가요?

구마노 『뭐야뭐야』 1에서 제가 쓴 부분과 관련됩니다만, 테사 모리스 스즈키Tessa Morris-Suzuki 씨라는 호주의 역사 연구자가 만든 '연루'라는 개념이 중요하다고 생각합니다.Tessa Morris-Suzuki, 2014 '연루'라는 것은 전후 세대는 직접적으로 침략전쟁과 식민지배로 가해를 한 것이 아니기 때문에 직접적인 의미에서는 책임은 없지만, 그런 과거의 악행을 낳은 구조 위에 우리는 살고 있고, 차별과 배제를 낳은 구조가 지금도 남아있다면, 이에 대해서는 지금을 사는 우리가 이 구조를 해체해야 할 책임이 있으며, 또한 과거의 역사를 풍화되지 않도록 기억해 나가는 책임이 있다는 지적입니다. 저는 이 생각에 아주 크게 영향을 받고 있습니다.

아베 씨의 "사죄를 계속할 숙명을 짊어지게 해서는 안 됩니다"는 말에서 알 수 있는 것은 사죄를 그저 표면적인 말만으로 끝낼 수 있는 문제로 생각한다는 점입니다. 그저 '죄송합니다'는 말만으로 사과하는 것이 아닌 — 물론 사죄의 말도 중요합니다 — 그 이상으로 일본 정부가 제대로 가해 사실을 인정해서 사과하고, 법적인 책임을 인정해서 배상할 필요가 있습니다. 나아가서 책임자 처벌과 재발 방지라는 의미에서 역사교육과 연구 그리고 가해의 역사에 관한 박물관을 건립하는 등의 일련의 행위가 필요하다고 생각합니다. 사죄라고 하는 것은 한 번의 말로는 끝나지 않는 계속적 행위이어야 한다고 생각합니다. 우리 시민은 일본 정부에 이러한 대처를 실행시켜야 하는 책임이 있다고 생각합니다. 예를 들면, 역사를 부정하는 발언을 정치가가 내뱉으면, 그에 대해서 "말이 안 된다"라고 주장해야 합니다. 이런 행동이 우리 책임이 아닐까요?

오키타 정말 그렇네요. "모두가 사과하지 않으면 해결되지 않는 거겠죠?"라는 질문도 있었습니다만, 한 사람, 한 사람이 사과한다기보다는 우리 시민이 단결해서 일본 정부가 대응을 바꾸도록 변화시키고, 역사를 부정하는 인식을 가진 정치가의 문제를 지적하는 등의 행동이 요구되고 있다고 생각합니다.

역사를 '안다'는 것은 무슨 뜻인가?

오키타 다음으로 "젊은 세대는 '위안부' 문제와 강제 동원 등의 가해 문제에 무자각한 것이 아니라, 불합리한 피해라고 생각하는 사람도 많지 않은가?"라는 질문입니다. 저의 경우는 가령 뉴스에서 '평화의 소녀상'[4] 이야기가 나왔을 때 "왜 저런 옛날이야기를 지금까지 해야하는 거지?"라고, 저와는 관

---

4   일본군 '위안부' 문제 피해자를 소재로 한 동상으로 피해자에 대한 지원운동의 일환으로 만들어졌다. 『뭐야뭐야』 1, 두 번째 이야기, 「'마리몬드'와 '소녀상'」 및 岡本金 2016년 참조.

계없는 문제로 분리해서 생각했었습니다. 저와는 관계없는 일로 알고 있었는데 대학에서 공부하면서 그렇지 않다는 것을 깨달았습니다.

히라이 지식으로서 알고 있다는 것하고 그 진상까지 알고 있다는 것 사이에는 차이가 있다고 생각합니다. 물론 고등학교 세계사와 일본사 수업에서 식민지지배를 공부하긴 하지만, 그곳에 살고 있는 사람이 어떤 사람이고, 어떠한 삶을 강요당하고 있었는지까지 상상력을 발휘해서 알려고 하지 않으면 그저 한낱 지식으로 끝나고 맙니다. 그렇게 되어버리면 당연한 일이지만 '당사자성'을 생각할 일은 없는 것이죠. 그리고 결국엔 "한국은 언제까지 이 일로 일본을 비난할 셈인가?"라든가 일본군 '위안부' 문제와 관련해서 피해자의 의사를 무시하고 '최종적이고 불가역적인 해결'을 선언한 2015년의 "한일합의로 다 해결됐잖아"와 같은 주장에 엮이고 맙니다. 이것이 '알고 있는 것'과 '거기서 한 발짝 더 깊이 파고드는 것'의 차이라고 생각합니다.

구마노 맞습니다. 저는 『뭐야뭐야』 1에 우선은 '아는 것'이 중요하다고 썼는데, 그때 '아는 것'에 따옴표를 붙였습니다. 그 의도는 역사적인 지식으로서 아는 것은 중요하지만, 그 이상으로 스스로 인식에 깊이를 더해야 한다는 의미를 담고 싶었기 때문입니다. 그런 의미에서 히라이 선생님 말씀에 크게 공감합니다.

답답함조차 느끼지 않는 사람

오키타   그런데 '아는 것'은 굉장히 어려운 일이라고 생각합니다. 지
금 나눈 이야기에 관련이 있습니다만, "'뭐야뭐야'를 느낄
수 있는 사람은 그 시점에 이미 인식을 바꾸거나 가치관을
업데이트할 가능성이 있다고 생각합니다만, '뭐야뭐야'조
차 느끼지 못하는 사람도 어느 정도 있을까요?"라는 질문
을 받았습니다. 그리고 한국문화를 좋아하는 사람 중에 "한
국 아이돌을 좋아하는데 이 나라 사람하고는 친해지지 않
는다"라는 이야기를 종종 듣는다는 코멘트가 있습니다. 이
런 사람에게 어떻게 접근하면 좋은지에 대한 질문도 있습
니다. 어려운 질문이라고 생각되는데, 우시키 씨 어떻게 생
각하시나요?

우시키   '뭐야뭐야'를 느끼지 못하는 상황이 조성되는 것 자체가 문
제라고 생각하므로 '뭐야뭐야'를 주변 사람들이 이야기하
기 시작하면 그런 사람들 마음에도 뭔가가 분명히 생겨날
것이라고 저는 생각합니다. 그런 사람에게 직접 어떤 식으
로 다가갈 수 있는지는 두 사람의 관계에 따라 달라진다고
생각하기에 어려울지도 모르겠습니다만, 조금씩 공유할 수
있는 공간과 그 관계를 넓혀간다거나, 한 번쯤은 "어떻게 생
각해?"라고 말을 걸어보는 행동으로 옮겨보는 것도 좋을지
모르겠습니다. 혼자서 해결하기보다는 서로가 대화를 나누

고 생각을 공유할 수 있는 환경을 조성하는 데 방점을 두는 것이 좋지 않나 생각합니다.

구마노 저도 K-POP 팬덤을 보고 있으면 '뭐야뭐야'를 느끼는 일이 꽤 있습니다. 한편으로 이번에 한국 문화를 좋아하는 사람들이 이 책을 주변에 알려주신 덕분에 "이 책, 읽어 보고 싶다"라든가 "나도 공부해야겠다"와 같은 연쇄작용이 일어나고 있습니다. 물론 모든 사람에게 확산하기는 어려울 것이고, 정말로 '뭐야뭐야'조차 느끼지 않는 사람에게 전달될지는 모르겠습니다만, 적어도 이런 문제의식을 공유할 수 있는 사람의 고리를 넓혀간다는 것은 이 사회가 가지고 있는 문제의식이나 인권 의식의 근저부터 우리가 함께 조금씩 쌓아 올리는 일이 된다고 생각합니다.

사회는 변하지 않는다?

오키타 마지막 질문입니다. "세상은 변하지 않는다, 정치는 변하지 않는다고 포기에 가까운 심정입니다. 이런 말을 들으면 여러분은 어떤 생각이 드나요?" 아사쿠라 씨 이 질문에 대해서 어떻게 대답할 수 있을까요?

아사쿠라 저 자신도 배움을 시작하기 전에는 정치에 대해서 "정치가가 하는 짓"이라는 이미지가 있어서 어딘지 모르게 저하고는 관계없는 일로 생각하고 있었습니다. 주변 상황을 함께 말씀드리면, 정치 이야기는 대학생 사이에서도 거의 하지 않는, 이야기를 꺼내기 어려운 분위기가 있습니다. 이런 상황이다 보니, 한 사람이 배우고 변한들 세상은 바뀌지 않는다고 생각하는 사람이 많습니다. 하지만 우리 한 명, 한 명이 배우면서 바뀐다면 분명히 사회도 바꿀 수 있다고 생각합니다. 그러니 이 책을 읽어 주신 여러분 한 분, 한 분이 자신과 사회에 마주해서 생각을 이어가 주면 좋은 결과를 기대할 수 있다고 생각합니다.

오키타 세상은 바뀌지 않는다고 생각하기 쉽지만, 오늘 이 자리에 모이신 여러분은 『뭐야뭐야』1을 읽어 주셨습니다. 그 시점에서 이미 굉장히 가치 있는 행동이 있었던 것이고, 이것이 바로 세상을 바꿀 수 있는 에너지가 아닐까요? 이 자리에 참석하는 것도 대단히 큰 행동이고, 언뜻 보기에 작아 보이지만 사실은 대단히 큰 행동이 쌓여간 끝에 세상이 만들어진다고 생각합니다. 예를 들어 "내가 이 책을 읽고 '뭐야뭐야'를 느끼고……, 어? 나도 내 안에 차별성을 가지고 있었는지 몰라"와 같은 각성을 그대로 두지 않고, "다른 사람에게 이야기해 볼까?"라는 생각하게 되고, 그렇게 실천함으로써 조금씩 변해갈 것이고, 이런 사람의 고리와 관계가 널리 확산되면 좋겠습니다.

구마노 세상은 변하지 않는다, 정치는 변하지 않는다는 생각은 저희 세대에서는 꽤 공유되고 있는 감각일지도 모르겠습니다. 그런 감각이 배경이 되어 '뭐야뭐야'를 느낄 수 있다고 봅니다만, 이 '뭐야뭐야'를 기점으로 계속 생각하고 고민하는 것이 가장 중요하다고 생각합니다. 덧붙여서 일본 상황만을 보면 절망해 버리는 일이 많습니다만, 지금의 한국은 시민운동과 페미니즘 등 다양한 운동이 활발히 일어나 그로 인한 후유증은 있을지언정 스스로가 사회를 바꾸는 주체라는 의식이 높다고 느낍니다. 일본만 보고 생각할 것이 아니라, 다른 사회의 실천으로부터도 배우고 일본의 민주주의를 개선해 나갈 필요가 있습니다.

그런 다음에 인권을 기반으로 한국과 연대의 가능성을 생각하면 좋을 것 같습니다. 다만 이 연대는 단순히 '친해지자'는 교류가 아니라, 인권을 기반으로 하는 연대를 말합니다. 이런 과정이 (일제 식민지) 피해자의 인권을 회복하는 데도 연결되지 않을까 생각하고, 나아가서 진정한 의미에서 일본과 한국의 우호에도 이어진다고 생각합니다.

이상진 히라이 선생님의 「'위안부' 문제를 아이들에게 어떻게 가르칠 것인가」를 읽었습니다만, 졸업식에서 졸업생에게 히라이 선생님께서 하신 말씀이 소개되어 있었습니다. "(앞으로 사회에 나가면) 불합리한 이해 못할 일이 많이 있을지도 모릅니다. (…중략…) 그럴 때는 저항하는 겁니다. 싸우는 겁니다. (…중략…) 혼자 싸울 수 없을 때는 동료와 함께 연대하는 겁니다"라는 내용입니다. 이런 자세는 일본과 한국의 문제를 넘어서 다양한 장면에 적용할 수 있습니다. 이 자리에 참여하고 계신 여러분도 사회 문제로 '뭐야뭐야'를 느끼신 적이 있을 것입니다. 그럴 때, 자기 의견을 말하고, 동료와 함께 이야기를 나누고, 그러다 보면 사회를 바꿀 수 있습니다. 그리고 주권자로서 선거에 참여하고, 자기 의사를 표명하는 것입니다. 단기간에 바뀔 것으로는 생각하지 않습니다만, 이런 행동을 이어감으로써 사회가 조금씩 변해가는 것은 아닐까요?

우시키 같은 이야기가 됩니다만, 얼마 전에 고등학생인 남동생이 "이제 어차피 사회는 바뀌지 않아"는 말을 했습니다. 그때 정말 충격을 받았습니다. 저는 매일 세미나 동료 얼굴을 보고 있어서 이런 감각이 둔해지고 있습니다만, 조금만 바깥으로 나가면 "아, 이렇게나 폐색감閉塞感이 드는구나"라는 생각이 듭니다. 역사와 정치 문제는 우리가 생각하는 것보다 훨씬 우리와 가까운 곳에 있습니다. 직접적으로는 식민지 지배의 역사와는 관계없는 것처럼 보이는 사회 문제라든지 출입국관리국 문제도 그렇고 젠더 문제도 모두 연결되는 곳이 있다고 생각할 수 있습니다. 이러한 문제에 대해서 많은 사람이 근본이라고 할까, 역사나 정치 문제로서 생각하게 된다면 우리의 연대와 유대가 더 넓어지지 않을까 생각합니다.

오키타　마지막으로 히라이 선생님께서 한 말씀 부탁드립니다.

히라이　앞에서 오키타 씨가 이 책을 읽고 오늘 이 자리에 모인 것
　　　　자체가 이미 행동을 실천한 것이라고 하셨는데, 정말 그렇
　　　　다고 생각합니다. 바꾼다는 말이 굉장히 큰일인 것처럼 느
　　　　껴질 수 있지만, 내가 지금까지 한 적이 없는 일을 하나 해보
　　　　자, 지금까지 이런 문제에 이야기해 본 적 없는 대화를 해보
　　　　자, 라는 식의 실천이 바꿔 가는 첫걸음이라고 생각합니다.
　　　　『뭐야뭐야』1에 등장하는 몇 가지 주제어 중에서, 저 또한
　　　　"맞아, 이거다"라고 생각한게 바로 바꾸고 싶으면 내가 바
　　　　뀌어야 한다는 부분이었습니다. 바로 여러분은 이 세미나
　　　　를 통해서 이를 실천해 왔다고 생각합니다. 한 권의 책을 세
　　　　상에 내놓는다는 것은 정말로 굉장한 행동, 실천이고 커다
　　　　란 사회변혁의 하나이며 그 한 걸음, 아니 열 걸음 전진하는
　　　　일이라고 생각합니다. 앞서가는 여러분이 여러분만 앞서가
　　　　지 않고 이번엔 누군가와 함께 가려고 노력해 주면 사회는
　　　　반드시 변한다고 믿습니다. 바뀌지 않는다는 생각이 드는
　　　　사회를 만들어 온 우리 어른은 진지하게 반성해야 한다고
　　　　다시 한 번 마음속에 굳게 새기면서, 동시에 여러분과 함께
　　　　이 사회를 바꾸어가는 주체가 되고 싶습니다. 오늘은 정말
　　　　감사했습니다.

『뭐야뭐야』1에 대한 현역 대학생의 목소리에 답하다

현역 대학생은 『뭐야뭐야』1을 어떻게 읽었을까요? 『뭐야뭐야』1을 읽은 현역 대학생이 남긴 코멘트에 저자 5명이 답합니다. 2022년 봄에 히토쓰바시대학에서 개설된 「아시아 사회사 총론 A」 담당 : 가토 게이키, 온라인으로 진행, 수강생 약 90 명에서는 과제의 하나로 『뭐야뭐야』1 읽기가 있었고, 2021년 8월에 개최된 간행기 념 심포지엄 <제1장 좌담회 한일 사이에서 느끼는 '뭐야뭐야'를 마주하는 당사자성 과 상상력> 영상을 시청하고 코멘트를 남기는 리포트가 수강생에게 부과되었습니 다. 그리고 수업 중에 수강생이 제출한 리포트에 대해서 『뭐야뭐야』1의 저자 5명이 답했습니다. (2022년 5월 5일 수록)

당시 학년 | 아사쿠라 : 석사 1학년

구마노 : 석사 1학년, 미국 유학 중

이상진 : 석사 2학년

우시키 : 석사 2학년, 한국 유학 중

오키타 : 회사원 1년차

내 문제로 생각하기

구마노 여러분 안녕하세요. 『뭐야뭐야』1과 간행기념 심포지엄에
대한 수강생 여러분이 주신 코멘트에 대해서 저희 저자 5명

이 회답을 하고자 합니다. 현재 오키타 씨는 회사원이 되었고, 나머지 4명은 사회학 연구과 석사 과정에 진학해서 대학원생으로 재학하고 있습니다.

여러분께서 보내주신 코멘트 중에서 인상 깊었던 것을 골라서 답변하는 시간을 가지고자 합니다. 그에 앞서서 전체적인 인상에 대해서 아사쿠라 씨께서 말씀이 있겠습니다.

아사쿠라　자신이 겪은 가해성이나 차별에 가담한 경험을 적어주신 분이 많았던 점이 인상적이었습니다.『뭐야뭐야』1에서는 저희 스스로가 가해의 역사와 차별 문제를 어떻게 마주했는가에 역점을 두고 서술했는데, 마찬가지로 여러분께서도 적어주신 셈입니다. 그리고 앞으로 본인이 어떻게 하고 싶은지, 예를 들어 더 공부하겠다든가 아니면 다른 사람에게 이 책을 추천하겠다든가 하는 코멘트가 많아서 기뻤습니다. 이 책을 읽은 사람이 조금이라도 어떤 행동을 실천에 옮기거나 본인이 변했다면 저희로서는 큰 힘이 됩니다.

식민지지배 문제는 의견이 갈리는 문제인가?

구마노　지금부터 구체적인 문제에 들어가도록 하겠습니다.『뭐야뭐야』1에서는 "문화 교류를 통해 한일관계를 개선된다"는 식의 안이한 논의를 비판하면서 표면적인 보여주기식 문화

교류에 빠지지 말고, 가해의 역사와 마주하는 일의 중요성을 지적했습니다만, 이에 공감하는 코멘트가 많았습니다. 한국문화가 이만큼 유행하는 상황에서 이렇게 비판하기란 쉽지 않을 것이라고 예상했었기 때문에 조금 의외였습니다. 한 예로 BTS의 팬인 '아미'분께서 인상적인 코멘트를 남겨주셨기에 여기서 소개하겠습니다.

BTS 멤버는 일본어로 말할 때가 종종 있는데 그들이 일본어로 말하는 동영상에 대한 코멘트로 "이렇게 일본어로 말하고 있으니, 그들이 반일이라곤 전혀 생각되지 않아", "BTS가 친일이라 기뻐"와 같은 댓글을 여러 번 볼 수 있습니다. 저는 일본어를 사용한다고 친일이라는 그런 표면적인 해석은 쉽게 변한다고 생각합니다. 예를 들어 데뷔하고 얼마 지나지 않은 무렵에 BTS 멤버가 광복절을 맞아 축하하는 게시글을 올렸는데, 이런 코멘트를 다는 사람들이 그 사실을 알면 어떤 생각을 할까요? "일본어로 말한다 = BTS는 친일이다"는 식의 이해면 쉽게 "광복절을 맞아 축하하는 BTS는 반일이다"로 생각을 바꾸지 않을까요?

팬덤 내에서 볼 수 있는 실제상황을 지적해 주셨습니다. 표면적으로만 바라보면서 '친일', '반일'과 같이 '위에서 내려다보는 시선'으로 쉽게 판단하는 문제점을 지적한 코멘트였습니다.

이 외에도 K-POP 팬의 코멘트, 한국문화를 좋아하는 분의 코멘트가 있었습니다만, 대부분이 가해의 역사에 진지하게 마주해야 한다고 적어주셔서 희망을 느꼈습니다.

이상진 이 코멘트는 매우 인상적이었습니다. 이분이 지적하신 것처럼, 표면적으로 문화를 즐기기만 하면 결국 광복절을 기념하는 게시글을 읽으면 문화 교류에서도 멀어지겠죠. 가해의 역사를 제대로 아는 것이 중요합니다.

구마노 가해의 역사와 마주하는 문제와 관련해서 『뭐야뭐야』 1에서는 호주의 역사학자인 테사 모리스 스즈키 ^{Tessa Morris-Suzuki} 교수가 제창한 '연루'의 사고를 소개했습니다.^{이 책 첫 번째 이야기,} _{「현대인의 책임」 참조} 이 부분에 대해서는 "인상 깊었다", "눈이 번쩍 뜨였다", "인식이 바뀌었다"는 식의 코멘트가 많았습니다. 어떤 분은 "사실에 근거해서 공정하고 아픔이 없는 사회를 실현하기 위해서 끊임없이 희구^{希求}하는 일, 이것은 우리가 당연히 짊어져야 하는 과제"라고 하시면서 "당연한 일로서 노력해야 할 공정 사회를 향한 희구가 현재 일본이라는 국가를 포함한 주체가 제대로 하지 못하고 있다는 뜻이기도 하다"라고 적어주셨습니다.

『뭐야뭐야』 1은 간행 후 '친한', '반일'이라는 비판을 받은 적이 있습니다. 간행기념 심포지엄에서 우시키 씨가 "역사적 사실을 제대로 직시하고 나서 피해자의 인권이라고 하는 것을 생각하면, 이 문제는 찬성과 반대로 의견이 갈릴 문제가 아니다"^{이 책 첫 번째 이야기, 「내 안의 차별과 마주하다」 참조}라고 하셨는데, 이에 응답하는 형식으로 "애초에 하나인 역사적 사실이 공유되지 않았고, 그 결과 생겨날 수 없는 '편'이라는 것이 일본 사회의 현재 상황이 아닌가"라는 코멘트가 있었습니다.

우시키 이 코멘트를 읽고, 정말이지 정확한 상황 파악을 하고 계신 점에 감동했습니다. 역사 문제를 생각할 때 저희 책에서는 인권을 어떻게 지켜나갈 것인가, 회복시켜 나갈 것인가에 중점을 두고 있었습니다만, '친한'이라는 시각으로 보고 있는 것입니다. 편을 가르는 것이 아니라, 어떻게 대응할 것인가를 생각하는 것이 중요하다고 생각합니다.

'표현의 부자유전不自由展'에 참여하며

구마노 '표현의 부자유전·도쿄'가 히토쓰바시대학이 있는 구니타치國立시에서 2022년 4월에 개최되었습니다만, 이에 관한 코멘트가 몇 개 있었습니다. '표현의 부자유전'이란 공공의 공간이나 공공시설에 의해서 검열을 당한 표현을 모아서 전시하는 프로젝트이며, 2015년 이후, 일본 각지에서 개최되고 있습니다. '평화의 소녀상'을 전시해서 주목받았던 적도 있습니다. 2019년에 열린 '아이치 트리엔날레'[1]에서 '표현의

---

1 [역자주] Aichi Triennale. 2010년부터 3년마다 개최되는 일본 최대규모 국제예술제. 4회째인 2019년에는 2019년 8월 1일부터 10월 14일까지 개최.

부자유전·그 후'가 협박을 받아서 '중지'된 적도 있었습니다. 자세한 내용은 岡本·アライ, 2019 참조

아사쿠라　저는 '표현의 부자유전·도쿄'의 실행위원 자격으로 이 일에 관여했기에 그 경험을 토대로 말씀드리겠습니다. 먼저 '표현의 부자유전'과 관련해서 부모로부터 "위험하니 가까이하지 마라"는 이야기를 들었다거나, 또는 언론보도를 보고 무서워서 관람을 포기했다는 코멘트가 있었습니다. 이 부분에 관해서는 언론의 문제도 있다고 생각합니다. '아이치 트리엔날레' 때도 그랬고, 2021년 6월에 도쿄에서 예정된 전시가 연기되었을 때도, 그리고 이번에 구니타치시에서 그랬습니다만, 언론보도는 '표현의 부자유전'이 우익으로부터 공격받고 있다는 내용만 보도되고 있었습니다. 실제로는 "응원하고 있습니다"는 메시지가 훨씬 많았는데도 공격받고 있는 점만 강조된 것입니다. 그리고 '평화의 소녀상'에만 주목하는 것도 문제라고 생각했습니다. '표현의 부자유전'은 예술전시이고, 소녀상 외에도 굉장히 좋은 작품이 많았는데, 이들 다른 작품에 대한 존중과 이해가 좀 부족했다고 생각합니다.

그리고 남겨주신 코멘트하고는 약간 거리가 있습니다만, 이번에 구니타치시에서 있었던 전시회에는 초등학생, 중학생도 많이 방문했으며, "아이하고 함께 왔습니다"라는 분이 꽤 계셨다는 점도 인상 깊었습니다.

오키타 이번 전시에는 저도 갔습니다만, 갈 때 지나치게 걱정과 경계를 했던 것 같습니다. 어르신만 계시는 건 아닐까, 우익이 전시장 앞에 차량을 동원해서 시위하고 있지는 않을까 등 긴장하고 혼자 갔었습니다. 그런데 도착해 보니 그런 느낌은 전혀 없었고, 상당히 평온한 분위기였습니다. 물론 경비원은 있었지만, 저와 같은 시간대에 입장한 젊은 커플은 편안하게 예술 작품을 감상하러 미술관에 온 느낌이었습니다. 전시 마지막 부분에는 이 '부자유전'을 보고 무엇을 느꼈는지 포스트잇에 코멘트를 적어 벽에 붙이는 코너가 있었는데, "크게 심금을 울렸습니다"와 같은 긍정적인 메시지가 있었습니다.

언론이 보도하는 태도에 대한 아사쿠라 씨의 발언에는 정말 그렇다고 공감합니다. 이 문제에 관해서 조금 공부한 적이 있는 저도 "괜찮을까?"라는 불안한 마음으로 전시회장에 갔을 정도이니, 언론의 보도 방식은 유감입니다. '표현의 부자유전'에 초점을 맞춰서 제대로 공정하게 보도하길 바랍니다.

구마노 그저 이런 예술 작품을 전시하는 일이 일본사회에서는 이렇게도 어려운 일인가, 일본사회가 얼마나 민주적이지 않은지를 실감하였습니다.

오키타 동감입니다. 아사쿠라 씨도 언급했습니다만, '평화의 소녀상'만 있는 것이 아니라 다양한 전시물이 있는데, 이들 전시물 하나하나에 대해서 과거에 어떤 방해가 있어서 전시하지 못했는지를 소개하고 있었습니다. 언론에서는 "'반일'적인 전시가……"라는 식으로 보도하고 있지만, 문제는 그게 아니라, 표현에 대한 규제가 이루어졌다는 사실에 초점을 맞춰서 문제를 제기하는 것이 이번 전시의 취지입니다.

구마노   일본사회를 비판하는 예술이 있어도 됩니다. 아니 예술이 정치성을 가지는 것은 당연합니다. 예를 들어 독일에는 독일이 저지른 가해의 역사를 대상으로 한 박물관이 있고, 가해의 역사를 마주 보는 메시지를 담은 기념물이 공공장소 여기저기에 놓여있습니다. 일본으로 말하면 '평화의 소녀상'이 국회의사당 앞에 설치되는 것이 당연한 풍경입니다. 그런데 일본사회에서는 그런 상황을 상상하기 어렵고 "왜?"라고 흠칫하다 놀라는 일이 됩니다. 이 전시가 화제가 될 때마다 일본사회의 이런 상황을 어떻게든 바꿔야 한다는 생각이 듭니다.

아사쿠라   지금 구마노 씨의 의견처럼 "'평화의 소녀상'이 자연스럽게 일본 공원에도 있으면 좋은데"라는 관람자의 의견도 있었는데 정말 그렇다고 생각했습니다. 지금의 일본에서는 '표현의 부자유전' 같은 공간에서만 '평화의 소녀상'을 접할 수 있습니다. '평화의 소녀상'을 본 관람객이 "이제야 만났네"라고 말을 거는 장면도 있었습니다만, 많은 어려움을 이겨내서 어렵게 전시하지 않으면 만날 수 없다는 사실 자체가 정말 이상한 일입니다. 가해국인 일본이야말로 오히려 '평화의 소녀상'을 설치하려고 해야 하는 것은 아닌가, 하는 생각을 이번에 새삼스럽게 했습니다.

구마노 '평화의 소녀상'이 어떤 의미를 지닌 작품인지, 『뭐야뭐야』 1을 읽기 전까지는 "언론보도 때문에 조금 오해하고 있었다"라는 코멘트도 많았습니다.

가해성을 자각하는 것

구마노 다음은 페미니즘과 관련지은 대단히 인상적인 코멘트입니다. 먼저 이분은 "제가 페미니즘에 대해 생각할 때도 많은 남성은 '뭐야뭐야'를 느끼지 않고, 자신에 대한 분노도 느끼지 않고 살아갈 수 있는 현실에 대해서 분노를 넘어서 부러움마저 느낄 때가 있다. 한일관계에서도 그리고 페미니즘에서도 가해한 자가 가해를 했다는 의식을 갖게 하는 일이 가장 어려운 일이 아닌가?"라는 코멘트를 남기셨습니다. 그리고 간행기념 심포지엄에서 이 책이 SNS에서 '반향의 연쇄'를 일으켰다고 저희가 말한 것에 대해서는 "이 반향의 연쇄는 언젠가 '뭐야뭐야'의 답답함조차 느끼지 않는 사람까지 도달해서 모두는 아니더라도 몇몇 사람에게는 새롭게 한일문제를 바라보게 되는 계기가 되지 않을까 생각한다"라고 적어주셨습니다.

이상진 이 코멘트는 인상적이었습니다. 페미니즘을 논할 때 남성으로서 어떻게 마주해야 하는가는 매우 중요한 문제라고 생각합니다. 이 책은 일본과 한국 사이의 '뭐야뭐야'를 다룬 책이지만, 여기에 머물지 않고 다른 '뭐야뭐야'로 생각을 확장하는 일도 중요합니다. (특권을 가진) 남성으로서 이들 코멘트가 지적한 부분을 자신의 문제로 계속 관심을 가지고 임하려 합니다.

우시키 남성이 특권을 가진 측에 있어서 느끼지 못하고 지나치는 문제에 대해서 여성 측이 항상 마주해야만 하는 상황에 있다는 점을 이분은 느끼고 계신다고 이해합니다. 한국·조선인 차별 문제로 바꾸어 말하면, 어떤 문제가 일어날 때마다 역사적 경위라든지 차별의 실태에 대한 설명을 요구받는 것은 언제나 재일코리안입니다. 이런 상황에 대해서 특권을 가진 측이 자각을 가져야 한다고 생각합니다.

구마노 가해나 차별에 대해 아무 생각하지 않아도 다수에 속하는 사람은 아무 문제없이 살아갈 수 있다는 말씀이죠? 다수에 속하는 사람이 젠더, 한일문제에 의식을 가지고 임해야 한다는 생각이 강하게 들었습니다.

오키타 여러분과 같은 생각이 들었습니다만, 저한테 가장 인상 깊었던 것은 "반향의 연쇄가 언젠가 '뭐야뭐야'를 느끼지 못하는 사람에게도 도달하지 않을까"라는 부분이었습니다. 지금의 상황을 바꿀 수 있을지도 모른다는 희망을 느껴주셨다는 점이 저를 가장 기쁘게 한 코멘트였습니다. 실제로 저도 대학교 2학년 때 들은 수업에서 처음으로 내 안에 있는 가해성이나 속으로 품고 있는 차별이 있다는 사실을 깨닫고, 그때부터 공부를 시작했습니다. 생각을 바꿀 계기가 되는 일은 많으며, 그런 계기를 직접 만들어 나갈 수도 있다고, 저는 생각합니다. 화제에 올려서 논의하거나 이 책을 다른 사람에게 소개하는 데까지는 아니라도, 가령 이 책을 늘 책상 위에 두는 정도의 작은 일부터 변화는 시작된다고 저는 믿습니다. 그런 의미에서 페미니즘에 대해서도 화제로 삼는 등으로 바꾸어 갈 수 있지 않을까 생각합니다.

'뭐야뭐야'를 공유할 수 있는 공간의 중요함

구마노 일본사회에서는 정치와 사회 문제에 관한 이야기를 꺼내기가 어렵다고들 하는데, 이에 관련된 코멘트입니다.
　　　　내가 느끼고 있는 '뭐야뭐야'를 언급한다는 것은 현대 일본사회에서는 커다란 '용기'가 필요한 일이다. 하물며 그런 이야기를 책으로 사회에 발신한다는 것은 각별한 '각오'에 강한 '의지' 없이는 어려운 일이라고 생각된다. 그런데 이를 훌륭하게 해낸 세미나 참가 학생 여러분은 '대단한 사람',

'높은 의식을 가진 사람'이라는 표면적인 평가가 아니라, 자신의 개인적인 경험에 기반한 '뭐야뭐야'를 '언어'로 표현하였고, 그리고 그 '언어'가 안심하고 안전하게 대화할 수 있는 환경, 즉 '인권'이 지켜지는 논의와 소통의 공간 및 관계성을 형성할 수 있었다는 데에 커다란 의미가 있다고 생각합니다.

오키타 정말 그 말씀대로라고 생각합니다. "세미나에서 책을 낸다니 대단하네"라고 좋은 말씀을 해주시는 경우가 있습니다만, 먼저 절대 그렇지 않다는 것이 첫 번째입니다. 그런 식으로 실제 이상으로 좋게 평가해서 "보통이 아닌 다른 사람들이니까……"라는 식으로 저희를 다르게 보지 않으셨으면 한다는 생각도 있습니다. 그리고 두 번째로 제가 강하게 공감했던 부분은 논의와 소통을 할 수 있는 공간과 관계성이 있었기에 많은 대화가 가능했다는 점입니다. 예컨대 이 자리에서는 인권은 지켜야만 하는 것이라는 전제하에 논의를 이어가고 있는 것입니다. 이 부분에 대한 공유가 되지 않고 있다고 느낀다면 저는 대화를 시작하는 것조차 어렵게 느끼고 말 것입니다.

한편으로, 그렇다고 겁이 나서 아무 말도 하지 못하고 마는 것은 아깝다는 생각이 듭니다. 가령 인권을 소중히 하고 싶다는 생각이 있다면 부담 갖지 말고 그런 생각과 바람을 자유롭게 발신해도 되지 않을까요? 최근엔 인스타그램에서도 '표현의 부자유전'과 '평화의 소녀상'에 대한 해설이나 안내 글이 올라와 있습니다만, 저는 그걸 제 '스토리'24시간 동안 사진이나 글을 투고할 수 있는 기능에 올려서 공유한 적이 있습니다. 그렇다고 "지금부터 나는 이걸 공유할 거야!", "나는 이런 신념을 가지고 있으니까 제대로 할 거야!"처럼 굳은 결의를 하며 마음먹지 않더라도 발신은 실은 조금만 생각만 있으면 누구나 할 수 있는 일입니다. 그런데 내가 글을 올렸더니 누군가가 "저도 관심이 있었어요"라는 답글을 받거나, "나도 가볼까?"라고 반응을 해주는 사람이 있으면, 나와 대화를 할 수 있는 사람의 의외로 이렇게 가까운 곳에 있다는 사실을 알게 됩니다.

구마노 저의 경우는 세미나에서 이런 주제로 이야기를 나눌 수 있다는 것이 아주 큰 계기였고, 이 세미나에는 지금까지 많이 경험한 어울리거나 적응하기 어려운 분위기가 없습니다. 그렇다고 이 세미나가 대단하다고 말하려는 것이 아니라, 처음부터 이런 공간이 당연히 있었어야 했다는 뜻입니다. 없으면 새로 만들려는 운동이 필요하지, 반대로 "세미나라면 거기서는 말할 수 있다……"는 식으로 안으로 틀어박혀서 폐쇄적인 자세를 보이는 것은 바람직하지 않습니다.

대학교 1학년 때 어떤 동아리에 들어가 있었는데, 그 동아리는 인권이 지켜지는 곳이라고 할 수 없었습니다. 그 이유는 여학생의 외모를 남학생이 순위를 매기는 일이 있는, 이른바 동성사회적^{homosocial}인 행태, 다시 말해서 여성을 멸시하거나 여성을 이야깃거리로 삼으며 남학생들이 떠들어대는 분위기가 있었기 때문입니다. 저는 굉장히 불편했지만, 이때 이런 행위에 반대하면 따돌림 당할지도 모른다는 생각에 "그러지 마"라고 분명하게 말하지 못한 제가 있었던 것입니다. 그때의 일은 지금도 반성하고 있습니다. 이런 공간은 누군가를 희생시키고 있는 것입니다.

오키타 맞습니다. 정말로 그렇습니다.

앞으로의 행동에 대해서

구마노 다음 코멘트로 가겠습니다.

"간행기념 심포지엄에서 "이 책을 저항하기 위한 하나의 도구로 사용해 주면 한다"는 식의 발언이 있었습니다. 한번 읽어 보면 저처럼 조금은 인식이 바뀌지 않을까, 하는 생각에 요즘은 얼버무리지 않고 "생각보다 재미있어"라고 말합니다. 하찮은 저항일지도 모르지만, 이 행동이 조금이라도 사회를 바꾸는 데 도움이 되었으면 합니다."

이런 행동을 하고 있습니다, 라는 코멘트를 남겨주셔서 기쁩니다.

오키타 아까부터 쭉 행동한다는 이야기만 하고 있어서, (웃음) '강자'

의 논리만 일관하고 있는 것은 아닌지 불안하지만, 이 수업을 수강하는 것도 그렇고, 진지하게 리포트를 쓰는 것도, 책을 읽는 것도 사회를 바꾸는 데 도움이 된다고 생각합니다. "배우자"라며 시작하는 행동이 첫걸음이 되니, 일단은 행동으로 옮겨서 시작하는 것이 멋진 행동이라고 생각합니다. 이를 전제로 이런 식으로 "생각보다 재미있어"라고 전하는 등의 정말로 사소한 일이라도 실천에 옮기는 것이 사회를 바꾸는 데 분명히 도움이 된다고 생각합니다.

이상진 사소한 행동이라고 한다면, 인권 의식을 가질 때부터 시작되는 것이 아닐까요? 앞에서 "인권이 지켜지는 곳"에 관한 이야기가 나왔습니다만, 우리가 인권 의식을 공유하고, 그런 공간을 조금씩이라도 만들어 나가는 일이 중요하다고 생각합니다.

구마노 이번에 많은 분이 남겨주신 코멘트 중에는 어머니나 언니, 누나가 권했다든지, 트위터에서 추천받아서 이 수업에 참여하기 전에 이미 『뭐야뭐야』1을 읽었다는 분도 제법 있었습니다. 사소한 일이라고 생각될지 모르지만, 책을 추천하는 효과는 정말 대단하고 실천하기 쉬운 행동이라고 생각합니다.

강렬한 경험이 필요한가?

구마노 다음 코멘트인데요, 이분은 "집필자 여러분은 모두 한국과의 관계가 저보다 깊어 보이고, 한국인 친구나 애인도 없고 K-POP 팬도 아닌 제가 여기에 들어가서 할 수 있는 말은 없어 보여서, 어딘지 계속 여기에 머물러도 되는지 꺼림칙했다"라고 하셨습니다. 『뭐야뭐야』 1에서는 저나 우시키 씨가 재일코리안이나 한국인과의 교류하는 과정에서 은연중에 차별에 가담해 버려서 당사자로부터 지적을 받은 경험을 쓴 것도 있어서 이런 생각을 남기신 것 같습니다. 하지만 간행기념 심포지엄에서 이 씨가 '강렬한 경험만이 자신을 바꾸는 건 아니다. 『뭐야뭐야』 1을 읽는 '간접적 경험'도 '자신을 바꾸는 기회가 된다'는 발언에 "용기를 받아서 한층 더 강한 의욕이 생겼다"고 합니다.

이상진 모두가 강렬한 경험을 하는 것은 아니지만, 누구나 조금은 "뉴스를 보고 '뭐야뭐야'를 느꼈다"는 식으로 역사 문제와 관련된 경험을 한 적이 있을 것입니다. 예를 들면 『뭐야뭐야』 1을 통해서 저희가 경험한 '뭐야뭐야'를 알았기에 "나도 그런 적이 있다"고 공감하는 사람도 있지 않나 생각합니다. 한편 "강렬한 경험을 한 적이 없으니까" 또는 "사소한 문제니까"라고 생각하고 넘겨버리는 사람도 있겠지만, 사소한 '뭐야뭐야'에서 문제의 본질을 꿰뚫고 자기 문제로 생각하고 임하는 것이 중요하다는 것이 저의 발언의 취지였습니다.

우시키 저도 이 코멘트는 굉장히 중요하다고 생각합니다. 결국 한국에 대해서 아무리 공부해도 '끝'은 없습니다. 배우면 배울수록 본인의 삶의 방식과 사상, 또는 일본사회가 나아갈 방향을 고민해야 한다는 의미에서 '뭐야뭐야'는 계속 늘고, 마주해야 할 문제도 점점 늘게 됩니다. 그러니 나에게는 특별한 경험이 없다는 이유로 부정적으로 생각하거나 열등감을 느낄 필요는 없습니다. 반대로 흔히 있는 경우입니다만, "한국문화를 안다" 또는 "한국인 친구가 있다"는 이유로 마치 다 알고 있다는 착각에 빠지는 것이 더 위험합니다.

게다가 저의 경우는 한국인 친구에게 심리적 부담을 주고 마음에 상처를 입히고 말았습니다. 친구의 희생으로 배움에 이른 것입니다. 그럼 이런 식으로 배우는 것이 정말로 올바른 방식의 배움이냐고 하면 그건 그렇지 않습니다. 피해자 측에 있는 사람에 어떤 부담을 주지 않고 우리 스스로 하나씩 배워가야 한다고 생각하기에 지금 이렇게 책을 통해서 앞으로 적극적으로 자기 문제로 인식하고 능동적으로 배우겠다고 말씀해 주시는 것은 저로서는 정말로 감사하고 동시에 책임감 있는 행동이라고 생각합니다.

이상진 오키타 씨의 경우는 강렬한 경험을 통해서가 아니라 수업을 통해서 이 문제와 마주하게 된 것이죠?

오키타 네, 맞습니다.

구마노 　아무래도『뭐야뭐야』1에서는 강렬한 경험이 먼저 눈에 들어오지만, 사실은 그렇지 않은 사람이 더 많으리라 생각합니다. 이분이 느낀 '꺼림칙한 감정'에 관해서는 저도 공감한 부분이 있습니다. 저의 경우는 역사 문제와 마주하는 계기가 된 일본군 '위안부' 문제 스터디 투어에 참가했을 당시에는 저는 '위안부' 문제에 대해 아는 것이 전혀 없었는데 함께 참가한 사람은 한국과의 연도 깊고 일본군 '위안부' 문제에 대한 지식도 문제의식도 확실하게 가지고 있는 그런 상황이었습니다. 그러다 보니, "저분들은 저렇게 열심히 운동에 참여하고 문제의식도 확실한데", "나는 그 정도로 당사자로서의 의식이 없어"라고 느끼고 있었기에 그런 자신이 싫었고, 양심의 가책을 느끼기도 했습니다. 당시는 제 안에서 솟아나는 문제의식이 별로 없는 상태에서 다른 사람의 모습을 보고 "대단하다, 나도 공부해야겠다"는 생각을 하는 그런 상태였습니다. 그러나 그 후에 제대로 공부를 시작하면서부터 "이건 정말 문제야"라고 느끼게 되었고, 제 안에서 문제의식이 솟아나는 경험도 해봤기에, "한층 더 강한 의욕이 생겼다"는 코멘트는 정말 기쁩니다. 앞으로 계속 배움을 이어가면서 조금씩 문제의식이 명확해지리라고 생각합니다.

천황제를 어떻게 생각할 것인가?

구마노 코멘트 중 일부에는 『뭐야뭐야』 1이 천황제를 비판하고 있 다고 불편했다는 내용도 있었습니다. "전전戰前 일본과 전후 일본은 다르며, 지금 일본은 평화롭고 군국주의와는 무관 하다"고 생각하는 사람도 많겠지만, 애초에 일본이 가해와 침략을 저지른 구조적 근간에는 천황제가 있고, 그것이 오 늘날까지 이어지고 있다는 사실의 문제점을 먼저 생각해야 합니다. 덧붙여 『뭐야뭐야』 1에서도 썼지만, "전후 일본은 평화주의다"라는 인식도 실제로는 일본이 한국전쟁과 베트 남전쟁에 가담한 역사나, 일본이 미국과 군사동맹을 맺고 있어서 최근에도 일본의 군비확충 예산이 계속해서 늘고 있다는 점을 생각하면, 군국주의와 무관하다는 생각은 낙관 적인 견해가 아닐까요?

다른 코멘트에서 지적해 주신 내용이기도 합니다만, 천황 제에 관한 역사를 공부하면 일본의 가해와 침략을 떼어낼 수 없는 문제임을 알 수 있습니다. 독일에서는 나치의 하켄 크로이츠 깃발과 그 상징, 그리고 히틀러는 비판받아 마땅 한 대상입니다. 국제적으로는 쇼와 천황이 저지른 행위는 히틀러와 같은 문제로 인식하고 있습니다만, 일본사회에서 는 그런 인식이 결여되어 있습니다. 침략과 가해의 역사를 상징하는 천황과 천황제, 그리고 '히노마루, 기미가요'나 원호가 지금도 일본에 남아서 '당연한 것'으로 여기고 있다는 점은 아시아를 포함해 세계인의 눈에 어떻게 비칠지 생각해 볼 필요가 있습니다.[2]

그리고 근본적인 문제로서, 민주주의나 평화주의하고 천황제가 공존할 수 있는가에 대해서 먼저 생각해 주셨으면 합니다. 천황제가 사람에게 신분을 부여하는 시점에서 신분에 대한 차별입니다만, 예를 들어서 천황제를 반대하는 주장을 하거나 시위에 참여하면 '반일'이라고 규탄받거나 억압되는 현실을 볼 수 있습니다. 이것은 천황제가 민주주의를 받아들이지 못한다는 사실을 보여주고 있다고 생각합니다.

일본인의 책임에 대해

우시키 『뭐야뭐야』 1에서 일본인으로서 져야 할 책임에 대해 논한 부분과 관련해서 '일본인'이라는 것은 국민국가의 산물이고 만들어진 것인데도 언제까지 이렇게 '일본인'으로서 책임을 강요당해야 하는가, 라는 불편을 느꼈다는 코멘트도 있었습니다. 저희는 '일본인이니까 그럴 수밖에 없다'는 식의 본질주의적인 시각을 가지고 있지 않습니다. 그렇다면 어째서

---

2 일제강점기 당시 조선에서 '히노마루'를 강제한 건에 대해서는 加藤, 2021 참조.

일본인으로서 져야 할 책임이 존재하는가 하면, 오늘날 일본에서 투표할 권리를 가지고 있고, 강제노동에 대한 책임을 져야 하는 기업의 상품을 사고, 일본 어린이의 교육을 정할 책임이 있는 등, 일본사회의 모습을 결정할 권리를 가지고 있기 때문입니다. 이 사실이 일본사회가 가지고 있는 식민지주의와 차별을 해체해야 할 책임을 요구받는 근거입니다. 그러므로 식민지지배와 남북 분단의 역사, 오늘날까지 이어지고 있는 차별에 대해서 일본인으로서 져야 할 책임이 존재한다고 인정하는 것은 자민족중심주의, 국수주의와 같은 내셔널리즘과는 전혀 다른 별개의 문제입니다.

오키타 일본사회에 실재하는 차별 문제 등에 아무런 생각도 하지 않고 지금까지 살아오신 분들은 반대로 앞으로 무언가를 바꾸어 나갈 수 있는 자리에 있다고 생각합니다. "문제가 있어"라고 느끼는 구조 안에서 자기가 강자의 측에 서 있거나, 또는 그 구조에 가담하고 있다면, 그렇지 않아도 되는 방법을 찾아서 모든 사람이 살기 좋은 사회로 바꾸는 것은 책임이라고 할까요, 그런 길을 걸어가는 것이 소중한 선택이 아닐까요?

아사쿠라 그런 점에서 타인에 대한 '상상력'이 매우 중요하다고 생각합니다. 저는 일본인으로서 일본사회에서 살아왔기 때문에, 예를 들어 한국인으로서 살아온 사람이나 재일코리안으로 살아 온 사람이 느낀 감정이나 그들이 놓인 상황을 완전히는 이해할 수 없잖습니까? 그렇지만 그런 분들의 생각과 상황을 알려고 노력하고 있고, 그분들이 지금의 일본사회에서 차별받고 있거나 불평등한 체제 속에 놓여있는 현실을 보고 평등한 사회를 만들고 싶은 것입니다. 강자 측에 있기에 불평등한 사회 구조를 바로잡아야 한다고 생각합니다.

역사의 해석은 다양한가?

구마노 "역사적 사실은 하나라도 해석은 다양하며, 통일된 해석은 합의가 안 되는 것이 아닌지?"라는 코멘트가 있었습니다. '다양한 해석'이라고 할 때는 두 가지 차원으로 나누어 생각할 수 있습니다. 하나는 역사학계에서 학문적인 절차를 거쳐 이루어지는 논의나 해석입니다. 학계에는 논쟁이 있으며, 다양한 해석이 제시되기도 합니다. 단 오랜 시간 진행된 논의를 거치면서 예를 들어 식민지지배의 실태나 일본군 '위안부' 제도에 대해서는 일정한 견해가 형성되어 왔습니다. 연구자에 따라서 무게중심은 다소 다르더라도 기본적인 인식은 공유되고 있습니다. 이 책은 역사학계에서 충분히 검토된 견해를 바탕으로 썼습니다. 다른 하나는 비학문적인 견해, 역사부정론. 두 번째 이야기, 「"무엇이 진실인지 모르겠다"는 것은 왜인 거야?」 참조 예를 들어 인터넷상에서는 다양한 의견이 넘쳐나지만, 대다

수는 역사를 밝히기 위한 것이 아니라, 정치적인 의도로 불리한 역사는 말소하고 왜곡하려는 것들입니다. 흔히 접하는 "'위안부'는 자발적인 것이었다" 등의 주장에서는 학문적인 근거는 없습니다. 즉 학문적인 견해와 그 외의 견해를 동일한 차원에 둘 수는 없는 것입니다.

이상진 이 부분은 "역사는 편이 갈리는 문제가 아니다"라고 한 앞에서 언급된 코멘트와 관련성이 있다고 생각합니다만, 학문적으로 명확하게 밝혀진 역사적 사실을 전제로 할 필요가 있습니다.

구마노 흔히 볼 수 있는 의견으로, 대립하는 견해를 잘 대비해서 생각해야 한다는 말이 있습니다. 대학에서 공부하다 보면, 다양한 각도로 문제를 바라보는 것이 중요하다는 이야기도 들을 것입니다. 이는 맞는 말이며, 역사학에서 논의되고 있는 논쟁을 가져와서 다각적인 시각에서 검증하려는 자세는 중요합니다. 그러나 앞에서도 언급한 것처럼, 학문적인 견해와 학문적이지 않은 그 외의 견해를 한데 묶어서 비교하는 것은 위험한 일입니다.

이와 관련해서 한 가지 말씀드리고 싶은 것이 있습니다. 일본이 가해한 사실과 그 책임소재는 역사학적으로 흔들림 없는 사실이라는 전제와는 별도로, 당시 일본군과 일본 정부가 증거인멸을 위해서 자료를 소각해서 당시 일본의 가해 사실을 현재 증명하지 못하는 부분도 있습니다. 예를 들어, 어떤 사건의 피해자 수는 대략적인 규모는 파악할 수 있어도 정확한 숫자는 확인이 안 되는 경우가 있습니다. 그런데 정확한 숫자를 알 수 없다는 이유로 역사를 부정하려는 무리가 있는 것입니다. 그러나 가해 사실은 분명하다는 말과 함께 때로는 증거인멸이라는 부분을 시야에 넣어둘 필요가 있다고 말씀드립니다.

오키타 역사적 사료史料를 폐기한 것도 그렇습니다만, 남아 있는 사료에는 일본 관헌官憲의 자료가 많다는 점에도 유의해야 합니다. 가해 사실을 축소하거나 큰일 아닌 것처럼 왜소화하는 등, 사료 단계에서 날조인 경우도 있습니다.[3] 이런 점도 염두에 둘 필요가 있습니다.

구마노 정말 중요한 부분입니다. 이것이 바로 사료비판史料批判이라고 하는 것입니다. 역사학을 연구하면서 누가 어떤 목적으로 만든 사료인지를 염두에 두고 검토하는 것이 중요합니다. 인터넷상의 글이나 역사를 부정하는 책에는 일본의 행위를 긍정적으로 기술한 사료가 사료 비판이라는 학문적인 절차를 무시하고 자의적으로 인용되어 있어서 그것을 근거로 일본의 가해를 부정하는 주장을 펼치는 경우가 있습니다. 이런 주장 중에는 '학문적'으로 검증된 사실처럼 위장한 것도 있습니다. 모르고 그대로 받아들이기 쉬운데, 그 주장

....

3   예를 들며 中塚, 1977 참조.

이 근거로 하는 사료가 도대체 어떤 사료인지 조심해야 합
니다.

'한일'의 '뭐야뭐야'와 우리 사회

두 번째 이야기에서는 일본사회에서

식민지지배 책임을 마주보기가 왜 어려운지,

그 배경에 대해서 알아보겠습니다.

한일 양국에서 가해의 역사를 부정하려는 움직임이나

정치나 사회에 대해서 말을 꺼내기 어려운

일본사회의 문제점에 대해서 파헤쳐 보려 합니다.

"무엇이 진실인지
모르겠어"는 어째서?

구마노 고에이熊野功英

뉴스에서는 한일관계 기사가 종종 보도되고 있습니다만, 인터넷상에는 보도 내용과 상반되는 의견이 있어서 "뭐가 진짜인지 모르겠다"는 '뭐야뭐야'를 품은 경험이 있었을 것입니다. 이러한 상황의 배경에는 일본의 역사교육 관련 문제와 밀접한 관계에 있는 역사수정주의 영향이 있습니다.

역사수정주의라는 것은 식민지지배와 침략을 저지른 일본이 가해한 역사를 부정·왜곡하고 정당화하는 것을 말합니다. 여기서 주의해야 할 점은 본래 새로운 사료史料의 발견이나 실증적인 연구의 진전으로 기존의 역사상歷史像이나 해석이 '수정'되는 것은 아무런 문제가 되지 않는다는 점입니다. 그래서 여기부터는 역사수정주의에 대해서 그 실태를 정확하게 하기 위해서도 역사부정론歷史否定論이라는 용어를 사용하겠습니다.

이 역사부정론이 일본사회에서 크게 확산된 것은 1990년대 후반부터라고 알려져 있습니다. 2000년대에는 인터넷이 보급되면서 한국인이나 재일코리안을 향한 공격적인 '혐한류嫌韓流'라는 담론이 확산을 보였습니다. 그러나 동시에 '한류 붐' 또한 한창이었습니다. 어째서 언뜻 보기에 이런 상반되는 상황이 벌어진 것일까요? 이런 상황은 지금도 계속되고 있습니다만, 도대체 왜 한편으로는 일본에서 한국문화가 유행하면서 다른 한편으로 역사부정론이나 민족 차별이 계속되고 있는 것일까요?

전후戰後 한일관계의 역사

일본사회에서 살고 있는 우리가 놓인 상황 배경을 알기 위해서 먼저 전후 한일관계사를 간단하게 알아보겠습니다. 일본은 1945년 패전 후, 실질적으로 미국이 단독으로 점령한 상황에서 미국의 판단이 우선시되고 있었습니다. 미국은 점령 정책을 효율적으로 추진하기 위해서 천황제를 이용했고, 그 과정에서 쇼와 천황이 져야 할 전쟁책임을 면해줬습니다. 1951년에는 샌프란시스코 강화조약講和条約, 1952년 발효이 체결되었습니다. 하지만 이 조약은 일본의 전쟁책임을 묻지 않았고, 오히려 '관대한 강화'라고 할 수 있었습니다.吉田, 1997 게다가 해당 조약에서는 대부분의 참가국이 배상책임을 포기했고 개별 국가 간에 배상협정이 맺어진 경우도 그 실태는 경제협력이었습니다. 뿐만이 아니라, 중국, 대만, 남북한은 강화회의에 초대받지도 못했습니다. 이러한 일본의 전후처리 배경에는 냉전 아래에서 미국과 소련의 대립이 심각해지면서 미국이 일본 경제부흥을 중시하게 된 상황이 있었습니다. 이러한 상황에서 일본은 패전국임에도 불구하고 경제부흥과 성장에 전념할 수 있게 된 것입니다.吉田, 2012 이후 한국전쟁에 의한 '특수'[1]를 통해서도 알 수 있듯이 일본의 경제부흥은 남북한의 희생을 토대로 한 것이었습니다.

1965년이 되자, 한국과 일본은 한일기본조약과 한일청구권협정을 체결해서 지금으로 이어지는 전후 한일관계를 규정한 '65년 체제'가 마련되었습니다. 이 '65년 체제'는 미·소 냉전 상황에서 미국을 정점으로 한미일 간 유사 동맹체제미일 군사동맹과 한미 군사동맹를 기초로 소련, 중국, 북한을 적대시하면서 동맹체제 유지와 안정을 위해 역사 문제에 뚜껑을 덮고 넘어가려는 체제를 말합니다.권혁태, 2016 일본 정부가 지금까지 줄곧 한일 양국의 역사 문제에 대해서 "이미 해결됨"이라고 주장할 때 그 근거로 지적하는 한일청구권협정1965에서는 양국 간 청구권에 대해서 "완전하고도 최종적으로 해결되었다"고 되어 있지만, 일본 식민지지배 책임에 대해서는 불문에 부치고 있습니다. 한일청구권협정에서 말하는 청

....

1   [역자주] '조선특수' 즉 한국전쟁 발발로 일본에 주둔하는 주일 미군을 포함한 미군이 일본에 전쟁물자를 발주한 결과, 패망한 일본의 산업 부흥에 결정적인 동력이 되었다. 특별 수요가 조선(한국)에서 발생했다는 뜻에서 명명된 것이 '조선특수', '한국특수'이다. 1950년부터 1952년까지 3년 동안 10억 달러, 1955년까지 간접특수까지 포함하면 35억 달러 규모에 이르렀다. 한편 일본 기업에 대한 무기, 포탄 등의 생산 명령이 내려진 것은 1952년 3월에 GHQ에 의해서이다. 군용차량의 수리, 항공기 수리 등도 담당했으며, 태평양전쟁 당시 전투기, 탱크를 생산한 기술과 경험이 있었던 지금의 미쓰비시중공업, SUBARU(태평양전쟁 당시 '하야부사' 등 육군항공대 전투기를 생산한 나카지마 비행기가 그 전신) 등이었다.

구권이란 어디까지나 미지급 임금 등의 채무에 관한 것이며 식민지지
배 정책에 의한 인권 침해에 대한 청구권은 상정되어 있지 않았습니다.
그렇기에 일본 법적책임이나 배상 문제는 해결되지 않고 있는 것입니
다. (한국과의 경제협력도 배상금이 아니며 일본 정부도 배상금이라고 말한 적이 없
습니다) 또한 한일청구권협정은 이름 그대로 한일 양국 간에 의한 것으
로 남북분단을 추인하는 것이기도 했습니다.吉澤, 2015 이처럼 일본은 북
한을 배제한 상태에서 일본이 범한 한반도에 대한 식민지지배를 되묻
지 않는 한일관계를 구축해 온 것입니다.

전후 일본의 역사교육 문제

전후 일본에서 역사를 부정하는 움직임은 교과서를 무대로 전개됩
니다. 1946년에 일본국헌법 제정에 뒤이어서 1947년에는 교육기본법이
제정되었습니다. 이 법에서는 평화적인 사회를 실현하는 근본에 교육
의 힘을 두고 아이들의 학습권을 기초로 국가권력에 의한 교육 내용에
대한 '부당한 지배'를 금하는 것을 명확히 하였습니다.

하지만 평화나 민주주의를 바라던 전쟁 직후의 교육개혁도 잠시,
1953년부터 교육의 '역행'이라고 불리는 반동화反動化가 시작됩니다. 일
본 정부는 일본을 '반공의 방파제'로 삼은 미국과의 사이에서 재군비를
위한 '교육 및 홍보를 통해 일본에 애국심과 자위自衛를 위한 자발적 정
신이 성장하는 분위기를 조장할 것'을 약속한 것입니다.이케다·로버트슨 회담

그리고 1955년에는 사회과 교과서 내용이 편향되어 있다고 하는 제1차 교과서 '편향' 공격이 시작되었습니다. 이후 교과서 검정의 강화나 군국주의를 배양했다는 이유로 폐지된 도덕교육전전에는 수신(修身)의 실시, 그리고 학습지도요령을 통한 정부의 교육통제 강화 등이 진행되었습니다.俵, 2020

이러한 움직임에 대해 교과서 검정제도는 국가에 의한 교육에 대한 개입이라고 주장하며 역사교과서의 집필자인 당시 이에나가 사부로家永三郎 도쿄교육대학 교수가 '교과서 검정 위헌 소송'이에나가 교과서 재판 제1차 소송을 1965년에 일으킵니다. 1967년에는 교과서 검정에서 내린 불합격 처분에 대한 취소를 요구하는 '이에나가 교과서 재판 제2차 소송'이 제소되어 1970년에는 국가권력이 교육 내용에 개입해서는 안 된다는 의미에서의 '교육의 자유'를 인정한 '스기모토 판결'이 나왔습니다.大串, 2016 교육이나 시민, 보호자, 출판 및 교과서 노동자에 의한 운동도 활발해져서 난징南京 대학살에 대한 기술이 부활하는 등 교과서 내용도 개선되어 갔습니다.

하지만 미일 군사동맹 강화나 1966년 '건국기념일' 제정, 1968년 '메이지 100년 기념식전', 1970년대의 원호元號 법제화운동이 활발해지는 상황 속에서 1979년부터는 자민당이나 우익 세력에 의한 제2차 교과서 '편향' 공격이 시작됩니다. 시민에 의한 반대운동도 일어났지만 결국 검정이 강화되어 일본의 침략과 가해를 왜곡하는 기술로 바뀌었습니다. 하지만 1982년 여름에 이러한 교과서 검정이 국제 문제로 번집니다. '침략'에 대한 기술을 수정하는 것은 역사를 수정하는 행위라고 아시아 여러 국가에서 격렬한 항의운동이 일어난 것입니다. 그리고 같은 해 11월에 '근린 아시아 국가 사이에서 근현대 역사 문제를 다룸에 있어서 국제적 이해와 국제협조의 견지에서 필요한 배려'를 하는 '근린제국 조항'을 정하고 일본에 의한 침략전쟁에 관한 기술을 검정에서 왜곡하지 않도록 국내외적으로 약속했습니다.

1984년에는 교과서 검정의 정신적 고통에 대한 국가배상을 요구한 '이에나가 교과서 재판 제3차 소송'이 시작되었습니다. 여기에서는 일본에 의한 아시아 침략, 식민지지배가 커다란 논점이 되었으며, 재판을 계기로 실증연구에도 진전이 있었습니다. 하지만 1989년에는 일본제국주의의 상징인 '히노마루'나 천황 예찬가인 '기미가요'의 강요, 경쟁교육의 도입 등의 문제점을 포함한 학습지도요령과 검정제도의 개악이 진행되었습니다. 그러함에도 1997년에는 위법인 검정이 있었다는 사실을 인정한 제3차 소송에 대한 최고재판소^{대법원} 판결이 내려져서 30년 넘게 이어진 이에나가 교과서 재판도 마무리되었습니다. 그러나 지금까지도 위법한 검정을 수정하려는 제도의 개정은 없는 상태입니다.^{俵, 2020}

이상은 '교육의 자유'를 둘러싼 공방이었습니다만, 재일코리안의 민족교육권이 일본 정부와 사회에 의해서 조선학교^{조총련계 민족학교}에 대한 탄압과 차별이 전후 일관되어 부정되고 있는 사실을 잊어서는 안 됩니다.^{세 번째 이야기, 「재일코리안과 일본인인 나」 참조}

역사부정론의 대두

전후 일본은 한국하고는 '65년 체제' 밑에서 역사 문제를 봉인하면서. 그리고 일본 국내에서도 교과서 검정을 강화하면서 일본이 저지른 가해의 역사에 대한 교육을 억압해 왔습니다. 그러나 1990년대에 들어서자, 냉전의 종결과 아시아 각국에서 민주화가 이루어짐에 따라서 아시아의 전쟁피해자가 일본을 고발하게 됩니다.^{吉田, 2012} 그 선구자가 바로 1991년 8월 14일에 일본군 '위안부' 피해자로서 실명으로 공개석상에 나선 김학순 할머님이셨습니다. 이를 계기로 아시아 각지에서 일본군 '위안부' 피해자가 증언을 시작해서 일본군 '위안부' 문제^{일본군 성노예제 문제}가 국제적인 문제가 되었습니다.

이러한 움직임에 대해서 1993년에는 당시 고노 요헤이^{河野洋平} 내각관방 장관이 '고노 담화'를 발표해서 '일본군의 관여'를 인정하고 '사죄와 반성의 마음'을 밝혔습니다. 이 담화에는 역사 연구와 역사교육을 통해서 일본군 '위안부' 문제를 기억한다는 결의도 포함되었습니다. 1995년에는 당시 무라야마 도미이치^{村山富市} 총리가 '무라야마 담화'를 발표해서 "식민지지배와 침략으로 많은 나라, 특히 아시아 각국 사람에게 커다란 손해와 고통을 주었다"는 사실을 인정하였습니다. 하지만 이들 담화는 일본국의 법적책임이나 배상을 인정하지 않았다는 점에서 한계가 있었습니다. 이처럼 '65년 체제'로 억제해 온 역사 문제가 분출하자, 일본은 '사죄'를 하면서도 법적책임이나 배상은 인정하지 않는다는 방침을 취하게 된 것입니다. 이러한 방침 아래에서 구축된 한일관계를 '95년 체제'라고도 합니다만, 본질적으로는 '65년 체제'를 연명한 것이었습니다.^{권혁태, 2016}

한편 1990년대가 되자, 일본군 '위안부' 제도에 관한 연구에 진전이 있어서 '고노 담화'를 바탕으로 1997년부터 사용된 중학교 역사 교과서에 '위안부' 기술이 등장했습니다. 그런데 이런 움직임에 대해서 일본군 '위안부'나 난징대학살을 가르치는 것은 '자학사관'이라는 이유로 교과서에 대한 공격이 시작되었습니다.^{俵, 2020} 그리고 1997년 1월에 후지오카 노부카쓰^{藤岡信勝} 도쿄대학 교수 등이 '새로운 역사 교과서를 만드는 모임'^{이하, '만드는 모임'}을 설립하고 같은 해 2월에는 당시 아베 신조^{安倍晋三} 중의원 의원을 사무국장으로 하는 '일본의 전도와 역사 교과서를 생각하는 젊은 의원 모임'이, 5월에는 일본 최대의 보수단체 '일본회의' 등의 단체가 잇달아 결성되어 역사를 부정하는 운동을 전개해 갑니다.^{俵, 2020} 또한 1996년에는 국기·국가법 제정으로 '히노마루·기미가요'가 법제화되어 일본의 우경화는 한층 더 강해졌습니다.

1990년대의 역사부정론의 대두는 서브컬쳐에 의존하고 있었습니다. 예를 들어 '만드는 모임'의 멤버였던 고바야시 요시노리^{小林よしのり}의 만화 『고마니즘 선언^{ゴーマニズム宣言}』 시리즈는 '고바야시 요시노리 현상'이라고도 불릴 정도로 큰 영향력을 가졌습니다.^{岩崎·リヒター, 2005} 게다가 1990년대 후반부터는 인터넷상에서도 우파적인 담론의 확산이 시작했습니다.^{伊藤, 2021}

'한류'와 '혐한'의 시대

2000년대에는 한국과 일본 사이에 커다란 조류潮流의 변화가 있었습니다. 1998년에 당시 오부치 케이조小渕恵三 수상과 김대중 대통령에 의한 '한일 파트너십 선언'이 있었고, 2002년 한일 월드컵, 그리고 2003년 경부터 드라마 <겨울 연가>로 '한류 붐'이 일어났습니다.加藤, 2023 이른바 '한류 시대'가 막을 연 것입니다.

그러나 '한류'가 유행한 2000년대는 동시에 '혐한류의 시대'이기도 했습니다. '2채널'을 시작으로 인터넷상에서 역사부정론이 침투해서, 2005년에는 '2채널' 출신 만화가 야마노 샤린山野車輪의 만화『만화 혐한류』가 출판되었습니다.伊藤, 2019 그 이후, 지금에 이르기까지『혐한류』의 출판이나 블로그, SNS, YouTube 등을 통해서 역사부정론의 확산이 계속되었습니다.

2000년대는 정치적으로도 역사부정이나 민족차별이 잇따랐습니다. 우선 2000년에 당시 이시하라 신타로石原慎太郎 도쿄도東京都 지사는 '3국인' 패전 후부터 1950년대까지 사용된 조선인, 대만인을 칭하는 차별어이 재해가 발생했을 때 소란을 피울 가능성이 있다는 이유로 자위대가 치안유지를 할 필요하다고 발언했습니다. 2001년에는 일본군 '위안부' 제도가 성노예제였다는 점과 쇼와 천황의 유죄, 일본 정부의 국가 책임 등을 인정한 2000년 여성국제전범법정을 다룬 NHK의 프로그램 제작에 당시 아베 신조 중의원 등이 개입해서 내용을 왜곡한 사건이 발생했습니다.〈戦争と女性への暴力〉日本ネットワーク, 2010 게다가 당시 고이즈미 준이치로小泉純一郎 총리는 2001년에 일본군국주의의 상징이자 A급 전범을 기리는 곳인 야스쿠니 신사를 참배했고, 각료와 자민당 유력 정치인도 일본의 전쟁책임을 부정하는 발언을 잇달아 했습니다.吉田, 2012 이 외에도 고이즈미 총리는 북일 국교 정상화를 향한 북한 방문을 계기로 '납치 문제'에 이목이 집중해서 매스컴에 의해 북한에 대한 적대감이 조성되었습니다.岩崎·リヒター, 2005

역사교육의 장에서도 역사부정론의 영향은 더욱 커졌습니다. '만드는 모임'은 다른 역사부정단체나 자민당 계열의 지방 의원과 결탁해서 교과서를 만들어서 채택시키는 운동을 전개했습니다. 이들 교과서는 '황국사관'에 입각해서 일본의 아시아 침략, 식민지지배 역사를 정당화했기에 시민들의 격렬한 반대운동이 일어났습니다.俵, 2020 '만드는 모임'의 교과서는 2001년도 교과서 검정을 통과했지만 대부분 채용되지 못했습니다. 하지만 '만드는 모임'의 운동으로 위축된 많은 교과서 회사가 '위안부' 문제 기술을 피하거나 일본군 '위안부'를 기술한 교과서 채용이 많은 지자체에서 보류되는 등의 사태도 일어났습니다.斉加·毎日放送映像取材班, 2019

2006년부터 제1차 아베 정권하에서도 역사부정론은 유지, 강화되었습니다. 먼저 들 수 있는 것은 교육기본법 개정입니다. 개악된 교육기본법에서는 교육이 개인을 위한 것이 아니라 국가를 위해서 존재한다는 생각에서 애국심 양성을 규정하는 한편, 국가와 행정이 교육에 대한 개입 금지를 규정한 문구가 삭제되기도 하였습니다.俵, 2020

일본군 '위안부' 문제에 대해서도 2006년에는 중학교 역사 교과서에서 '위안부'에 대한 기술이 사라졌습니다. 또한 아베 총리가 '위안부'

에 대한 강제성을 부정하는 발언을 하거나 우파 지식인이 미국 『워싱턴 포스트』에 일본군 '위안부' 문제에 대한 역사부정론의 의견 광고를 내는 사태가 벌어지기도 했습니다. 이에 대해서 미국 하원 의회는 일본 정부가 피해자에게 사과할 것을 권고했습니다.山口 외, 2016

제1차 아베 정권하에서는 재일코리안이나 북한에 대한 공격도 확대되었습니다. 북한에 대한 경제 제재나 재일본조선인총연합회,이하, 조총련 경찰의 조선학교 강제수사 등이 일어났습니다.金誠明, 2018 그리고 2006년에는 차별 단체인 '재특회'재일 특권을 허락하지 않는 시민회가 등장했습니다.山口 외, 2016 이 단체는 교토조선제일초급학교를 습격하는 사건을 일으키는 등, 재일코리안을 향한 헤이트 스피치 및 차별 범죄를 주도하고 있습니다.

2000년대는 <겨울연가>나 '동방신기'2003년 데뷔의 영향으로 '제1차 한류 붐'이, 이어서 '빅뱅Big Bang', 2006년 데뷔 '소녀시대',2007년 데뷔 '카라KARA'2007년 데뷔 등에 의한 '제2차 한류 붐'이 일어났던 시대였습니다. 그러나 동시에, '혐한류'로 대표되는 역사부정론이 단번에 확산한 시대이기도 했습니다. 그 과정에서는 북한을 향한 비난과 재일코리안에 대한 혐오가 횡행했습니다.

이러한 상황을 보면, '한류'와 '혐한'을 대립적으로 바라보는 견해나 '한국문화나 한일교류에 의해 혐한을 극복할 수 있다'는 인식은 잘못이라는 점을 알 수 있습니다. 물론 '한류' 이전과 비교하면 일본사회에서 한국에 대한 관심이 높아졌고 문화에 대한 이해가 진행된 면은 있을 것입니다. 일부에서는 민간 차원에서 한일역사공동연구나 한일역사공통 교재 등 일본이 저지른 가해의 역사를 마주하려는 움직임도 있었습니다. 그러나 전체적으로 볼 때, '한류'는 역사부정론이나 민족 차별에 반대하는 움직임으로 발전하지는 않았습니다.^{加藤, 2023} 그 배경에는 '한류' 팬에게는 '역사와 문화는 별개'라는 인식이 존재했고, 역사에서 눈을 돌리는 '문화의 소비'라는 태도가 있었습니다. 이러한 '한류'를 통한 표면적인 '한일관계 우호'는 역사 문제를 은폐하고 북한에 대한 적대감도 유지한 것을 보면 그 구도는 '65년 체제' 자체였다고도 말할 수 있겠죠.

나아가서 이런 흐름 속에서 일본 지식인 사이에서도 한국의 일본 문학자인 박유하 교수의 저서 『화해를 위하여―교과서, 위안부, 야스쿠니, 독도^{和解のために―教科書・慰安婦・靖国・独島}』^{平凡社, 2006} 등의 영향으로 가해와 피해의 관계를 상대화해서 일본의 법적책임이나 배상을 묻지 않고 '화해'를 목표로 하자는 '화해론'이 확산되었습니다.^{'화해론'에 대한 자세한 비판은 서경식, 2010} 박유하의 저작은 이후에도 일본 지식인에게 널리 수용되었습니다. 『제국의 위안부―식민지지배와 기억의 투쟁^{帝国の慰安婦―植民地支配と記憶の闘い}』^{朝日新聞出版, 2014}은 일본군 '위안부' 피해자의 증언을 자의적으로 잘라 피해의 실태를 왜곡했음에도 불구하고 아시아태평양문화상 등을 수상했습니다.^{자세한 내용은 정영환, 2016}

2010년대의 역사부정론과 '제3차 한류 붐'

2010년대에도 역사부정론은 계속해서 확산을 이어갔습니다. 특히 제2차 아베 정권하에서는 그 영향력이 강해져서 조선인 차별도 더 심각해졌습니다. 2012년에 제2차 아베 정권이 발족하자, 민주당 정권 때 실시된 '고교 무상화' 제도에서 외국인 학교 중에서 유일하게 적용이 되지 않고 있던 조선학교에 대해서 다시 대상에서 제외한다는 것을 명확하게 못을 박았습니다. 이러한 가운데 지방자치단체가 조선학교에 대한 보조금을 중단하는 사태도 이어졌습니다. [김성명, 2018] 그리고 2019년에 시작된 '유보^{幼保} 무상화'[2] 제도에서도 조선학교는 배제되고 있습니다.

게다가 새 검정 기준을 만들어서 교과서에 대한 정부 견해를 명기할 것을 요구하는 등, 사실상의 '국정 교과서화'를 진행했습니다. [俵, 2020]

제2차 아베 정권 때의 특징은 일본 정부와 우파 세력에 의해서 관민^{官民}이 일체가 되어 역사부정론을 해외로 확산했다는 점입니다. 특히 미국에서 '평화의 소녀상'^{이하, '소녀상'} 설치에 반대하는 운동이 전개되어 일본의 우파 사이에서는 일본군 '위안부' 문제의 주전장은 미국이라는 인식이 확대되었습니다. 2014년경부터는 외무성도 '역사 전쟁'에 개입하면서 미국 주요 신문의 '위안부' 문제를 다루는 기사를 비판하는 메일을 보낸 것으로 밝혀졌습니다. 또한 2015년 1월에는 일본 정부가 미국의 교과서 회사에 '위안부' 기술을 바꾸도록 요구한 사실도 드러났습니다. [山口 외, 2016]

일본군 '위안부' 문제나 '징용공'을 둘러싼 역사 문제도 다시 주목받게 되었습니다. 우선 2015년에 일어난 '전후 70년 담화^{아베 담화}'에서는 조

---

2   [역자주] 미취학 아동이 있는 가정의 경제적 부담을 경감하기 위해서 2019년 10월부터 '유아교육·보육의 무상화'를 일본 정부가 실시하는데, '유아교육'의 '유(幼)'하고 '보육'의 '보(保)'를 따서 '幼保 무상화'라 한다.

선에 대한 일본의 식민지지배로 이어진 러일전쟁을 긍정하고 일본군 '위안부' 문제에 대한 명확한 언급은 피하면서 사죄를 부정하는 자세를 보였습니다. 그리고 같은 해 말에 있었던 한일 '합의'에서 정부 사이에서만 일본군 '위안부' 문제를 '최종적이고 불가역적으로 해결'했다고 하여, 일본 정부에 대한 비판의 목소리를 봉쇄하려 했습니다. 일본 정부는 한국이 설립한 재단에 10억 엔을 제공하기로 했습니다만, 이것은 배상이 아니라고 하면서 일본의 법적책임 또한 인정하지 않았습니다. 그리고 피해자나 지원 단체에 알리지 않고 뒤에서 몰래 '소녀상'의 철거·이전을 요구했습니다. 전체적으로 한일 '합의' 체결 과정에서 피해자의 의사는 무시되었으며, 유엔 여성차별철폐 위원회에서도 '피해자 중심 접근'이 결여되어 있다는 비판을 하고 있습니다.^{자세한 내용은 中野 외, 2017}

2018년에는 한국의 대법원이 일본의 조선 식민지지배는 불법이라는 인식 아래, '징용공' 피해자의 위자료 청구권은 1965년 한일 청구권 협정에서 '해결되었다'는 청구권 대상 외라는 이유로 피고의 일본 기업에 위자료 지급을 명령했습니다. 이는 한일 청구권 협정에서 불문에 부친 식민지지배에 대한 책임을 묻는 것이며 '65년 체제'를 극복하려는 움직임으로서 중요했습니다. 그러나 일본 정부는 '해결됨'이라는 자세를 지키면서 한국을 '국제법 위반'이라고 규탄했습니다. 그리고 한국에 대한 수출 규제 조치까지 실행하면서 피해자와 일본 민간 기업 간의 문제를 국가 간의 외교 문제로까지 발전시켰습니다.^{『한겨레』 2023년 3월 11일 자} 이렇게 해서 '전후 최악의 한일관계'라고 일컬어진 상황이 일본에 의해서 만들어진 것입니다.

한편 2010년대는 지금도 인기가 있는 'BTS'[2013년 데뷔]나 'TWICE',[2015년 데뷔] 'BLACKPINK'[2016년 데뷔] 등에 의한 '제3차 한류 붐'이 일어난 시대였습니다. 하지만 동시에 한반도에 대한 일본의 식민지지배로 인한 피해자나 재일코리안의 인권, 자결권은 계속 부정되고 있습니다.

역사부정론과 우리

2020년에 들어 COVID-19 팬데믹이 확대되는 가운데, 〈사랑의 불시착〉이나 〈이태원 클라쓰〉 등의 한국 드라마를 접하는 사람이 늘어났고, 그 후에도 신세대 K-POP 그룹이 잇달아 탄생하는 등, 지금에 이르는 '제4차 한류 붐'이 일어났습니다. 그러나 역사부정론은 국내외에서 계속 영향을 미치고 있습니다.

예를 들면, 2020년 말에는 미국 하버드대학 로스쿨 교수 존 마크 램지어[John Mark Ramseyer]가 일본군 '위안부' 문제에 관한 역사 부정 논문을 공개했고, 『산케이신문』 보도로 이 논문의 주장이 '넷우익' 사이에서 퍼지는 사태가 일어났습니다.

역사 교과서 문제에서도 일본 정부는 2021년에 일본군 '위안부' 문제의 교과서 기술과 관련해서 일본군의 책임을 은폐하려는 목적으로 '종군 위안부'에서 '종군'을 뺀 '위안부'라는 용어를 사용해야 한다는 각의 결정[閣議決定]을 강행해서 교육에 대한 정치 개입을 했습니다.[Fight for Justice 2021년 7월 8일] 이 외에도 일본 정부는 독일 베를린시 미테구의 '소녀상' 설치에 압력을 가했고, 최근에는 독일 중부에 있는 대학 캠퍼스에 설치된 '소녀상'이 일본 정부의 압력에 의해 2023년 3월에 철거되었습니다.『연합뉴스』 2023년 3월 10일 자

한일관계를 둘러싸고도 새로운 움직임이 일어나고 있습니다. 2023년 3월에 한국의 윤석열 정부가 '징용공' 문제와 관련해서 한국 정부가 배상을 대신하는 '해결책'을 발표했습니다. 이는 2015년에 있었던 일본군 '위안부' 문제에 대한 한일 두 나라의 '합의'와 마찬가지로, 한일 양국이 미국과의 군사 동맹 아래에서 서로 협력해서 북한에 대항하는 목적으로 한일관계를 '복구'하고, 역사 문제를 인권 문제로서가 아니라 채무 문제로 '해결'하려는 것이었습니다.『한겨레』 2023년 3월 11일 자 그러나 일본의 식민지지배에 책임을 불문에 부치는 '65년 체제'가 계속되는 이상, 이 문제에 대한 극복을 목표로 하지 않는 '한일관계의 개선'이란 피해자의 존엄성 회복을 부정하고 북한이나 재일코리안에 대한 적대시와 차별을 유지하는 꼴이 됩니다.

실제로 일본은 지금도 북한과 국교를 맺지 않았으며, 식민지지배에 대한 책임을 하나도 지지 않고 있습니다. 오히려 경제 제재라는 적대 정책을 유지하고 있습니다. 그리고 일본 국내에서도 2021년 8월에 재일코리안 거주지구인 교토 우토로에서 방화 사건이 일어나는 등, 증오 범죄가 빈발하고 있습니다. 게다가 휴전 상태가 계속되고 있는 한국전쟁에 대해서도 일본이 종결 선언의 당사자가 아님에도 2018년에 아베 총리가, 2021년에는 기시다 후미오 총리가 한국전쟁 종결에 대한 반대한다는 입장을 밝혔습니다.『한겨레』 2020년 6월 23일 자, REUTERS 웹사이트 〈한국전쟁 종전 이언에 난

　이상에서 본 바와 같이 한국문화의 유행이나 민간 교류의 대부분은 결코 역사부정론이나 민족 차별에 대한 저항이 되지 않고 있습니다. 오히려 '한국문화를 좋아한다'는 의식이 '혐한'을 남의 일로 여기게 되어, 식민지지배 책임을 묻지 않고 북한을 적대시하는 '65년 체제'라는 한일 양국의 공범 관계를 지켜왔다는 측면이 있었다고 할 수 있습니다. 이런 상황이 이어지는 가운데, 일본이 저지른 가해의 역사는 망각되고, 결국에는 "무엇이 진실인지 모르겠다"는 '뭐야뭐야'가 생기는 지경에 이른 것입니다. 이렇게 생각하면, 역사부정론이나 민족 차별이 계속되는 한편, 한국문화가 유행한다는 언뜻 보기에 상반되는 상황이 벌어지는 이유는 식민지지배에 대한 책임을 묻는 인식이 없었기 때문이라 할 수 있습니다. '한류의 시대'를 사는 우리야말로 역사부정론이나 민족 차별을 유지되도록 만들고 말았다는 점을 반성하면서, 일본의 식민지지배에 대한 책임을 계속 물어야 할 필요가 있지 않을까요?

역사 부정과 '유해한 남성성'

구마노 고에이熊野功英

'한일' 사이에서 '뭐야뭐야'를 경험한 분들한테서는 아버지나 남편이 '혐한'이라는 이야기를 자주 듣습니다. 물론 '혐한'이나 역사부정론은 남성에만 해당하는 것이 아니라 다양한 사람이 지지하고 있지만, 이야기를 들어보면 역사부정론과 '남성성'에 깊은 관계가 있다는 것을 알수 있습니다. 역사부정론과 '남성성' 사이에는 도대체 어떤 관계가 있는 것일까요?

역사부정론과 '역사토론'

앞에서 보았듯이 역사부정론은 1997년경부터 급속도로 대두했는데, 사회학자 구라하시 고헤이倉橋耕平는 역사부정론의 흐름 중에 '역사토론

debate'^{역사를 주제로 하는} 토론이 있다는 점을 지적하고 있습니다. 이 '역사토론'을 제안한 인물은 '만드는 모임'의 중심인물인 교육학자 후지오카 노부카쓰였습니다. 그 배경에는 1995년 전후에 '토론'이 사회적인 '지^知'를 나타내는 하나의 방법으로 유행하고 있었다는 점이 있습니다. 예를 들어, 비즈니스 서적이나 자기계발 서적 영역에서 '설득력'이라든지 '논리력'이라는 것을 요구하게 되자, 교육학 분야에서도 '토론'이라는 방식이 주목받기 시작했습니다.

'역사토론'은 역사부정론의 사고방식 그 자체였습니다. 즉, 토론이라는 2항 대립적인 커뮤니케이션 방식으로, 아카데미아^{학계}에서는 논의 대상도 되지 않는 비과학적이고 사실에 반하는 역사부정론의 담론을 마치 학술적인 근거에 기반한 학설과 동등한 레벨의 것인 양 대치시키는 것입니다. 여기서 요구되는 것은 실증성^{實證性}이 아닌 '설득력'이었습니다.

이러한 '역사토론'의 사고방식은 '혐한 서적'에도 반영되어 있지만, '토론'의 상대는 비이성적인 '타자'로 묘사됩니다. 독자는 이러한 '토론'을 '제3자'로서 심판하는 자리에 놓이는 것입니다. 또한 '역사토론'에서는 상대방을 '논파^{論破}'하는 것이 목적이 되었습니다.

'역사토론'의 보급을 담당한 것도 역사부정론을 신봉하는 자였습니다. '토론' 서적의 대표적 저자로 마쓰모토 미치히로^{松本道弘}와 기타오카 도시아키^{北岡俊明}가 있습니다. 이들은 '만드는 모임' 활동에 관여하고 있었습니다. 그리고 여기서 간과해서는 안 되는 사실은 이들이 '남성성'을 찬양하고 있었다는 점입니다. '토론'을 '무도^{武道}', '무사도^{武士道}', '격투

기'로 간주하고 '역사토론'은 일본을 지키기 위한 무기라고 주장했습니다. 이외에도 기타오카 도시아키는 "문민文民 출신인 김영삼 전 대통령은 미래 지향적이라고 말하면서 바로 과거를 들먹이는 사내답지 못한 인물이다. 사고와 행동이 여성적이다. 역사인식 문제나 종군 위안부 문제, 독도 문제 등에서는 여성적이고 감정의 기복이 심한 행동을 보였다", "내가 토론을 좋아하는 이유는 남자의 투쟁 본능을 자극하기 때문이다"라고 저서에서 주장하며 여성 혐오에 기반한 '남성성'을 찬양하고 있습니다. 北岡俊明,『韓国とディベートするーー韓国を徹底的に論破する』, 総合法令出版, 1996

이러한 '남성성' 찬양의 배경에는 1990년대에 남성학이 제창되는 등, '남성성' 문제가 화두가 된 시기였다는 점과 관계가 있다고 이해되고 있습니다. 그리고 이에 대한 반동으로 2000년대에 젠더 백래시backlash가 일어나게 됩니다. 倉橋, 2018

역사부정론과 젠더 백래시

문화인류학자 야마구치 도모미山口智美에 따르면, 2000년 전후에 '넷우익'에 의한 '남녀 공동 참가', '젠더 프리', '성교육', '페미니즘', '동성애・양성애' 등에 대한 공격이 활발해졌습니다. 일본회의와 통일교회 계열의 보수 종교 세력이 중심이 되어 각 지역에서 공격을 전개했고, 우파 성향 매스컴도 페미니즘 비판 기사를 게재했습니다. 그리고 이러한 정보가 인용, 참조되면서 블로그나 '2채널' 등의 인터넷 게시판, 2000년대

중반 이후에는 'mixi' 등의 SNS에서 공격이 확대되었습니다.

젠더 백래시가 일어나는 배경에는 '만드는 모임'이 만든 교과서의 채택운동이 실패하는 사이, 1999년에 남녀공동참여기본법男女共同参與基本法이 제정되고, 2000년에는 여성국제전범법정이 개최되는 사건 등이 있었습니다. 2002년부터 2005년경에는 '남녀 공동 참여'에 대한 백래시의 전성기를 맞이해서 야마타니 에리코山谷えり子 등의 국회 질문에까지 파급이 일었습니다.

'넷우익'에 의한 젠더나 섹슈얼리티에 대한 공격은 그 후에도 성 소수자와 성폭력 피해자에 대해서 차별 발언을 반복하는 스기타 미오杉田水脈 의원을 대표주자로 지금까지 이어지고 있습니다. 스기타 의원은 일본군 위안부 문제에 대한 역사부정 발언, 재일코리안이나 아이누 등 소수 민족이나 생활보호 수급자에 대한 차별이나 공격도 하고 있습니다.山口, 2019 한편 사회학자 히구치 나오토樋口直人는 이러한 '넷우익'의 서브컬처적 기반에는 밀리터리military 오타쿠나 무도武道 등이 있다고 지적하고 있으며, '남성적'인 문화와 관련이 있음을 알 수 있습니다.樋口, 2019 이처럼 역사부정론과 젠더 백래시는 연동되어 있는 것입니다. 따라서 역사부정론에는 여성 혐오나 '유해한 남성성'이 내포해 있다고 할 수 있는 것입니다.

사죄하는 남성성

여기에서는 '유해한 남성성'의 정반대편에 있는 남성성에 대해서 요네야마 리사※山リサ의 주장을 참고하면서 '사죄하는 남성성'을 살펴보고자 합니다.※山, 2005

먼저 주목하고자 하는 것은 1993년에 '고노 담화'를 발표한 고노 요헤이의 젠더에 대한 시각입니다. '고노 담화'는 일본군 '위안부' 제도의 주체인 일본군의 책임을 애매하게 만들고, 법적인 책임을 인정하지 않고 있는 점 등에서 한계가 있는 한편으로, 이 문제를 "많은 여성의 명예와 존엄을 깊은 상처를 입힌 문제"로 규정하고, "역사의 교훈으로서 직시"할 것을 확실하게 밝혔습니다. 그리고 고노 요헤이 개인은 내각관방장관 자리에서 물러난 후에도 담화에서 밝힌 역사인식과 젠더에 대한 관점을 고수했습니다.

실제로 일본군 위안부 제도를 '이 정도의 일'로 평가하며, 전쟁터에서 병사에게 성을 제공하는 여성을 당연한 존재로 보는 '일본의 전도와 역사교육을 생각하는 젊은 의원 모임'의 부간사장 고바야시 고우키小林興起에 대해서 고노 요헤이는 "이 정도 일이라고 말하는데, 이 정도 일을 겪어야 했던 여성 한 명 한 명의 인생이라는 문제를 생각하면 이것은 한 사람의 삶을 짓밟는 결정적인 사건이라고 생각합니다. 전쟁이니까 여성 한두 명이 끔찍한 일을 당해도 어쩔 수 없는 일이다, 저는 그렇게는 생각하지 않습니다. 역시 여성의 존엄을 어떻게 바라볼 것인가"라고 말하며, 병사를 위해서 여성의 성을 종속시키는 '남성성'의 형태를

문제시했습니다. 日本の前途と歴史教育を考える若手議員の会編『歴史教科書への疑問ー若手国会議員による
歴史教科書問題の総括』, 展轉社, 1997

일본군 위안부 문제를 둘러싸고 대립하는 젠더관은 구 일본군 병사 사이에서도 확인이 됩니다. 예를 들어, 남성 병사의 공격적인 섹슈얼리티를 자연스러운 것으로 보고, 이를 보완하는 위안부의 존재를 정당화하는 병사가 있는 반면에 여성의 존엄을 짓밟은 전쟁 범죄로서 일본군 위안부 제도를 보게 되었다는 병사도 있습니다.

그러나 공격적인 남성성을 부정하고 '사죄하는 남성'은 거센 공격이나 제재를 만나게 됩니다. 왜냐하면 그런 자세는 '남자끼리의 유대'로서의 호모소셜homosocial, 동성사회성의 관계를 위협하기 때문입니다.[1] 호모소셜의 관계는 항상 여성을 객체화하는 것으로 유지됩니다. 일본군 '위안부' 피해를 부인하거나 정당화하려는 '2차 가해second rape'는 바로 이러한 호모소셜의 관계를 유지하기 위해 이루어진다고 할 수 있습니다.※ 山, 2005 한편, 이러한 역사부정론에서 보이는 사죄를 거부하는 '유해한 남성성'과는 대조적으로 '사죄하는 남성성'이라는 '대안적alternative 남성성'도 있을 수 있다는 점은 역사부정론을 극복하는 데 있어서 중요할 것입니다.

....

1   호모소셜한 관계란 여성이나 게이, 남성성 규범에서 일탈하는 남성을 경시하고 배제함으로
      써 '남자끼리의 유대'를 구축하려는 것입니다.

'해로운 남성성'과 일본사회

여기까지 역사부정론이나 '넷우익'과 '유해한 남성성'의 관계에 대해 살펴보았습니다. 그러나 여기서 잊지 말아야 할 것은 단순히 역사부정론자들의 젠더관만 문제가 되는 것이 아니라는 점입니다. 왜냐하면 역사부정론의 대두와 확산을 뒷받침한 것은 다름이 아닌 바로 일본사회였기 때문입니다. 즉, 역사부정론이 젠더에 상관없이 받아들여지고 있는 현상은, 그 '유해한 남성성'이 문제시되지 않는다는 의미에서 일본사회 전체가 '남성적인' 장으로 구축되어 있다는 것을 뜻합니다. 앞서 언급한 젠더 / 섹슈얼리티에 관한 비방이나 역사부정론을 지지하는 여성 의원에 관해서도 '남성적인' 일본사회가 여성에게 '유해한 남성성'을 내면화하도록 강요하는 측면이 있는 것입니다.

그렇기에 일본사회를 구성하는 한 사람 한 사람이 일본사회의 '남성성의 행태'에 대해서 비판적인 물음을 던질 줄 알아야 하는 것입니다. 먼저 첫 번째로, 저를 포함한 일본인 남성이 자신의 '남성성'에 대해 마주할 필요가 있습니다. 이때 중요한 시사를 던져 주는 것이, 일본군 '위안부' 피해자가 공동생활을 하는 시설 '나눔의 집'의 직원이었던 무라야마 잇페이村山一兵의 말입니다. 무라야마는 일본인 남성인 자신이 일본군 '위안부' 피해자의 아픔과 고통을 어떻게 전해야 할지 고민하면서, 일본군 '위안부' 문제를 마주하는 것에 대해 다음과 같이 말하고 있습니다.

좀 더 솔직히 말하자면, 자기가 좋아하는 사람과 어떤 관계를 맺어왔는지, 어떤 성관계를 가져왔는지와 관계가 있다고 생각합니다. 그리고 성인 비디오나 풍속風俗 산업 등이 우리 주변에 있잖습니까. 그런 것이 많은 환경 속에서 '위안부' 문제를 생각하면, '위안'이라는 표현으로는 폭력의 모습이 보이지 않습니다.村山·神戶女學院大學 石川康宏ゼミナール, 2012

젠더 / 섹슈얼리티에 관한 문제는 자기 파트너와의 관계에 국한되는 문제가 아닙니다. 대다수 남성 스스로가 갖는 '남성성'을 따지고 들어가면, 그것은 자신이 갖고 있는 성적인 욕망으로서의 섹슈얼리티 문제로 이어집니다. 성을 착취하는 '매춘'이 우리 주변에 넘쳐나고 있듯이 섹슈얼리티를 포함한 현재 일본의 '남성성'이 정당화되고 있기에 일본군 '위안부' 문제에서의 폭력의 중대성을 깨닫지 못하는 것입니다.

이렇듯 일본사회, 그리고 남성 개인의 '남성성'이 문제시되지 않고, '남성성'이 정당화되고 있는 현실은, 역사학자 오이카와 에이지로及川英二郎의 말대로, '남성성에 대한 집착'에 다를 바 없습니다. 오이카와가 지적하듯이, "오늘날 식민지지배 책임을 묻는다는 것은 이러한 '남성성에 대한 집착'과 싸우고, 이를 해체하는 작업과 떼놓을 수 없는" 것입니다.及川, 2016 앞서 언급한 '대안적 남성성'은 이 '남성성에 대한 집착'을 해체하기 위한 첫 걸음일 수도 있습니다.[2] 일본의 가해 역사나 역사부정론은 남성만의 문제는 아니지만, 이를 유지하고 뒷받침하는 '유해한 남

2   한편으로 진정한 '남성성에 대한 집착'의 해체를 목표로 삼는다면 '대안적 남성성'에 대해서도 계속해서 의문을 던져야 할 필요가 있을 것입니다.

성성'과 '남성성에 대한 집착'에 다시 한 번 주목해야 할 필요가 있습니다. 이는 모두에서 말씀드린 대로, 아버지나 남편이 '혐한'인 경우가 많은 현실을 감안한다면 더욱 그러합니다. 그런 의미에서 볼 때, 일본사회의 '남성성'에 대한 재검토를 통해서만 역사부정론을 극복할 수 있지 않을까요?

한국에서는 역사를
어떻게 받아들이고 있어?

이상진 李相眞

한국 정부의 '결단'을 배경으로 개최된 한일정상회담

2023년 3월 16일, 한국의 윤석열 대통령과 일본의 기시다 후미오 총리가 정상회담을 가졌습니다. 정상회담 후 기자회견에서 기시다 총리는 "미래를 위해 한일관계의 새로운 장을 함께 여는 기회가 온 것을 매우 기쁘게 생각한다"고 말했고, 윤 대통령은 "한일 협력의 새로운 시대를 여는 첫걸음이 되었다"고 화답했습니다. 『한겨레』 2023년 3월 16일 자 이후 이어진 만찬에서 양국 정상은 맥주와 한국 소주를 마시며 친목을 다졌다고 합니다.

윤 대통령의 일본 방문을 둘러싸고 기시다 총리는 윤 대통령이 "어려운 결정을 내린 것에 진심으로 경의를 표한다"고 말했습니다. 『연합뉴스』 2023년 3월 17일 자 도대체 윤 대통령은 어떤 결단을 내린 걸까요?

2018년 한국 대법원은 일제강점기 때 강제노용을 강요당한 피해자에 의한 배상 청구 소송에서 일본에 의한 식민지지배의 불법성을 확인하고 피고 일본 기업의 배상 책임을 인정하는 역사적인 판결을 내렸습니다. 그러나 피고 기업들은 1965년의 한일청구권협정으로 배상 문제는 해결되었다고 주장하며 판결에 불복했습니다. 또한 일본 정부는 '국제법 위반'을 외치며 피해자와 기업 간의 판결에 개입해서 한국에 경제 제재를 가했습니다.^{김영환, 2019} 이에 대해서 한국에서는 'NO JAPAN'이라는 슬로건 아래 일본 제품 불매운동이 전개되었습니다. 여러분도 '사상 최악의 한일관계'라고 불렸던 이 시기에 대한 기억은 아직 새로울 것입니다.

윤석열 정부는 2018년 대법원 판결과 관련해서 '결단'을 내렸는데, 그 내용은 일본 기업이 지불해야 할 배상금을 한국 측이 대신 부담하는 것으로 해결하려는 방안을 발표한 것입니다. 이번 정상회담은 이러한 윤석열 정부의 '결단'을 배경으로 개최되었는데, 피해 생존자, 지원 단체, 그리고 한국의 시민사회는 가해자가 책임을 지지 않는 해결 방안에 강하게 반대하고 있습니다.『연합뉴스』 2023년 3월 6일 자

한편, 기시다 총리는 '징용공' 문제에 대한 직접적인 사과를 표명하지도 않았으며, 뿐만이 아니라, 정상회담 자리에서 일본군 '위안부' 문제에 관한 2015년 한일 '합의'를 성실하게 이행할 것을 한국에 요구했다는 보도가 나오기도 했습니다.『한겨레』 2023년 3월 16일 자

『뭐야뭐야』 1에서 저희는 '한일'에 얽힌 문제에 관해서 인권을 기준으로 각자의 인식을 되돌아보고, 계속 생각하는 것의 중요성을 이야기

했습니다. 그런데 최근 일련의 상황을 보면, 한국 정부는 정반대의 주장을 하고 있습니다. 윤석열 대통령은 앞에서 언급한 '징용공' 문제에 관한 대리 지급 방안을 제시한 것에 그치지 않고, "100년 전에 일어난 일로 '절대 안 된다', '무조건 무릎 꿇어라'고 하는 것은 받아들일 수 없다"고까지 말하며, 피해자의 인권 회복과는 거리가 먼 인식을 보였습니다.『한겨레』 2023년 4월 24일 자 독자 여러분도 이러한 상황에 '뭐야뭐야'를 느끼고 있지 않으신가요? "역사에 너무 집착하지 말고, 미래를 향해서 앞으로 나아가는 것이 중요한가?"라고 말입니다. 한국 정부는 왜 이러한 태도를 보이는 것일까요?

대한민국의 성립

1945년 8월 15일, 한반도는 일제에 의한 식민지지배로부터 해방되었습니다. 35년에 이르는 일본의 지배로부터 해방된 우리는 자주 국가의 건설을 기대했습니다. 그러나 이런 우리의 염원을 저버리고, 38도선 이남에는 미군이, 이북에는 소련군이 진주하여 한반도를 분할 점령했습니다. 미국과 소련의 패권 경쟁에 우리가 희생된 것입니다.

여기서 중요한 것은, 한반도 분단의 근원에는 일본의 식민지지배가 있다는 점입니다. 일본은 식민지지배로 조선인의 자결권을 빼앗고 철저히 억압했습니다. 식민지지배를 원활히 수행하기 위해 식민권력에 적극적으로 협력하는 인물친일파을 육성해서 조선인 사회를 분단시켰습니다. 이러한 환경이었기 때문에 우리가 광복 후의 국가 체제에 대해서 충분히 논의할 시간이 없었다는 점은 쉽게 상상할 수 있을 것입니다. 다만 그런 와중에도 식민지지배하에서 독립운동을 펼친 좌파 사회주의 세력과 우파 민족주의 세력은 통일전선 구축을 위해 노력했고, 광복 직후에는 독립운동가인 여운형呂運亨, 1886~1947을 중심으로 건국준비위원회가 결성되었습니다. 그리고 1945년 9월에는 조선인에 의한 통일 국가인 조선인민공화국의 수립이 선언되었고, 전국적인 자치기구인 인민위원회가 조직되었습니다.

이렇게 자주 국가의 건설을 목표로 움직이고 있던 한반도에 미국과 소련이 진주했고, 그 이후 한반도는 미국을 비롯한 자본주의 진영과 소련을 비롯한 사회주의 진영의 대립 무대로 되어갑니다.

광복 직후 조선에서는 독립운동의 주도권을 쥐고 있던 좌파 사회주의 세력이 대중적인 지지를 얻고 있어서 미국은 38도선 이남에서 사회주의 세력을 추방하는 것을 급선무로 삼았는데, 그 일환으로 좌파 세력이 중심이 된 조선인민공화국을 부인했습니다. 그리고 미국에게는 민족의 자주성을 침해하는 제국주의 세력에 저항하는 우파 민족주의 세력 또한 경계 대상이었습니다. 미군정은 독립운동 세력 대신에 '친일파'를 등용했습니다. 그 결과, 일제강점기 때 조선총독부의 관료, 경찰, 그리고 일본군으로 복무하던 군인들이 38도선 이남의 주류 세력이 되었습니다. 일본의 조선 식민지지배에 협력하고 조선의 독립을 저지한 '친일파'가 미군정과 그 지지자들에게 '애국자'가 된 것입니다. 광복 직후, 한반도에서 예상치도 못한 왜곡된 사태가 벌어진 것입니다.

이어서 미군정은 38도선 이남에서 단독 정부 수립을 목표로 했습니다. 이에 대해서 독립운동 세력은 단독 정부 수립에 반대하고 통일 정부 수립을 위해 움직이기 시작했습니다. 이때 조선의 민중도 단독 정부에 반대해서 각지에서 항쟁을 일으켰습니다. 그러나 미군정은 민중의 항쟁이 '빨갱이 소행'이라고 군과 경찰에게 진압을 명령하였고, 많은 민중이 학살되었습니다.[1]

결과적으로, 1948년 8월 15일에 38도선 이남에서는 단독 정부가 수립되었습니다. 이것이 오늘날의 대한민국[이하, 한국]입니다. 한국의 초대 대통령에는 미국 유학을 통해 '반공주의'를 체득한 대표적인 '친미' 인사 이승만이 취임했습니다. 이에 이어서 38도선 이북에서도 조선민주주의인민공화국이 수립되었습니다. 일제강점기에서 해방되어 광복을 찾은 한반도에 두 개의 국가가 성립한 것입니다. 한국은 미국의 의사에 따라 일제강점기 시기의 유산을 충분히 청산하지 못한 채 '반공'을 국가 이념으로 삼았습니다. 그래서 한국에서는 '친미'라는 표현이 항상 따라다니게 되었습니다. 김동춘, 2020; 한홍구, 2003

---

1   '빨갱이'는 공산주의자나 사회주의자를 비하하는 표현입니다. 한국의 현대사에서는 단순히 공산주의자뿐만 아니라 국가에 저항하는 자를 '빨갱이'로 낙인을 찍기도 했습니다. 그 결과, 국가의 강력한 사상 통제 속에서 '빨갱이'는 한국의 '적'으로 간주되었고, 없애야 하는 존재로 여겨졌습니다. (강성현, 2012; 최인철, 2020)

박정희 정권과 한미일 네트워크

한반도에 수립된 두 국가 사이에서 갈등이 증폭했고, 그 결과 전쟁이 일어납니다. 1950년 6월 25일에 일어난 한국전쟁입니다. 이 전쟁은 식민지지배하의 민족 분단 정책에 의해 야기된 조선인 내의 계급의 모순과 갈등이 미국과 소련의 대립으로 증폭되어 전쟁이라는 형태로 폭발한 것이었습니다. 같은 민족끼리 벌인 전쟁으로 남북 합쳐서 500만여 명이 희생되었으며, 많은 민간인이 극단적인 이데올로기 아래에서 학살되었습니다.[한홍구, 2003A] 이 잔혹한 전쟁으로 분단은 고착되었고, 같은 민족이 서로 총을 겨누고 대치하게 되었습니다. 한국의 권력자는 이 기회를 이용해서 '반공'을 더욱 확고한 가치로 삼아서 그들의 기득권익을 유지하려 했습니다.

1961년에 군사 쿠데타를 일으켜 정권을 장악한 박정희도 "반공을 국시 첫 번째"로 삼는다고 선언했습니다. 이는 미국의 신뢰를 얻으려는 조치였다고 평가되고 있습니다. 박정희는 미국으로부터 정권의 정당성을 인정받을 필요가 있었던 것입니다.[김동춘, 2020]

냉전체제 하에서 미국은 일본과 한국을 동아시아에서의 '반공'을 위한 방어선으로 설정했습니다만, 이 정책이 효과적으로 작동하려면 한일 양국이 국교를 정상화해서 협력 관계를 구축할 필요가 있었습니다. 미국의 지지를 등에 업고 국제사회에 복귀한 일본은 식민지지배에 대한 반성의 뜻을 밝히는 일도 없이, 오히려 식민지지배를 정당화하고, 식민지지배가 한반도 발전에 공헌했다는 취지의 망언을 되풀이했습니다. '반공'을 최대 국가 이념으로 삼고 일본과 연계할 의지가 있었던 이승만 정권조차도 이러한 일본의 식민지지배에 대한 인식에는 도저히 동의할 수 없었습니다.김동춘, 2020; 吉澤, 2015

이러한 점을 노린 것이 박정희였습니다. '만주국' 육군 군관학교와 일본 육군사관학교를 졸업하고 '만주국'군 소위로 임관한 경력을 가진 자이며, 한국에 있는 '만주국' 인맥을 이용해서 권력을 장악한 박정희는, 일본의 지배층과의 신뢰 관계를 바탕으로 교섭할 수 있는 인물이었습니다. 박정희 정권은 일본과의 국교 정상화로 미국으로부터 신뢰를 얻고, 동시에 미국의 대한對韓 원조가 감소하고 있는 상황에서 일본과의 관계 개선을 통해서 경제를 발전시키려는 일석이조의 효과를 기대하며 일본과의 교섭에 임하게 됩니다.한홍구, 2003A·B; 吉澤, 2015

한일 양국은 교섭에 방해가 되는 문제를 서둘러 '보류'했습니다. 박정희 정권은 '신종주국'인 미국이 구종주국인 일본과의 협력체제 구축을 요구하자, 일본의 식민지지배 책임을 모호하게 하는 형태로 국교 정상화를 추진한 것입니다. 이러한 이유로 박정희 정권 때 진행된 일본과의 회담에서 식민지지배의 문제가 거론된 적은 없었습니다. 박정희 정권은 일본의 식민지지배 책임을 추구하는 일 없이 일본으로 무상 3억 달러, 유상 2억 달러의 경제 협력금을 받는 데 동의해서 1965년에 회담을 마무리했습니다. '배상금'이 아닌 '경제 협력금'을 받음으로써 한일 양국 간의 청구권 문제를 "완전하고 최종적으로 해결"하는 데 동의한 것입니다.

그러나 한일 청구권 협정에서 "완전하고 최종적으로 해결"되었다는 조항에 식민지지배 및 전쟁 범죄에 기인하는 피해는 상정되지 않았습니다. 이는 역설적이지만 일본이 식민지지배를 '합법'하다는 자세를 견지했기 때문입니다. 여기에 더해서 한일교섭에서 개인의 청구권 문제는 논의된 바 없다는 사실을 지적하지 않을 수 없습니다.

따라서 일본군 '위안부' 문제 및 '징용공' 문제에서 일본 정부나 피고 기업이 주장하는 것처럼 한일청구권협정으로 문제가 해결되었다는 말은 사실이 아닙니다. 그리고 개인의 청구권도 남아 있습니다. 다만 한일회담 체결로 피해자의 존엄 회복이 어렵게 된 것은 사실이며, 가해국인 일본의 책임과는 질적으로 다르나, 박정희 정권도 이 책임으로부터 자유로울 수는 없습니다.

한일회담에 대해서 한국의 시민은 협상이 시작할 때부터 "대일 굴욕 외교 반대" 투쟁을 전개했습니다만, 박정희 정권은 계엄령까지 선포하며 반대 투쟁을 진압했습니다.^{吉澤, 2014}

그리고 한일회담이 타결되자, 박정희 대통령은 "오늘날 우리가 대치하고 있는 적은 국제공산주의 세력"이라고 하며, "과거의 적이었다고 하더라도 우리의 현재와 미래를 위해 필요하다면 그들^{일본}과도 손을 잡는 것이 국리민복國利民福을 도모하는 현명한 대처"라는 담화를 발표했습니다. 이 담화에서 박정희 대통령은 한일회담을 비판하는 자를 '열등의식'에 사로잡혀 있다고 비판하고 식민지지배에 대한 책임을 묻지 않는 회담의 결과를 정당화했습니다.「한일회담 타결에 즈음한 특별담화문」 1965년 6월 23일 자, 한국대통령기록관 소장

이렇게 해서 미국의 '우산' 밑에 들어가는 데 성공한 박정희 정권은

정권에 반대하는 사람에게 '빨갱이'라는 낙인을 찍어서 배제해 나갔습니다. 그뿐이 아니라, 민간인을 '북괴'^{조선민주주의인민공화국을 말함. 북한의 정당성을 인정하지}

_{않는 취지의 용어}로부터 지령을 받은 간첩이라는 사건까지 일으켰습니다. 박정희 대통령 사망 후에 군사 쿠데타를 일으킨 전두환은 군부 세력의 집권에 반대해서 일어난 '광주 5·18 민주화투쟁'을 무력으로 진압한 후, 이 투쟁이 '북괴 간첩의 선동'에 의한 것이라고 발표했습니다.^{한홍구, 2005}

21세기에도 계속되는 '반공'과 '친미', 그리고 '친일'

이상에서 본 바와 같이 한국 정부 수립 이후 권력자들은 '반공'이라는 구호 아래 민주주의를 유린해 왔습니다. 특히 박정희 정권에서 전두환 정권으로 이어진 군사독재정권은 대통령을 시민이 직접 선출하는 권리마저 빼앗았습니다. 민주화의 요구는 권력자에 의해 억압되었으나, 시민은 이에 굴하지 않고 민주주의 실현을 위한 투쟁을 계속했습니다. 그 결과, 1987년에 대통령 직접선거가 포함된 '6·29 선언'이 발표되었고, 한국사회는 민주화 쟁취에 성공했습니다. 그러나 민주화 이후에도 '반공', '친미'를 내세워 권력을 장악해 온 기득권층은 이번에는 '보수'라는 간판 아래에 결집하여 전열을 정비했습니다.^{김동춘, 2020; 한홍구, 2003A}

2003년에 탄생한 노무현 정권은 시민의 요구에 부응하여 '과거사 청산'을 중요과제로 삼고, '친일' 문제, 민간인학살 문제, 인권 침해 사건 등에 대한 진상 규명을 대대적으로 추진했습니다. 이들 사건의 '주범

자'였던 '보수' 세력은 큰 위기감을 느꼈습니다. 이러한 상황에 대항해서 '새로운 보수'를 내건 '뉴라이트'라는 집단이 등장합니다. 뉴라이트는 '반공' 이데올로기를 더욱 견고하게 강화해서, 노무현 정권이 한국의 역사를 부정적으로 보는 '자학사관'에 사로잡혀 있다고 공격했습니다. '자학사관'이라는 용어는 일본군 '위안부' 문제가 일본의 중학교 역사 교과서에 기술된 것을 배경으로 일본의 역사부정론자가 만든 말입니다. 여기에 한일 두 나라 우익간의 연대를 볼 수 있습니다.

뉴라이트 세력은 일본의 역사부정론자 따라서 역사 교과서 발간에 나섰습니다. 그들은 기존의 교과서가 '종북'적인 경향을 보인다며, '실증주의'에 기초한 역사 교과서의 필요성을 주장했습니다. 그 결과, 2008년에 『대안교과서 한국 근현대사』가 발간되었고, 2013년에는 『고등학교 한국사 교과서』교학사가 검정을 통과했습니다. 두 교과서는 '친일' 세력을 한국 건국 세력 및 경제 발전의 주역으로 묘사하며 기득권층을 대변하는 의도를 가지고 있어서 일본의 식민지지배를 옹호하고 있습니다. '보수' 세력은 힘을 모아서 뉴라이트 교과서를 지원했습니다. 일본의 역사부정론자도 이 뉴라이트 교과서를 환영한 것은 말할 필요도 없습니다. 한일 우익 간의 연대가 본격화된 것입니다.한홍구, 2008; 김동춘, 2020

이러한 뉴라이트 교과서가 등장한 시기에 주목해야 합니다. 2008년은 이명박 정권, 2013년은 박근혜 정권이 등장한 시기입니다. 즉, '보수' 세력의 단결이 '보수' 정권을 탄생시키고, 정권의 비호 아래에서 '보수' 세력은 영향력을 확대해 나갔습니다.

'보수' 세력은 '경제 발전의 주역'인 박정희의 딸, 박근혜를 권력의 자리에 복귀시켰습니다. 박근혜 정권은 1965년 한일회담을 계승하듯이, 한일회담 50주년인 2015년에 일본군 '위안부' 문제가 '최종적이고 불가역적으로 해결'되었다는 한일 '합의'를 체결했습니다. 이는 피해자의 의사를 무시한 정부 간 합의였습니다.

한일 '합의'는 중국의 대두를 경계한 미국이 한미일 협력체제의 구축을 요구하며 한일 사이에서 중재를 한 결실이라는 견해가 있습니다.^{손열, 2018} 즉 일본군 '위안부' 문제를 둘러싼 한일 '합의'도 박정희 정권 때의 한일회담과 마찬가지로 '새로운 종주국' 미국의 요구에 따라 체결된 것입니다. 다만 한국사회 구석구석까지 '보수' 세력이 영향력을 강화하고 있으며, 한일 우익의 네트워크가 형성되어 있는 점은 박정희 정권 때와는 달랐습니다. '보수' 세력은 박근혜 정권을 옹호하는 데 그치지 않고, 한일 '합의'에 반대하는 세력을 '빨갱이'라고 폄하했습니다.

박근혜 대통령은 역사 교과서의 국정화를 추진하는 등 '보수' 세력 결집에 힘을 쏟았으나, 국정 운영에는 무관심했습니다. 수학여행 중이던 고등학생이 탑승한 여객선이 침몰해서 많은 학생이 희생당한 '세월호' 사건이 일어났을 때, 정부 대응이 극히 불충분했던 것이 문제시되어, 정부에 대한 한국 시민의 불신은 강해졌습니다. 게다가 대통령의 측근이 국정에 부당하게 개입해 권력을 사유화한 사실이 밝혀지자, 한국 시민의 불만은 폭발해서 헌정사 최초로 대통령 탄핵이라는 사태가 벌어졌습니다.

새롭게 등장한 문재인 정권은 일본군 '위안부' 문제를 둘러싼 한일 '합의'를 사실상 파기하는 등 개혁을 추진하였고, '보수' 세력은 다시 위기에 직면했습니다. 이때 한미일 네트워크가 힘을 발휘합니다. 일본에서는 우파 매체에 의해 문재인 정권이 '종북 좌파'라서 '반일' 정책을 취한다는 보도가 연일 보도되었습니다. 또한 해리 해리스[Harry Binkley Harris, Jr.] 당시 주한미국대사는 "문재인 대통령이 종북 좌파에 둘러싸여 있다는 보도가 있다"고 언급했습니다.[김동춘, 2020; 『동아일보』 2019년 11월 30일 자]

그리고 한미일 네트워크 지원을 받는 '보수' 세력의 반격이 시작되었고, 뉴라이트의 일원인 이영훈 교수 등이 집필한 『반일 종족주의』[미래사, 2019]라는 책이 출판되었습니다. 『반일 종족주의』는 '보수' 세력의 기득권익을 정당화하기 위해, 보다 적극적으로 일본의 식민지지배를 옹호하고 있습니다. 일본의 식민지지배가 한국의 근대화로 이어졌다는 '식민지 근대화론'을 주장하고, 식민지지배의 폭력성을 부정했습니다.

『반일 종족주의』는 YouTube 등 뉴스미디어를 통해서 사회에 확산했으며, 한국사회의 '보수' 세력, 기득권층, 다수파를 결집하는 역할을 했습니다. 이 책은 발간 2개월 만에 10만 부가 팔리며 베스트셀러가 되었습니다. 한편 일본의 역사부정론자는 『반일 종족주의』 저자들과 연대해서, 이 책의 일본어판을 출판했습니다.[李榮薰, 『反日種族主義―日韓危機の根源』] 이 책은 일본에서 40만 부 이상 판매되어 일본사회에서도 널리 알려졌습니다.[강성현, 2020]

'보수' 세력은 『반일 종족주의』를 '바이블'로 삼아 문재인 정권을 공격했으며, 한국사회를 분열시켰습니다. 또한 '보수' 세력은 일본군 '위안부' 문제를 부정하는 논문을 발표한 미국 하버드대학교 존 마크 램지어 교수를 지지하는 등, 한미일 네트워크를 강화하기 위해 움직였습니다.『아주경제』2021년 2월 16일 자 램지어의 논문은 일본의 역사부정론자 및 이영훈 등의 논고를 주요 참고문헌으로 인용하고 있어, 학계에서의 한미일 네트워크를 상징한다고 할 수 있습니다.

이러한 반격 끝에, 2022년에 '보수' 세력의 지지를 등에 업은 윤석열 정권이 등장했습니다. 윤석열 대통령은 '자유'와 '안보'를 최대의 가치로 내세우고 있습니다만, 이는 '반공', '친미', '친일'을 다르게 표현한 것에 불과합니다.

윤석열 정권은 박정희 정권과 박근혜 정권을 계승해서 '징용공' 문제를 '해결'하려고 합니다. 이번 윤석열 정권의 '결단'을 두고, 일본뿐만 아니라 미국에서도 지지 성명이 나왔습니다.『연합뉴스』2023년 3월 31일 자 그 '성과'로서, 윤석열 대통령은 2023년 4월에 '꿈에 그리던' 미국 국빈 방문을 성공시켜서, 미국의 '승인'을 받았습니다.

윤 대통령은 이번 '결단'이 '국익'을 위한 것이라고 설명하고 있습니다. 그러나 일본이 식민지지배 책임에서 벗어날 수 있는 면죄부를 줌으로써 피해자를 외면하고, 정부로서 역사를 기억하고 미래에 전승할 책무를 포기한 것이 '국익'이라고는 생각하지 않습니다. 한국의 역사를 고려할 때, '국익'이라기보다는 오히려 '보수' 세력, 기득권층, 다수파의 '사익私益'이라고 하는 것이 적절할 것입니다.

배움터 소개
—Fight for Justice란?

아사쿠라 기미카^{朝倉希実加}

‘한일’ 사이에서 ‘뭐야뭐야’를 느낄 때 추천하고 싶은 곳이 있는데, 바로 ‘Fight for Justice’입니다.[1]

Fight for Justice^{이하, FFJ}는 2013년에 설립된 일본군 ‘위안부’ 문제의 웹사이트 제작 위원회입니다. FFJ는 "일본군 ‘위안부’ 문제의 해결을 목표로 하며, 일본군 ‘위안부’ 제도에 관한 역사적 사실관계와 책임소재를 자료와 증언 등을 명확한 출처와 근거를 바탕으로 제공하는 것"을 목표로 연구자, 전문가, 기술자, 저널리스트, 아티스트, 시민운동 단체 등과 협력하면서 웹사이트 운영을 중심으로 활동하고 있습니다.

FFJ의 웹사이트에서는 학술적인 근거를 바탕으로 일본군 ‘위안부’ 문제에 대한 해설을 한중일영의 다국어로 제공하고 있습니다. 입문편,

----

1   https://fightforjustice.info/

해결편, Q&A에서는 일본군 '위안부' 문제에 관한 기본적인 정보와 '해결'을 위해서 어떻게 하면 좋을지 등을 해설하고 있습니다. 증언편에서는 생존자의 증언과 전 일본군의 증언을 볼 수 있습니다. 동영상편에서는 2000년에 개최된 여성국제전범법정女性國際戰犯法廷에서 증언한 생존자의 증언을 동영상으로 볼 수 있습니다. 또한 일본군 '위안부' 문제에 대해서 알고 싶은데 어떤 책을 읽어야 할지 모르겠다는 사람을 위한 책과 영상 자료의 가이드도 있습니다.

2021년부터는 온라인 연속강좌도 실시하고 있습니다. 제1기에서는 '처음부터 알아보는 일본군 '위안부' 문제'라는 주제로 일본군 '위안부' 문제의 기본적인 사항에 대한 강좌를, 제2기에서는 '처음부터 알아보는 근대공창제도'라는 주제로 일본군 '위안부' 제도와 관련된 근대공창제도 국가가 '성매매'를 공인하고 관리한 제도로, 그 본질은 성노예제도에 대한 강좌를 진행했습니다. 제3기에서는 '처음부터 알아보는 조선 식민지지배'라는 주제로 일본군 '위안부' 제도의 전제가 되는 식민지지배에 대한 강좌를 진행하고 있습니다.

또한 FFJ에서는 연구자나 저널리스트뿐만 아니라 학생을 포함한 젊은 회원도 활동하고 있습니다. 이처럼 젊은 회원을 중심으로 현재 '차세대가(를) 만드는 영상 프로젝트'라는 동영상 제작 프로젝트도 전개하고 있습니다. 젊은 사람 중에서 일본 '위안부' 문제에 대해 알고 있는 사람이 적다는 일본의 현실을 고려해서, 동영상으로 일본군 '위안부' 문제를 알리려고 생각했습니다. 현재, 〈'위안부' 문제가 이해되는 10가지 질문〉이라는 시리즈를 제작하고 있으며, 'Q1. 일본군 '위안부' 문제란 무엇일까?', 'Q2. '소녀상'이란 무엇일까?', 'Q3. 공창제도란 무엇일까?', 'Q4. '위안부'는 공창일까?'라는 4편의 동영상을 공개하고 있습니다.[2] 앞으로도 일본군 '위안부' 문제에 대한 이해를 도모할 수 있는 동영상을 제작할 예정입니다.

FFJ의 설립 배경에는 국제사회에서는 일본군 '위안부' 제도가 성노예제도였다는 사실이 생존자의 증언과 연구로 인정되고 있음에도 불구하고, 일본사회에서는 "강제 연행은 없었다", "증언은 조작이다" 등과 같은 혐오 표현과 유언비어가 특히 인터넷상에서 명확한 근거나 출전도 없이 확산하는 상황이 있습니다. 이러한 부정확한 정보에 대해서 명확한 학술적 근거로서 대응할 필요가 있다는 생각에서 시작한 것입니다만, 설립한 지 10년이 되는 오늘날에도 인터넷이나 SNS를 통해서 혐오 발언과 허위 정보가 계속 유포되고 있습니다. 이러한 현실 속에서 FFJ의 웹사이트나 SNS, 동영상이 더 많은 사람에게 사실과 생존자의 삶에 대해서 생각하게 되는 계기가 되기를 바랍니다. 그리고 사실을 알아가는 것과 동시에 우리는 일본군 '위안부' 문제를 어떻게 기억해 나갈지에 대해서도 생각해야 합니다. 학교 교육 현장에서 일본군 '위안부' 문제에 대해 배울 수 있는 기회는 거의 없습니다. 그리고 생존자 중 많은 분이 돌아가시고 있는 지금, 저희 젊은 세대가 다음 세대에 사실을 전하고 기억해 나가는 것이 요구되고 있다는 것은 아닐까요?

....

2   FFJ의 YouTube 채널@fightforjustice8501에서 열람 가능.

세미나 후배들은 『뭐야뭐야』 1을 어떻게 읽었는가?

2022년 봄, 『뭐야뭐야』 1을 읽은 후배들이 새롭게 가토 세미나에 들어왔습니다. 후배들은 『뭐야뭐야』 1과 세미나에서 배운 내용으로 어떻게 인식을 발전시켰을까요? 후배 3명과 『뭐야뭐야』 1의 저자 5명이 『뭐야뭐야』 1을 놓고 이야기를 나누었습니다.

히토쓰바시대학의 축제인 잇쿄사이一橋祭, Ikkyosai에서 가토 세미나의 당시 학부 3학년생이 주최한 행사 〈『뭐야뭐야』 1과 그 뒤 – 함께 이야기하는 '한일'의 '뭐야뭐야'〉 2022년 11월 19일, 히토쓰바시대학, 온라인 병행의 전반부입니다.

당시 학년 | 다키나미 아스카, 네기시 하나코, 후지타 치사코 : 학부 3학년

아사쿠라 기미카, 구마노 고에이미국 유학 중, 온라인 참여 : 석사 1학년

이상진, 우시키 미라이한국 유학 중, 온라인 참여 : 석사 2학년

오키타 마이 : 회사원 1년차

왜 세미나에서 공부하기로 했을까

네기시   오늘 발표에서는 『뭐야뭐야』 1에 대한 감상과 세미나에서 학습한 내용으로 저희의 인식이 변한 부분에 대해서 말씀드리겠습니다. 먼저 3학년이 왜 가토 세미나에 참가했는지

에 대해 순서대로 말씀드리겠습니다.

원래 저는 정치나 사회에 대한 문제의식이 있는 편이라고 생각했는데, 1학년 때 가토 교수님 수업에서 읽은 다나카 히로시田中宏 교수의 『재일외국인 ─ 법의 벽, 마음의 장벽』제3판[1]이라는 책을 읽고 지금까지의 인식이 완전히 뒤바뀌었습니다. 일본에서 사는 외국인이 처한 실태를 알게 되면서 저는 그동안 외국인, 특히 한반도에 뿌리를 둔 사람에 대한 차별의식이 없다고 생각했는데 사실은 아무것도 아는 게 없었다는 사실, 매스컴의 영향으로 어딘지 모르게 외국인재일코리안을 낮게 바라보는 시선이 있었다는 사실, 그리고 나와 무관한 일로 여겼지 내 일로 전혀 생각하지 않고 있었다는 사실을 발견했습니다. 내 안에 잠재하는 차별의식이 있다는 사실을 깨닫고 배워야 한다는 생각에 3학년이 되면 가토 세미나에 참가해야겠다고 정했습니다.

다키나미 대학에 입학했을 때는 특별히 한반도의 역사나 한국에 관심이 있지는 않았습니다. 관심을 갖게 된 계기는 COVID-19 팬데믹 때 빠진 한국 드라마였습니다. 다양한 작품을 보다가 소위 말하는 '반일 드라마'라 할 수 있는 내용의 드라마를 접하게 되었습니다. 어떤 내용인지 궁금해서 감상했는데, 역시 언급들 하신 '뭐야뭐야'라고 느끼는 부

---

1   『在日外国人─法の壁, 心の壁』第3版, 岩波新書, 2013.

분이 있었습니다. 왜 '뭐야뭐야'한 감정을 느끼는지는 알 수 없는데, 분명한 것은 이런 '뭐야뭐야'를 느끼는 내 자신도 "정말 싫다"는 감정을 느끼고 있을 때 가토 선생님 세미나를 알게 되었습니다. 세미나에서 출판한 『뭐야뭐야』1을 읽어보니, 지금까지 제가 품고 있던 '뭐야뭐야'를 다루고 있어서 "내가 알고 싶었던 건 바로 이거야"라고 느껴서 바로 세미나에 참가하기로 결심했습니다.

후지타 저는 대학생이 되고 나서 K-POP 댄스를 커버하는 동아리에 들어간 것이 계기가 되어 K-POP을 자주 듣게 되었습니다. 음악만 듣는 것이 아니라 SNS에서 팬이 올리는 정보에도 많이 접하게 되면서 '뭐야뭐야'를 느끼게 되는 일이 생기더군요. 예를 들어, 특정 멤버에 대해서 "'마리몬드' 굿즈를 사용하는 걸 보니까 반일이야", "일본 팬이 있는데 믿을 수 없어"라고 말하는 사람이 있고, 이에 대해서 "한국은 원래 그런 나라니까 어쩔 수 없어", "한국에서는 모두가 반일 교육을 받으니까"라는 반응을 보이는 사람이 있었습니다. 당시 저는 '위안부' 문제나 '마리몬드'에 대해서 자세히는 알지 못했습니다만, 왜 일본군 '위안부' 피해자를 돕고 싶은 마음으로 '마리몬드' 굿즈를 사용하는 것이 '반일'이 되는지 이해가 되지 않았고, "한국은 이래서 안 돼"라며 한데 묶어서 단정하는 것에 거북함을 느꼈습니다. 또한 그때까지 봐도 못본 체하며 무시해 왔던 트위터^{현재 엑스(X)} 등에서 벌어지는 '혐한' 발언에 대해서도 분노를 느끼게 되었습니다.

이런 '뭐야뭐야'의 감정을 어머니께 말씀드렸더니, 어머니께서 『뭐야뭐야』 1을 읽어보라고 하셔서 서점에서 구해서 읽어보았습니다. 그 결과 일본의 식민지지배에 대해서 제대로 배워야 한다는 생각을 강하게 가졌습니다. 그러나 혼자서 조사하며 공부해 보니, 무엇이 진실인지 판단이 서질 않아서 불안함을 느끼는 경우가 많았습니다. 그러던 중에 가토 세미나에 참가하면 이런 고민도 줄어들고 제가 품고 있는 '뭐야뭐야'에 대해서 다른 사람과도 공유할 기회가 생기지 않을까 하는 생각이 들어서 참가하기로 결심했습니다.

네기시   여러분이 가토 세미나에 참가하게 된 이유가 '뭐야뭐야'를 품고 있었기 때문이라는 것을 알 수 있습니다. 그렇다면 이 '뭐야뭐야'에 대해서 구체적으로 이야기를 나눠봤으면 합니다. 먼저 다키나미 씨, 어떻게 생각하세요?

다키나미   제가 세미나에 참가했을 때 품고 있던 '뭐야뭐야'는 크게 세 가지였습니다. 첫 번째는 왜 한국 드라마가 '반일'이라는 소리를 듣는지, 두 번째는 도대체 그 '반일'이란 무엇인지?, 세 번째는 왜 내가 이 '반일' 드라마를 보면 '뭐야뭐야'를 품게 되는지, 이 세 가지였습니다.

후지타   제가 품고 있던 '뭐야뭐야'는 두 가지 있었는데, 첫 번째는 지금까지 가해자 측에 속한 제 자신이 가해의 역사를 마주하지 않고도 살아올 수 있었다는 사실에 대한 '뭐야뭐야'입니다. 두 번째는 저에게 한국문화를 즐길 권리가 있는지에 대한 '뭐야뭐야'입니다. 일본은 한반도를 식민지지배로 많은 사람의 인권을 침해했습니다. 그런데 일본에서는 가해의 역사를 반성하지 않고 있고, 당시 상황을 만들어 낸 사회구조도 바뀌지 않았다고 생각합니다. 지금까지 가해의 역사를 마주하지 않았던 제가 한국문화만을 즐기는 것이 용인되는지 '뭐야뭐야'를 품고 있었습니다.

네기시 맞습니다. 저희가 가해의 역사를 마주하지 않고 살아올 수 있었다는 사실, 즉 『뭐야뭐야』 1에서도 지적하는 특권에 대한 '뭐야뭐야'에 크게 공감합니다. 저는 과거에 일본이 저지른 가해를 직시하지 않고, 반성도 하지 않고, 그 결과 차별이 계속 재생산되고 있는 구조가 존재하고 있음에도, 일본과 한반도 역사에 관한 화제나 한일관계에 관한 이야기가 금기시되는 현실, 주변 사람하고 논의조차 할 수 없는 일본의 현재 상황에 대해서 '뭐야뭐야'를 품고 답답했습니다.

후배들이 읽은 『뭐야뭐야』 1

네기시 저희는 세미나에 참가하기 전후에 『뭐야뭐야』 1을 읽었는데, 각자의 감상을 듣고 싶습니다.

제가 처음 『뭐야뭐야』 1을 읽은 것은 2학년 때였습니다. 앞서 말씀드린 대로 1학년 때 수업이 문제의식을 품게 되는 계기였습니다만, 『뭐야뭐야』 1을 읽음으로써 다시 한 번 한반도에서 일본이 저지른 가해의 역사를 배우게 되고, 동시에 우리가 '우리 문제로서 역사'에 어떻게 마주해야 하는지, 현대사회에서 어떤 행동과 자세를 취해야 하는지, 많은 것을 배웠습니다.

또한 저와 같은 '뭐야뭐야'를 가토 세미나 선배들도 가지고 있었다는 것을 알게 되어 안도했다고나 할까, 가토 세미나에 참가해서 많이 공부하고 여러 가지 이야기를 나누고 싶다는 마음이 강해졌었습니다.

다키나미 『뭐야뭐야』 1을 읽고 처음으로 품은 감상은 "이게 바로 내가 알고 싶었던 이야기야"였습니다. 소위 '반일'이란 무엇인가, 왜 일본인이 '반일'이라고 느끼는 것인가, 그때까지 인터넷에 아무라 찾아봐도 납득이 가는 설명을 찾을 수 없었는데, 이 책에서 상세하게 설명되어 있어서 그 내용을 쉽게 받아들일 수 있었고 납득할 수 있었습니다. 그때까지 제가 품고 있던, 말로 표현할 수 없었던 '뭐야뭐야'의 정체를 알게 되어 속이 시원했었다는 기억도 있습니다. 그와 동시에, 여태껏 제가 얼마나 일본이 저지른 가해의 역사에 무관심했는지를 뼈저리게 느꼈습니다. 책에 있는 표현을 빌리자면, 저는 그야말로 '문화를 소비만 하는' 사람에 불과했다는 사실을 깨닫는 순간 느꼈고, 그 충격이 가슴에 꽂혔습니다.

그리고 지금까지 자각하지 못했던 특권의 존재를 깨달았을 때, 그때까지 전혀 알지 못하고 지낸 저 자신이 무서워졌습니다.

후지타 저는 제가 얼마나 한반도에 대한 일본의 가해 역사에 무지했는지를 뼈아프게 깨달았습니다. 그동안 품었던 '뭐야뭐야'도 결국은 가해의 역사에 대한 책임에 무지했기 때문에 생긴 것임을 깨닫게 되었습니다.『뭐야뭐야』1을 읽기 전에는 한국인을 '반일'로 단정 짓고 비난하는 것은 불쌍하다는 생각은 가지고 있었지만, 그런 감정은 가해자 측에 속하는 제가 피해자 측에 있는 사람을 심판하는 것과 같다는 사실을 깨닫고, 저 스스로가 부끄럽게 느껴졌었습니다.

그리고 지금까지 '혐한' 발언에 분노를 느끼면서도 가해의 역사를 알리는 노력을 전혀 하지 않고 있었다는 사실도 깨달았습니다.『뭐야뭐야』1에서도 언급하고 있습니다만, 무의식적으로 한국문화를 좋아한다는 것을 마치 가해의 역사를 마주하지 않아도 되는 면죄부처럼 여긴 결과, 자신의 문제인데도 모른 척 외면하며 지내왔다는 생각이 들었습니다.『뭐야뭐야』1을 읽고 나서, 한일문제는 정치 문제라기보다는 인권 문제이며, 나의 문제이기도 하다는 것을 강하게 느끼게 되었습니다.

세미나 참가로 '뭐야뭐야'는 어떻게 변했나?

네기시 저희 세미나에서는 문헌을 읽었으며, 올해에는 오키나와와 한국에서의 현지 조사도 실시하고, 조선대학교[2]하고 교류 회를 실시하는 등 다양한 학습을 해왔습니다. 이러한 세미 나에 참가하기 전과 후로는 '뭐야뭐야'가 변하지 않았나 생 각됩니다. 먼저 다키나미 씨 어떠신가요?

다키나미 변화의 첫째는 '뭐야뭐야'의 종류가 많아졌습니다. 이전 까지는 한국 드라마 등 한국문화 관련 '뭐야뭐야'가 많았습 니다만, 역사와 교육, 인권이라는 관점에서 새로운 '뭐야뭐 야'가 생긴 것입니다. 그런 의미에서는 단순히 '뭐야뭐야'의 개수가 는 것이 아니라, '뭐야뭐야'의 종류가 많아졌다고 할 수 있습니다.

두 번째는 '한일' 문제에 내가 어떻게 행동할 것인지에 대한 새로운 '뭐야뭐야'가 생겼습니다. 이전에는 '뭐야뭐야'의 정 체가 알고 싶다는 생각이 강했으나, 지금은 같은 '뭐야뭐야' 를 품은 사람을 위해서 무언가 하고 싶다고 생각하게 되었 습니다.

....

2   [역자주] 1956년에 2년제로 개교하고 1958년에 4년제로 전환한 재일본조선인총연합회(조청 련)에서 운영하고 북한으로부터 지원을 받는 대학교이다. 일본 문부과학성에서 정식 대학으 로 인가를 받지 못해서 법적으로는 '각종학교'이다. 도쿄도 고다이라시(小平市)에 있으면 영 문 표기는 'Korea University'이고 강의는 기본적으로 조선어(한국어)로 실시하고, 일본인 강 사도 많이 있으며, 재학생도 '조선적(북한)' 외에도 한국국적자, 일본국적자도 있다.

후지타 제가 세미나에 참가하기 전에 느꼈던 '뭐야뭐야'는 그저 미안한 마음이 그치지 않는, 어떻게 보면 혼자 생각에 갇혀 있는 그런 경우가 많았던 것 같습니다. 그리고 K-POP 팬으로서 앞으로 어떻게 응원할 것인가라는 '팬 활동' 방법에 관한 문제에만 머물러 있었다고 할 수 있습니다. 그런데 세미나를 통해서 '그래서 그런 다음에는 어떻게 할 건데'에 대한 '뭐야뭐야'를 마주하는 방법을 배웠다고 생각합니다. 그리고 천황제와 도덕교육, 일상생활 속의 젠더와 섹슈얼리티에 관한 문제 등, 지금까지 제가 의문을 품은 적이 없던 사안에 대해서 거북함을 느끼는 일이 늘었습니다. 저는 지금까지 어떤 문제에도 별로 문제의식을 느끼지 못하는 편이었지만, 세미나에서 다른 사람의 문제의식을 들으면서 그동안 당연하게 여기며 흘려보냈던 사안에 대해서도 일단 멈춰 서서 다시 한 번 생각해 보는 일이 많아졌기 때문이라고 생각합니다. 그러나 한편으로 세미나와 세미나 이외의 장소 사이에 격차를 느끼는 경우가 많아져서, 정말로 지금의 이 상황을 바꿀 수 있나, 저라는 사람이 무엇을 할 수 있는지에 대한 '뭐야뭐야'를 느끼고 있습니다.

네기시 우선 매우 큰 변화로서는 세미나라는 공간이 제가 품고 있는 문제의식을 안심하고 공유하고 토론할 수 있는 장소라서 세미나에 들어올 때 품고 있던 (주변 사람과 문제의식을 공유할 수 없다는) '뭐야뭐야'가 변했다고 생각합니다. 한편으로 상당히 추상적이고 애매한 이야기일지도 모르겠습니다만, 앞서 후지타 씨 말씀처럼 세미나 바깥에서 나는 어떻게 행동해야 하는가, 마주하게 될 누군가의 (역사부정이나 차별적인) 언행에 어떻게 반응해야 하는가에 대한 새로운 '뭐야뭐야'가 생겼습니다. 예전 같으면 그냥 넘어갔을 일이나 누군가의 말과 행동을 다시 한 번 생각하는 기회가 많아진 것 같습니다. 이런 기회가 늘어나서 제가 에너지를 소모해 버려서 지치기도 하지만, 이렇게 스스로 고민하는 것이 매우 중요하다고 생각하고 있습니다. 이런 과정을 거쳐서 문제의식을 동료들이 있는 세미나나 이와 같은 자리에서 공유하는 것도 중요하다고 생각합니다.

지금부터는 저자이신 선배님께서 3학년 발표에 대한 코멘트와 3학년 학생이 던진 질문에 답변을 부탁드리고자 합니다. 저는 『뭐야뭐야』1라는 책을 통해서 다양한 반응을 들을 수 있었다고 생각합니다만, 이들 반응으로 새로운 '뭐야뭐야'가 생긴 부분은 있는지 여쭤보고 싶습니다.

후지타 저는 지금 여러분이 어떤 활동에 힘을 쏟고 있는지, 앞으로의 계획이 있다면 어떤 계획인지 듣고 싶습니다.

'뭐야뭐야'를 안고 계속 생각하는 것

다키나미 그럼 먼저 상진 씨부터 부탁합니다.

이상진 여러분께서 자신이 품고 있던 '뭐야뭐야'의 정체를 알게 되고, 자신의 문제의식을 확립하고 그것을 직시하고 마주하는 모습이 대단하다고 생각했습니다. 저의 경우는 『뭐야뭐야』 1을 집필하면서 그 과정을 통해서 제가 품고 있는 문제의식이 무엇인지 확인해 갔기 때문에, 지금 이 단계에서 이런 행사를 개최할 수 있다는 사실이 정말 대단하다고 느껴집니다.

『뭐야뭐야』 1에 대한 반응을 보고 새로운 '뭐야뭐야'가 생기지 않았는가에 대한 질문입니다만, 주위의 반응에 의해서라기보다는 『뭐야뭐야』 1을 쓰면서 문제의식을 확립하는 과정에 새로운 '뭐야뭐야'가 계속 생겼습니다. 예를 들면, 최근의 역사 연구를 보면 식민지지배의 폭력성 문제를 별로 중시하지 않는 것도 있는데, 이런 연구 경향에 강한 거북함을 느끼게 되었습니다.

네기시 씨 말씀에도 있었습니다만, '뭐야뭐야'를 마주하면서 지쳐버리는 경우가 있습니다. 그러나 『뭐야뭐야』 1을 쓴지 1년 정도 지난 지금, 바로 해소하지 못하고 '뭐야뭐야'를 품고 있어도 괜찮다고 생각하게 되었습니다. 다양한 경험을 하거나 책을 읽어가면 언젠가 품고 있는 '뭐야뭐야'가 해소될 수도 있으니, 지금 품고 있는 문제의식을 소중히 간직하고 있으면 되지 않나 생각합니다.

다키나미 저는 아직 공부를 시작한 지 얼마 되지 않았습니다만, 확실히 문제의식을 계속 가직하고 있는 것이 중요하다고 생각하기에 공감이 갑니다. 상진 씨의 코멘트에 대해서 네기시 씨 어떻게 생각하시나요?

네기시 지칠 때도 있지만, '뭐야뭐야'가 바로 해소되지 않아도 괜찮고, '뭐야뭐야'를 안고 계속 공부해 나가는 것이 중요하다는 이야기가 매우 도움이 되었습니다. 그런 자세로 앞으로 배워 나가고 싶다고 생각했습니다.

다키나미 그럼 우시키 씨도 코멘트 부탁합니다.

우시키 먼저 여러분의 감상을 들으면서 기뻤던 점은 언어화의 중요성이라든지 특히 역사를 배워서 자신을 돌아보는 계기가 되었다는 부분입니다. 실은 저 또한 『뭐야뭐야』 1을 쓰는 과정에서 "상진 씨는 이런 생각을 가지고 있었던 거구나"라든지 "내 문제는 여기에 있었네"와 같은 것을 파악할 수 있었습니다. 그리고 『뭐야뭐야』 1을 펴낸 것으로 끝나는 것이 아니라, 지금도 이 문제에 대해 함께 고민할 수 있는 사람이 있다는 사실이 저에게는 큰 격려가 되고 있습니다.

『뭐야뭐야』 1에 대한 반응 중에서 정말 기뻤던 것은 "'반일'의 본질은 무엇일까", "식민지지배는 인권 문제이다"와 같은, 저희가 전하고 싶었던 메시지를 받아서 이를 널리 확산해 주는 사람이 있었다는 점입니다.

다음으로 새로 생긴 '뭐야뭐야'입니다만, 저에게 가장 컸던 것은『뭐야뭐야』1을 펴낸 후에 이 책으로 얼마나 오래 버틸 수 있을까, 그리고 독자가 이 문제를 얼마나 오랫동안 생각해 줄까라는 문제였습니다. '뭐야뭐야'를 품은 채로 생각을 계속 이어 가는 것은 결코 쉬운 일이 아니라고 생각합니다. 예를 들어 책을 읽고 "그래, 그랬었구나!"하고 끝나는 경우도 있을 것입니다. 한국 아이돌에 관한 생각은 바꿀 수 있었다고 해도, 주변 사람이나 주변에 있는 소수자에 자기가 어떤 태도로 대하고 있는지에 대한 문제까지 의식할 수 있는가도 중요한 문제입니다. 제대로 공부하지 않으면 자기 행동이 차별 행위인지 아닌지 알 수 없습니다. 그래서 '통과의례'처럼 "그렇구나~"로 끝내지 않고 계속 생각을 이어갈 수 있는지가 중요한 것입니다.

책을 통해서 이어진 독자하고 앞으로도 어떻게 이 관계를 유지할 수 있는지를 생각하고 있습니다. 대학원에 진학하면 이 문제를 생각할 기회가 비교적 많습니다만, 모든 사람이 지금 상황에 계속 머물 수도 없을 테니, 각자의 다양한 자리에서 이 문제에 관한 생각을 멈추지 않는 것이 중요하다고 봅니다. 앞으로 살아갈 삶에서 예측 불가능한 일이 있더라도 그 안에서 자신이 특권을 가지고 있는 문제에 대해서 얼마나 흔들리지 않고 지금의 입장을 지키며 조금씩이라도 어떤 행

동을 보이거나 계속 고민할 수 있는지가 과제라고 느끼고 있
습니다. 앞으로도 여러분과 함께 이야기하며 나갈 수 있기를
바랍니다.

다키나미 저도 대학을 졸업하면 취업할 예정입니다만, 사회인이
된 다음에 제가 이 문제에 어떻게 임해야 할지, 지금도 현재
진행형으로 계속 고민하는 문제라, 많은 이야기를 듣고 많
은 생각을 하게 되었습니다.

한국문화라는 입구를 생각하며

다키나미 그럼 구마노 씨도 한 말씀 부탁드립니다.

구마노 같은 문제의식을 가진 후배가 같은 세미나에 들어와서 공
부하고 있다는 것이 정말 기쁩니다.

『뭐야뭐야』1을 쓰면서 제가 느꼈던 큰 '뭐야뭐야'는 이 책
은 K-POP 등의 한국문화를 하나의 입구로 삼고 있어서 일
본과 한반도 문제를 다룰 때 아무래도 아이돌과 응원과 팬
덤 문제 레벨로 왜소화되는 것이 아닌가 하는 염려였습니
다. 후지타 씨도 말씀하신 것처럼, K-POP 아이돌을 어떻
게 좋아하고 응원할 건지에 관한 '팬 활동'에 초점이 맞춰
져 버릴 수 있다는 염려입니다. 그렇게 되면 역사를 마주하
는 의미나 필요성이 '한국문화를 즐기는 방법'이라는 차원

에서 바라보게 되어버립니다. 본질은 K-POP 팬이 아니더라도 일본인이라면 한반도와 일본의 역사와 마주해야 한다는 데 있습니다. "K-POP 팬이라면 역사를 배워야 한다"는 말은 K-POP 팬이 문화를 소비하면서 역사 문제를 무시하는 경향이 있다는 의미에서는 틀리지 않았다고 생각하며, 저 또한 K-POP 팬을 포함한 사람이 이 책을 읽기를 바라는 마음으로 썼지만, 이렇게 되면 "K-POP 팬이 아니면 역사를 마주하지 않아도 되는가"라는 말이 성립되기도 합니다. 한국문화를 하나의 입구로 삼은 『뭐야뭐야』1의 접근 방식도 중요하다고 생각하면서도 K-POP 팬이 아니어도 마주해야 하는 문제이기 때문에 저도 조금 '뭐야뭐야'를 느끼고 있습니다.

다키나미   동감합니다. 제가 흥미를 느끼게 된 입구가 한국 드라마이지만, 처음부터 한국문화에 흥미가 있는 사람에게만 문제 제기가 전달되지 않고 있는 것은 아닌가 하는 점에서 '뭐야뭐야'를 느끼고 있었습니다. 그렇다면 마찬가지로 K-POP을 좋아하는 후지타 씨는 어떠신가요?

후지타   세미나에서 배우는 내용을 친구들에게 말했더니 "너 참 K-POP 좋아했었지?"라는 반응을 듣는 경우가 많은데 그때마다 '뭐야뭐야'를 느낍니다. 그런 반응을 들었을 때 "으응……"이라고밖에 대답할 수밖에 없는 자신에게도 '뭐야뭐야'한 답답함을 느끼곤 했습니다만, "K-POP을 좋아하고 안

하고는 관계없이 모두가 배워야 할 문제라고 생각해"라고
말할 수 있는 사람이 되고 싶습니다.

문제와 어떻게 마주할 것인가

후지타 앞에서 계속 생각하고 고민하는 것이 중요하다는 이야기가
       있었습니다만, 만약에 가토 세미나에 참석하지 않았더라면
       저도 "『뭐야뭐야』1을 읽고 알았어"로 끝났을 것 같습니다.
       앞으로도 계속 생각하는 것을 잊지 않도록 해야겠다고 생
       각했습니다.

다키나미 책을 읽고 만족하고 거기서 끝나는 것이 아니라, 어떻게
       거기서 끝나지 않고 실제로 현지 조사도 가보고 다른 책도
       읽어보고, 그리고 '뭐야뭐야'를 다른 사람과 공유하는 등, 실
       제 행동으로 옮기는 것이 중요하다는 것을 많이 느끼고 있
       습니다. 다음에는 아사쿠라 씨, 코멘트 부탁합니다.

아사쿠라 3학년 여러분이 『뭐야뭐야』1을 읽고 자신이 갖고 있는
       가해성이나 특권에 대해서 깨달았다는 이야기를 해주신 점
       이 가장 기뻤습니다. 『뭐야뭐야』1뿐 아니라, 세미나에서 배
       우는 동안 당사자 의식이 생겼다는 것도 매우 공감이 가는
       내용입니다.
        후지타 씨가 현재 어떤 활동을 하고 있는지 질문하셨는데,

저는 특히 젠더 문제에 관심이 있어서 일본군 '위안부' 문제 해결을 위한 활동을 하고 있고, 최근에는 성매매 반대운동에도 참여하고 있습니다. 이런 활동은 일본군 '위안부' 문제를 배운 결과, 일본군 '위안부' 문제와 지금의 성매매가 근본적인 부분 즉 여성을 착취하고 있는 점에서 연결된다고 생각했기 때문입니다. 이러한 생각은 세미나에서 배웠기 때문에 생각할 수 있었으며, 앞으로도 세미나에서 배운 것을 지금 활동에도 살려갈 생각입니다.

다키나미 아사쿠라 씨는 학부 세미나에도 참여하셨습니다만, 이런 활동을 통해서 느낀 '뭐야뭐야'를 공유해주고 계십니다. 사회운동을 하는 사람이 주변에 많지 않아서, 현장의 목소리를 전해주셔서 많은 공부가 되고 있습니다. 오키타 씨, 한 말씀 부탁드려도 될까요.

오키타 여러분의 발표를 듣고 아주 멋지고 많은 것을 배우며 시간을 보내고 계신다고 느꼈습니다. 문제의식을 가지고, 실제로 여러분의 눈으로 직접 현장을 보러 가는 것을 실천하였기에 지금의 3학년 여러분은 역사 문제에 대해 깊이 생각하고, 이러한 행사를 기획하는 활동으로 이어지고 있다는 생각이 들었습니다.

『뭐야뭐야』 1에 대한 반응으로 새로 생긴 '뭐야뭐야'입니다만, 아무래도 역사 문제는 "이런 생각도 있지", "이런 관점도 있지"라는 이야기를 들을 때가 있습니다. "'역사history'는 '이야기story'이다"는 말이 있습니다. 그러나 그 역사적 사실은 실제로 거기에 사람이 있었고, 그 사람이 받아온 피해나 사실事實로서 일어난 사건이 존재한 것입니다. 인식의 차이라는 식으로 넘어가는 경우가 많습니다만, 연구 성과에 입각한 책을 읽거나 실제로 현장에 나가봄으로써 사실을 정확하게 탐구하는 노력을 이어가는 것이 중요하다고 생각합니다. 지금 하는 활동에 대해 말씀드리자면, 저는 사회의 현상이나 문제에 임하는 그런 일에 종사하고 있지 않습니다. 다키나미 씨는 "사회인이 된 다음에 제가 이 문제에 어떻게 임해야 할지"라고 하셨는데, 저에게도 갈등 중인 문제이기도 합니다. 저에게는 이 자리에 참석하는 것, 구니타치國立시에서 있었던 '표현의 부자유전'에 직접 찾아가는 것처럼, 문제의식을 가지고 계속해서 배우고 알려고 노력하는 것도 하나의 방법이 아닌가 생각합니다.

다키나미 세미나의 선배님은 대학원에 진학하는 분이 많습니다만, 오키타 씨는 취업하셨기에 직장인 시선에서 어떻게 문제를 마주할 것인가라는 이야기는 많은 참고가 되는 이야기였습니다.

가해의 역사를
가르친다는 것, 배운다는 것

게스트 · 히라이 미쓰코^{平井美津子}

　일본사회에서 가해의 역사를 어떻게 전하면 좋을까요? 중학교 교사인 히라이 미쓰코 선생님을 다시 초대해서 현역 학부생과 『뭐야뭐야』 1 저자가 함께 생각해 봤습니다.

　행사 '『뭐야뭐야』 1과 그 뒤 – 함께 이야기하는 '한일'의 '뭐야뭐야'" 2022년 11월 19일 히토쓰바시대학 온라인 병행의 후반부입니다. 당시 학년 등은 좌담회 '세미나 후배들은 『뭐야뭐야』 1을 어떻게 읽었을까?'와 같습니다.

일본군 '위안부' 문제와 한일관계사를 가르치며

다키나미 　초청 인사이신 히라이 선생님께 교사로서 '위안부' 문제를 가르치면서 접한 학생의 목소리나 본인께서 느끼고 계신 '뭐야뭐야'에 대해서 말씀을 듣고자 합니다. 히라이 선생님, 잘 부탁드립니다.

히라이 "히라이 선생께서 느끼는 '뭐야뭐야'에는 어떤 것이 있습니까?"라는 질문을 받고, '뭐야뭐야'라는 감각을 저는 이 책이 나오기 전에는 그다지 느끼지 못하고 있었습니다만, "그런 거였구나…… 내 마음속에 있었던 이런저런 갈등은 '뭐야뭐야'라는 말로 표현할 수 있는 거구나"라는 생각이 들어서 오늘은 세 가지 정도 '뭐야뭐야'에 대해서 이야기해 보겠습니다. 제가 가르치는 아이들도 BTS를 좋아하거나 뚱카롱[1]을 사고 싶어 하는 식의 문화를 소비라고 할까, 자신들이 보고 싶은 것만 보는 경향이 있어, 이런 아이들에게 한국과 북한에 대해서 학교에서 어떻게 하면 가르칠 수 있을지를 놓고 늘 생각해 왔습니다. 저는 '위안부' 문제는 건너뛰거나 하지 않고 꼭 가르쳐 왔습니다만, 제가 쓸 수 있는 '위안부' 수업은 겨우 1시간입니다. 그래서 '위안부' 문제 자체를 주제로 삼지 않고, 근대 일본이 한반도에 어떤 짓을 저질렀는지를 이해하게 하는 수업이 필요하다고 생각해서, 한일관계를 가르쳐 왔습니다. 그런데 안타깝게도 중학교 역사 교과서의 식민지지배에 관한 기술은 정말 얄팍한 것입니다. '1910년 = 한국병합'처럼 연도를 외우는 것이 역사 공부라고 생각하는 학생이 많기에, 식민지가 된다는 것이 어떤 의미인

---

1 **[역자주]** '뚱카롱'은 한국에서 만든 한국이 발상지인 과자. 프랑스 과자인 마카롱에서 진화한 것으로, 보통 마카롱보다 크고 생크림이 듬뿍 들어 있는 것이 특징. 일반적인 마카롱이 한입으로 먹을 수 있는 크기인데 비해 '뚱카롱'은 높이가 5cm 정도. 어원은 국어 '뚱뚱하다'에 '마카롱'이 합쳐져서 '뚱카롱'이 됨.

지, 내 나라가 식민지가 된다면 민중의 생활이 어떻게 바뀌고, 사회가 변해서 자기들이 어떤 취급을 받게 되는지를 알지 못하면 '식민지가 되어 한반도는 윤택해졌다, 좋아졌다'는 말에 속을 수 있어서 그런 점까지 포함해서 '위안부' 문제를 대하고 있습니다. 전쟁 부분만 다루지 않고, 전후 보상까지 포함해서 생각하고 싶습니다만, 한일기본조약에 관해서도 교과서로서 채택률이 가장 높은 도쿄서적東京書籍[2]의 중학교 역사 교과서의 기술은 "한국과는 1965년에 한일기본조약을 맺고 한국 정부를 한반도에서 유일한 정부로 승인했습니다"2020년 3월 24일 검정판라는 한 줄로 끝입니다. 그렇다면 이 한일기본조약이란 도대체 어떤 내용을 가진 조약인가, 이 부분을 알지 못하면 결국 작금의 '위안부' 문제든 '징용공' 문제든 이해할 수 없습니다.

그리고 북한과 관련해서도 "핵무기 개발을 추진하면서 인권과 주권을 무시하고 많은 일본인을 납치한 사실이 밝혀진 북한과의 관계는 어려운 문제입니다"라고 기술되어 있어서 이런 내용을 읽으면 북한에 대해서 부정적인 감정밖에 가질 수 없다고 생각합니다. 그래서 교과서에 일본과 한반도의 관계를 더 상세하게 기술하도록 촉구하는 운동도 벌여왔습니다.

....

2 [역자주] 도쿄에 본사를 두는 일본의 교과서 출판사. 1909년 창업한 가장 큰 교과서 출판사이며, 홋카이도에서 오키나와까지 전국 규모로 널리 도쿄서적 교과서가 채택되고 있다.

어째서 나라를 대표하는 거야?

히라이 제가 '위안부' 문제를 가르치며 맞닥뜨리는 감상은 다음과 같은 것들입니다. 일본군이 한반도와 동남아시아에서 저지른 일은 용서할 수 없는 일이라고 일단은 가해는 인정하면서도 이제는 이 문제를 계속 끄는 것은 그만하는 것이 좋지 않나, 일본은 나름대로 2015년 한일 '합의'를 통해서 배상했는데 한국이 짓밟고 있으니, 라고 쓰는 학생이 있습니다. 제가 지금까지 가르쳐 온 학생 중에, 특히 남학생이고 대학 진학률이 높은 고등학교를 목표로 하는 학생에서 많이 보이는 반응입니다. 저는 이런 감상에 대해서, '이들 남학생은 인터넷상에서 이런 정보를 검색하거나 『반일 종족주의』를 읽은 학생인가?'라는 생각이 들면서도 그렇다고 무조건적으로 부정하지는 않습니다. 그러나 "왜 나라를 짊어져서 대표하는 거니?", "너희 한 사람 한 사람의 문제로 생각해 줬으면 했는데, 무슨 정치인처럼 발언한단 말이야"고 제 쪽에서 이야기를 걸어갑니다. '위안부' 문제를 가르치면 이런 경우가 많습니다. 중일문제를 다룰 때는 이런 경우는 거의 일어나지 않는데, 한일문제를 다룰 때는 일어납니다.

그리고 오키나와의 기지 문제를 다루면 다음과 같은 의견이 나옵니다. 오키나와의 기지는 필요하다, 미일안보^{조약}를 맺고 있는 한 어딘가에 기지를 두어야만 한다, 지정학적으로 오키나와는 중요한 곳이며, 중국이 대만에 공격해 오면 어쩔 거냐? 이것도 정치인의 정치적 발언에 영향을 받은 것입니다만, 결론은 여지없이 오키나와 사람한테는 미안하지만 참아줬으면 한다, 입니다. 이런 발언을 접하게 되면, 한반도 사람, 오키나와 사람에게 무의식적인 차별 감각을 품고 있다고 밖에 생각할 수 없습니다. 이런 문제에 대해서 어떻게 이야기하면 좋을까 하는 '뭐야뭐야'를 느끼고 있습니다.

그래서 최근에는 '위안부' 문제라는 식으로 한데 묶어서 이야기하지 않고, 한 사람의 살아있는 여성, 한 사람의 인생으로서 아이들에게 생각하게 하거나, 또는 이런 분들이 받은 피해에서 인권 문제를 생각하게 하는 접근이 필요하다고 생각해서 일본군 '위안부' 제도의 피해자이자 재일코리안인 송신도宋神道 할머니의 인생을 통째로 가르치는 수업을 하고 있습니다.

왜 정치인이 개입하는 거야?

히라이 그리고 두 번째는 제가 요즘 가장 강하게 '뭐야뭐야'를 느끼는 것은 이런 수업을 하면 정치인이 개입해 온다는 점입니다. 2018년에 『교도통신』에서 저를 취재한 「헌법 내 이야기 憲法マイストーリー」라는 기사가 실리고 그 이후 여러 지방신문

에 게재되었습니다. 그러자 현재 오사카 지사, 당시 오사카 시장이었던 요시무라吉村 씨가 이 기사를 비판하는 트윗을 올린 것입니다. 요시무라 씨는 팔로워가 몇만 명이나 되기에 "이 선생이 근무하는 학교 앞에서 시위해도 되지?"와 같이 상당히 협박성 짙은 리트윗이 달렸습니다. 근무하는 학교나 교육위원회에 비난하는 전화나 팩스가 온다는 사태가 벌어졌습니다.

제가 가장 힘들었던 것은 모레 현장학습을 앞둔 날 밤에 "○○중학교 현장학습, 부셔버린다"는 협박장을 받은 사건입니다. 이때는 아쉽지만, 현장학습을 중지할 수밖에 없었습니다. '위안부'를 가르친다는 것이 어째서 이런 공격을 받아야 하는 일인지, 혼자 괴로워했습니다. 지금까지 다양한 공격을 받았습니다만, 역시 아베 수상이 등장한 이후 '위안부'라는 말에 대한 이상할 정도의 비정상적인 반응이 피부에 느껴집니다.

그러나 공격을 받았다고 해서 제가 가르치지 않는다는 선택지는 없습니다. 그렇지만 '뭐야뭐야'는 계속 이어지고 있습니다. 예를 들어 난징대학살이나 오키나와 전투 때 일어난 집단 자결 문제를 가르칠 때도 반응은 있지만, 특히 '위안부' 문제의 경우 행정의 과잉 반응을 강하게 느끼고 있습니다.

방금 가르치지 않는 선택지는 없다고 말했습니다만, 싸우

고 있다는 의식에서 나온 말이 아니라, 실제로 일어난 사실을 있는 그대로 가르치는 것이 역사를 담당하는 교사의 책무라고 생각하기 때문입니다. 공격한 쪽은 가르치지 않기를 바랍니다만, 그렇게 하면 편할 수는 있습니다. 지금은 대부분의 중학교 교과서에 '위안부'에 관한 기술은 없습니다. 마나비샤学び舍[3]하고 야마카와출판사山川出版社[4]에 나온 두 교과서에만 '위안부' 기술이 있지만, 이들 두 교과서 모두 채택률이 낮습니다. 교과서에 없는 이상, 가르치지 않아도 아무런 문제도 없습니다. 그러나 가르치지 않는 선택지는 없다는 것은, 자기 의지로 안 가르치는 것이 아니라 '위안부' 문제를 다루는 것에 망설임을 느끼게 하는 이런 상황 속에서 자기

....

3　[역자주] 도쿄에 있는 주식회사이며, 중학교 역사 교과서에 관해서는 '아이와 함께 배우는 역사 교과서의 모임'이 편찬한 중학교 교과서 발행하고 있다. 한편 '아이와 함께 배우는 역사 교과의 모임'은 일반사단법인이며 2009년 8월에 발기인 모임, 2010년 8월에 결성되었고, 학교 교사와 일반 시민들이 참여하고 있다. 이 모임은 역사 교과서에 대해서 다음과 같은 생각과 목표를 가지고 있다. "역사를 배운다는 것은 그 배움에 의해서 학습자가 현재라는 지점에 설 것을 기대합니다. 지금의 과제가 되는 문제에 눈을 돌리고 스스로 마주하려는 주권자의 모습을 상정할 수도 있습니다. 그러나 이런 것은 역사적 사실을 글자나 말로 나열로서 기억했다고 가능해지는 것이 아닐 것입니다. 역사적 사실로부터 질문을 받거나, 또는 그 역사적 사실에 물음을 던지면서 스스로가 직접 그 문제에 관여할 때 비로소 달성되는 것입니다. 역사 교과서가 기억해야 할 역사적 사실의 집성으로 아이들 앞에 존재하는 것이 아니라, 역사 교과서는 아이들이 페이지를 넘기면서 스스로 역사적 사실에 관여하는 대상으로서 책상 위에 놓여있는, 그런 정경(情景)을 만들어 낼 수 있기를 바랍니다."

4　[역자주] 1948년에 설립된 출판사이며, 역사 관련 서적을 중심으로 사업을 전개해 왔다. 2018년에는 20~30대 사회인을 대상으로 일본사와 세계사에 대한 '學び直し(다시 배우기)'를 주제로 펴낸 시리즈가 인기를 얻었다. 『日本歴史大系』, 『新体系日本史』, 『歴史散歩』, 『世界歴史大系』, 『世界各國史』 등, 역사학에서 많은 실적을 남기고 있다.

의지가 꺾이고 마는 자신을 도저히 용서할 수 없기 때문입니다. 그래서 계속 가르쳐 왔습니다.

'위안부' 문제를 가르친다는 것

히라이 그럼에도 '위안부'를 가르칠 때는 두근두근합니다. "히라이 선생님은 끄떡없이 흔들리지 않고 언제나 자신감을 가지고 '위안부' 문제를 가르치고 있다"고 생각하는 분이 제법 계시겠지만, 평정심으로 있지 못하는 저 자신을 느낍니다. 또 공격받으면 어떡하지, 라고 생각하는 저에게 '뭐야뭐야'를 느끼곤 합니다. 이것이 세 번째입니다.

공격받았을 때, 교장 선생님이 저에게 "다시는 '위안부'를 가르치지 마세요"라는 말을 들었습니다. 저는 "그럴 수는 없습니다. 외부에서 들어오는 교육에 대한 부당한 개입에 선생님은 굴하시는 겁니까? 이런 일에 굴하면 모든 선생님께 파급될 것입니다. 정치인이 이 문제를 가르치지 않았으면 하는 생각으로 공격하면 가르치지 않다는 전례가 생기지 않습니까. 그렇게 되면 교육의 정당성이나 학교 교육과정 편성권을 담보할 수 있습니까?"라고 저항했습니다. 결국 이때는 저를 중학교 1학년 담당으로 보직 변경해서 물리적으로 가르칠 수 없게 만들었습니다. "가르치지 마라", "가르치지 않겠습니다"라는 식이 되지는 않았습니다.

그 후, 새로 옮긴 학교에서는 3년간 중3을 맡아서 '위안부'를 계속 가르치고 있습니다. 이상한 이야기일 수도 있습니다만, 작금의 교사 부족에도 기인하는 것 같습니다. 관리직에 있는 분들은 제가 '위안부'를 가르칠 거란 것을 이미 알고 있기에, 그들도 조마조마한 마음으로 있답니다.

수도 없이 반복한 일이지만, 수업에 임할 때는 어떤 수업으로 할까, 어떤 식으로 접근할까 등 많은 생각을 합니다. 수업이 성립하기 위해서는 아이들과 인간관계 형성 여부가 하나의 전제가 되기 때문입니다.

그런데 중학생 3학년을 세 번 연속으로 가르친다는 건 그 학생들하고는 1년만 함께 한다는 뜻이 됩니다. 더구나 '위안부'를 가르치는 것은 일정상 5월 정도이므로, 4월에 "처음 뵙겠습니다, 히라이라고 합니다"라고 인사하고 한 달입니다. 인간관계라는 것은 거의 형성되지 않았다고 봐야겠죠. 그래서 상당히 부담을 느끼는 것이 사실입니다. 요즘 학생들은 선생님에 대해서도 많이 검색하고 있습니다. 신학기가 시작된 4월, 수업에 들어갔을 때, 학생이 "히라이 선생님, 검색했더니 이름이 많이 나오던데요. 많은 일을 하고 계시나 봐요"라고 해서 "이것저것 하고는 있는데, 일단 그건 놔두고……"라는 식으로 얼버무렸습니다. 하지만 아이들이 그렇게 정보를 접하면 '히라이 선생님은 어떤 선생님인가'

를 어느 정도 알고 오기 때문에, "너희들 검색했을 때 히라이 선생은 책은 썼다든지 '위안부' 문제를 하고 있다든지 나왔지? '위안부' 문제로 수업할까?"라고 말하면 "와~"라고 탄성을 지르며 제법 반응을 해줍니다. "'위안부' 문제다~"라고 환호하며 상당히 적극적인 태도를 보여줍니다. 그때 나온 감상의 글을 읽으면, 수업뿐 아니라, 그 아이들이 놓여 있는 상황도 여실히 드러납니다. 즉 아이들이 어떤 이해에 도달했는지를 알게 될 뿐 아니라, 아이들 상황을 이해하기 위한 수단으로 감상의 글을 읽기도 합니다.

중학교에는 내신이라고 하는 것이 있습니다. 어떤 감상을 쓰면 히라이 선생님이 좋게 평가할지를 아이들도 생각합니다. 그래서 저는 "선생님이 마음에 드는 그런 감상이 아니라, 정말로 솔직한 감상을 나는 알고 싶은 거야"라고 말합니다. 그렇게 말하면 아이들 대부분은 '위안부' 할머니 입장에 다가서서 느끼는 생각을 적어줍니다. 물론 어디까지 이해했을까? 하는 생각도 있습니다. 그리고 다른 몇 명은 앞에서 소개한 감상이나 괴로운 과거를 공부하는 것보다 앞으로 즐거운 일을 함께하는 편이 사이좋게 지낼 수 있지 않냐고 적습니다. BTS나 자기가 좋아하는 음악이나 문화에 대해 적는 학생도 있습니다. 그런데 학생 대부분은 한국과 일본 사이가 나빠도 된다고는 생각하지 않습니다. 이웃하는 나라니까 서로를 이해했으면 좋겠다는 마음을 가진 아이들이 아주 많습니다.

수업이 끝난 다음, 감상의 글은 이름을 지우고 모두 나누어 주어 아이들이 읽도록 합니다. 아이들은 다른 사람이 어떤 생각을 하는지는 관심이 있어서 열심히 읽습니다. 다른 사람의 의견을 접하는 것이 수업과 마찬가지로 중요한 게 아닐까요? 다른 사람의 의견을 접함으로써 같은 생각을 하는 친구가 있다는 것을 알고 되고, 나는 이렇게 생각하고 있었는데 아닌가? 하는 생각을 하게 되거나…… 하는 일말입니다. 감상을 적어달라고 하면 아이들은 정말 가득 적습니다. 남자아이는 만약 내가 전쟁에 간다면 나도 이런 '위안소'를 이용하게 되는 것일까, 라고 쓰는 아이도 있고, 여자아이는 피해자 김학순金學順 할머니, 강덕경姜德景 할머니, 송신도 할머니께서 커밍아웃한 사실에 대해서 존경한다는 말을 적는 아이도 있습니다. 지금 만약 전쟁이 일어난다면 같은 일이 또 일어나는 것일까, 라며 지금의 전쟁 문제를 걱정하는 아이도 있었고, "선생님, 우크라이나는 어때요? 결국 성폭력은 일어나고 있어요?"라는 의견도 있었고……. 저로서는 현재의 문제와 관련지어 생각해 주기를 바라고, 그렇게 생각할 수 있는 문제라고 확신합니다.

배움을 넓히다

히라이 고민하면 할수록 '뭐야뭐야'가 늘어난다고들 합니다. 계속 늘어나는 '뭐야뭐야'에 대해 이야기할 수 있는 동료를 얼마나 만들 수 있는가? 동료 만들기라는 것을 많이 생각하게 됩니다.

2019년 말, 저는 서울에 갔습니다. 일본군 '위안부' 문제에 관한 전시를 하는 '전쟁과여성인권박물관'을 방문하기 위해서입니다. 방문한 날이 크리스마스이브라 아무도 없을 줄 알았는데 많은 젊은이가 와 있었습니다. 정말 놀랐습니다. 젊은이끼리 전시를 보면서 서로 이야기를 나누고 있다니, 일본에서는 이런 광경을 볼 수 없는데 말입니다. 일본에는 이런 종류의 박물관은 wam밖에 없습니다.[5] 굉장히 좋은 전시를 하고 있는데 그 존재가 널리 알려지지 않고 있는 점이 안타까운데, 한국에는 '전쟁과여성인권박물관'이 있고 그 안에 '평화의 소녀상'이 있습니다. 피해 여성의 사진도 진열되어 있는데, 이들 사진 앞에 발걸음을 멈춰서서 피해

---

5   **[역자주]** 도쿄 신쥬쿠에 있는 アクティブ·ミュージアム女たちの戦争と平和資料館(액티브·뮤지엄 여성의전쟁과평화자료관). 상설 전시로는 2024년 1월 13일부터 시작한 〈日本軍「慰安婦」、基本のキ〉가 있으며, 2022년에는 〈中学生のための「慰安婦」展＋教科書〉, 2020년에는 〈天皇の戦争責任、忘却に抗する声 女性国際戦犯法廷から20年〉, 2019년에는 〈朝鮮人「慰安婦」の声をきく 日本の植民地支配責任を果たすために〉, 2017년에는 〈日本人「慰安婦」の沈黙〜国家に管理された性〉 등의 특별전시전을 열고 있다.

여성에 대해서 생각할 수 있는 공간이 한국 젊은이에게는 있는 것입니다. 어째서 일본에는 wam밖에 없는 걸까? 굉장히 분하기도 하고, 화가 나기도 하고, 한심하기도 하고……. 식민지에서 끌려온 '위안부' 외에도 일본에서 끌려간 '위안부'도 있습니다. 그러나 일본인 '위안부'가 커밍아웃한 것은 몇 사람뿐입니다. 일본의 경우 한국과 비교해도 성폭력을 고발할 수 있는 사회적 허용량이 빈약하고, 뒤처져 있다는 것을 크게 느낍니다. 그렇기에 이 '위안부' 문제를 현대로 이어지는 여성에 대한 성폭력 문제로 연결해서 가르치고 싶은 것입니다.

그리고 세미나 밖에서는 어떻게 행동하면 되는가? '뭐야뭐야'가 하나의 형태라고 생각합니다. 이런 형태의 행사를 추진하는 것도 하나의 방법이라고 생각합니다. 그리고 이미 실시하고 계시지만, 한국의 젊은이와 일본의 젊은이가 교류하는 것입니다. 올해 여름, 고베神戸에서 '표현의 부자유전'이 열렸는데, 그때 아사쿠라 씨와 처음으로 직접 얼굴을 뵙고 만났습니다. 굉장히 기뻤습니다. 이런 식으로 우리 스스로 사회활동이나 운동에 참여하고 관여해서 직접 관계를 만들어 가는 것이 중요합니다. 오키타 씨는 "저는 사회의 현상이나 문제에 임하는 그런 일에 종사하고 있지 않습니다."라고 하셨는데, 현실은 그런 사람이 더 많습니다. 이런 사람들이 각자가 있는 자리에서 한국과 일본 사이에서 어떤 문제가 생겨도 또는 이상한 방향으로 휩쓸릴 위기에 처했을 때, "아니, 이런 활동을 하고 있어"라든가 "이런 일을 하는 사람도 있어" 등의 말을 할 수 있다면, 이야기가 넷우익 쪽으로 흐르는 것을 되돌릴 수도 있지 않을까 생각합니다.

그리고 또 하나, 교사가 되어서 이런 수업을 해주면 좋겠다, 연구자가 되어서 대학에서 가토 교수님이 하시는 그런 일을 널리 확산하는 것도 좋다고 생각합니다. 저는 젊은 분하고 나이는 다르지만, 『뭐야뭐야』 1을 쓴 분들 그리고 3학년 학생과 함께, 같은 배움의 동료로서 이곳에 앉게 해주셨습니다. 오늘은 정말 감사했습니다.

목소리를 내는 망설임

다키나미   히라이 선생님, 감사합니다. 그럼 히라이 선생님 말씀에 대해서 여기 계신 3학년 학생과 『뭐야뭐야』 1 저자분께서 의견과 감상, 질문을 해주시길 바랍니다. 네기시 씨 어떠신 가요?

네기시   제가 가장 인상 깊었던 것은 히라이 선생님에 대해서 굉장히 강인한 분이라는 이미지가 있었는데, 우리처럼 망설이기도 하고 고민하기도 한다고 말씀하신 부분입니다. 히라이 선생님께서도 '뭐야뭐야'를 가지고 계시다, 그 사실에 놀랐습니다. 저도 사회에서 강한 행동을 보이고 목소리를 크게 높이는 것이 솔직히 무섭습니다. 그래서 히라이 선생님 말씀에 굉장히 공감했습니다.

예를 들면, 제가 세미나에서 한국사를 공부한다는 사실을 아르바이트하는 곳에서 이야기하면 부정적인 반응을 보일 때가 있습니다. 이처럼 주변 사람이 내뱉는 한국 / 조선에 대한 멸시적인 발언을 접했을 때, 제대로 제 생각을 말하지 못하고, 항변하지 못하는 저 자신에게 '뭐야뭐야'를 느낀적이 있었습니다. 제가 배워 오는 과정에서 쌓아 올린 문제의식을 기반으로 어떻게 행동하면 좋은지에 대해서 고민해왔습니다.

이 점과 관련해서, 히라이 선생님께서 이상한 방향으로 흐르지 않도록 발언하는 것이 중요하다고 말씀하셨는데, 아주 제대로 와닿았습니다. 강하게 목소리를 내는 것보다도, 방향성을 제시하고 주위 사람의 생각을 조금이라도 바꿀 수 있는 계기를 만들 수 있다면 되는 건가 하는 생각을 했습니다.

히라이 저야말로 대학생 때 이렇게 많은 '뭐야뭐야'를 생각하지 못했던 점에 반성하고 또 반성하고 있습니다. 제가 젊었을 때는 이런 문제를 크게 생각하지 않아도 되는 사회적 상황이 있었나? 지금이 더 한일문제에서도 역사부정론이 영향력이 확대되는 등 더 어려운 상황인가? 하는 생각이 들었습니다. 그런데 이런 문제를 진지하게 생각하지 않고 그냥 넘겨 버리고 사는 사람이 참 많죠? 넘기지 않고 붙잡고 사는 건 힘들 수도 있습니다. 물론 그 어려움을 극복할 수 있을지는 알 수 없지만, 그래도 함께 아파하고, 함께 화를 내는 것이 이 사회를 조금씩이라도 좋게 바꾸어 가는 일인가 하는 생각을 합니다.

다키나미 네기시 씨하고 비슷한 생각을 저도 했었습니다. 이 세미나에서 공부하는 내용을 주변 사람에게 이야기하면 "엄청난 주제를 공부하고 있네"라는 소리를 듣습니다. 저로선 젠더나 미국의 노예 문제를 전공하는 사람과 같은 감각으로 인권 문제를 공부하고 있다고 생각하고 있습니다. 그런데 주변 사람은 "뭔가 좀 다른 노선에 있는 문제를 공부하고 있네"라고 생각하는 것 같습니다. 그러나 저는 왜 이런 주제를 공부하는 일이 그토록 어려운 일이어야 하나, 하고 '뭐야뭐야'를 느끼곤 합니다. 이런 문제를 가르쳐야 하는 쪽에 계신 히라이 선생님은 더 큰 어려움을 경험하고 계실 걸로 생각합니다. 뭐랄까, 이런 현실은 참으로 갑갑하네요.

이런 생각을 하면서도 "엄청난 주제를 공부하고 있네~"라는 말을 들었을 때 아무 말도 하지 못하는 제가 있어서 '뭐야뭐야'가 더해지기만 합니다. 나중에 되돌아보면서, 그때 어떻게 했어야 옳았지? 하고 혼자 반성회를 열기도 합니다. 오늘 이 자리에서 히라이 선생님께서 품고 계시는 실제 '뭐야뭐야'에 대한 말씀을 들은 경험은 앞으로 저에게 정말 큰 도움이 되리라 생각합니다.

후지타 저도 히라이 선생님처럼 바깥에서 활동하고 계신 분은 저하고는 다르다고 생각하고 있었습니다만, 사회에 이런 문제를 전달하는 것이 무섭다, 불안하다는 것을 변명으로 삼지 말고 조금씩이라도 상황을 바꿀 수 있는 일을 해나가야 겠다고 생각했습니다.

'유해한 남성성'과 가부장제

다키나미 그럼 여기서 『뭐야뭐야』1 저자 여러분의 코멘트를 부탁 드립니다.

구마노 국가를 짊어진 의견을 주장하는 남성 이야기는 굉장히 인상 깊었습니다. 대학 친구 중에도 국가를 짊어진 정치인처럼 말하는 사람이 적지 않습니다. 굉장히 마초^{macho}스럽다고 느꼈습니다. 이에 대한 대항책으로 히라이 선생님은 수업에서 일본군 '위안부' 문제가 인권 문제임을 제기하셨다고 생각합니다. 이 부분이 중요하다고 생각하며, 저 또한 다른 사람과 이야기할 때 "인권 문제야"라는 점을 강조합니다. 그런데 인권이라는 말이 상대방에게 제대로 전달되지 않고 있구나, 하고 느낀 적도 있습니다. 인권 문제의 무게,

이런 감각을 어떻게 전달해 나가야 할지에 대해서 고민하고 있습니다.

지금 미국에 머물고 있는데, 세대에 따라 조금 다를 수도 있겠습니다만, 여기서는 인권 문제를 화제에 올리는 것이 너무나 일상적인 일입니다. 일본에 있을 때는 주눅이 들거나 좀 부자연스럽게 느끼는 부분이 있지만, 여기서는 전혀 그런 느낌이 들지 않습니다. 젠더에 대해서도 마찬가지이고, 역사인식에 대해서도 마찬가지입니다. 일본사회에서도 이런 문제를 다루는 것이 전혀 이상하지 않다는 감각을 널리 퍼뜨릴 수 있으면, 하는 마음입니다. 정부나 역사부정론에 항의하는 것은 너무나 당연한 일이고, 한 사람으로서 그렇게 해야 하는 것이 당연한 사회를 만들 수 있으면 좋겠다는 생각을 다시금 했습니다.

다키나미 인권 문제라는 사실을 전해도 그에 대한 반응이 없다는 부분에 대해서는 저도 직면한 적이 있습니다. 히라이 선생님 어떠신가요?

히라이 지금 구마노 씨가 '마초'라는 말을 사용하셨는데, 정말 그렇다고 생각합니다. 역시 가부장제의 사고에서 좀처럼 벗어나지 못하고 있다고 할까, 요즘 아이들임에도 가부장제를 짊어지고 있는, 그 잔재가 계속 남아있다는 점에 대해서는 LGBTQ에 관한 수업을 할 때도 그런 발언을 만나게 되는데, 이는 결코 '위안부' 문제만으로 해결되는 것이 아니고,

다양한 접근이 필요하다고 생각하고 있습니다. 2021년부터 사용되고 있는 중학교의 공민公民[6] 교과서에 이제 겨우 헤이트 스피치가 등장했습니다. 본문뿐 아니라, 칼럼에도 언급됩니다만, 아직은 충분한 기술이 이루어지고 있다고 볼 수 없습니다.

교토 우지宇治에 우토로ウトロ라는 지구가 있는데 최근에 '우토로평화기념관ウトロ平和祈念館'이 개설2022.4되었습니다만, 이 기념관이 문을 열기 전인 2021년 8월에 방화 사건이 발생했습니다. 방화한 젊은이는 우토로 기념관이 세금으로 세워졌다든지, 불법 점거하고 있다든지, 모두 거짓입니다만, 이런 인터넷상의 헤이트 스피치를 보고 범행을 저지른 것입니다. 저는 헤이트 스피치에 관해서 '공민의 인권'이라는 수업에서 1시간 동안 수업을 한 적이 있습니다. 교사라는 입장에서 말씀드리면, 어떤 식으로 접근해서 아이들의 인권 의식이나 가부장제적인 사고라든가 하는 것들을 뒤흔들 수 있을까 하고 생각하고 있습니다만, 아직은 적은 만만치 않다는 생각이 듭니다.

....

6   [역자주] 일본 학교 교육의 교과목의 하나. 윤리·정치·경제 세 분야를 배우며, 예전에는 '현대사회'라고도 했다. 현재 고등학교 학습지도요령에서 공민과의 학습 목표는 "넓은 시야에 서서 현대사회에 대해서 주체적으로 고찰하게 하고, 이해를 심화시키고, 사람으로서 존재와 삶에 대한 자각을 키워서, 민주적, 평화적인 국가, 사회에 도움이 되는 형성자(形成者)로서 필요한 공민으로서의 자질을 키운다"라고 되어 있다. 한편 '공민'이라는 말은 '시민'과 거의 같은 의미로 사용된다.

일본사회의 인권 의식

우시키 히라이 선생님께서 소개를 해주신 일부 학생들의 반응은
『뭐야뭐야』1을 읽은 독자가 보내준 감상과 일부 겹치는 데
가 있다고 생각합니다. 저도 세미나에 참가하기 전에는 그
렇게 생각하는 부분이 있었습니다. 예를 들어 일본사회에
는 조선 / 한국에 대해 멸시하는 감정이 있다는 설명을 들
었을 때 "한국 사람이 더럽다거나 머리가 나쁘다고 생각한
적 없는데 왜 멸시한다는 말을 듣는 것일까?"라고 말입니
다. 그런데 지금 이렇게 생각해 보면, 상대방 얼굴을 보지
않고, 또는 침략전쟁이나 식민지지배 문제가 상대방 인생
이야기라는 것을 생각하지 않고 있는데, 이는 그만큼 상대
방을 아무래도 좋다고 생각하고 존중하지 않고 있다는 것
을 뜻합니다. 이런 부분까지 포함해서 '멸시'라고 해야 한다
고 생각합니다.

그리고 지금 한국에 유학하면서 드는 생각은, 여기서 의논
되고 있는 이야기는 일본의 상황과는 한 단계가 아니라 몇
단계나 차이가 난다는 사실입니다. 민주주의와 인권이 왜
중요하고 어떻게 지켜낼 것인가에 대해서 철저하게 논의되
고 있고, 민주주의가 무너지는 것에 대한 위기의식이 항상
존재합니다. 물론 한국에도 다양한 문제가 있다고 생각합
니다만, 일본과의 차이를 아주 많이 느낍니다. 일본에서는

인권이나 민주주의라 해도 추상적인 이미지밖에 없고, 그 알맹이에 대해서는 생각하지 않고 있다고 생각합니다. 일본사회에서 다수에 속해서 살고 있으면 이러한 문제를 깊이 생각하지 않고 넘어가는 상황이 있다고 봅니다.

역사에 관한 논의의 경우를 들면, 일본사회에서는 애초에 식민지지배의 가해성이나 범죄성 자체가 받아들여지지 않고 있는 상황이 있습니다만, 한국에서는 어떻게 하면 역사를 더 제대로 계승할 수 있는가, 라는 식의 문제에 대해서 논의하기도 합니다. 일본 젊은이하고는 차이가 크다고 통감하고 있습니다.

오키타 지금 우시키 씨 이야기하고 관련됩니다만, 최근 법무성 웹사이트에 "인권은 일상의 배려나 마음에 의해 지켜진다"고 적혀 있다는 것을 알게 되어^{지금은 삭제됨} 충격을 받았습니다. '일상의 배려'라는 한 사람의 자기희생으로 인권을 지킨다는 발상은 앞뒤가 바뀐 겁니다. 다시 말해서 이런 일본의 상황에서 히라이 선생님이 중학생에게 인권이라는 시점에서 역사를 교육한다는 것이 얼마나 의의가 있는 일인지 알게 되었습니다.

또한 물음을 갖는 것의 소중함도 알았습니다. 중학생이 남긴 감상 중에 "내가 전쟁에 가면 어떻게 할까?"라든지 "내가 그 입장이라면 커밍아웃할 수 있었을까?"라는 내용의 질문이 있었습니다만, 이런 질문에 더해서 피해자는 어떤 삶을 살아왔을까, 라는 식으로 질문이 쌓여가는 것이겠지요. 그것이야말로 아이들 인식에 파장을 일으켜 흔드는 일이라고 생각합니다.

지금 저의 입장에서 할 수 있는 것은, 손쉽게 할 수 있는 것은 이런 물음을 던지거나 파장을 일으킬 수 있는 존재가 되는 일이 아닌가 생각합니다. 실은 제가 그런 존재가 되기 위해서는 '확고한 자기자신'을 가지고 있어야 한다고 부끄럽지만 그렇게 생각하고 있었습니다만, 오늘 히라이 선생님도 갈등 속에 학생들을 가르치고 계신다는 말씀을 듣고 아주 큰 용기를 받았습니다. 저도 제 입장에서 할 수 있는 일을 해 나가고 싶습니다.

일본사회의 과제

아사쿠라   저도 히라이 선생님께서 망설이거나 갈등 속에서 일본군 '위안부' 문제를 중학생에게 가르치고 있다는 말씀을 듣고 크게 공감했습니다. 저 자신도 아직 기간은 짧지만, 사회활동에 관여해 왔습니다만, 제가 참가하는 활동이 공격의 대상이 된 적이 있었습니다. 예를 들어 '표현의 부자유전'에서 스태프로 참가했을 때도 전시장 밖에서는 헤이트 스피치가 난무하는 상황이었습니다. 성매매에 반대하는 활동도 심각한 공격을 받고 있습니다. 원래는 싸울 필요가 없는데 오늘날 일본사회에서는 싸워야만 하고 강해야만 합니다. 이런 것이 당연한 일이 되어버렸습니다. 그런데 이는 정상이 아닌 정말로 이상한 상황입니다. 본래는 공격이 없는 상황이면 강해질 필요도 싸울 필요도 없는 것입니다.

그리고 책 출판이나 제가 관여하는 운동과 활동에 대해서 친구가 "대단하네"라고 하는데, 어딘지 남 일로 대하고 있는 그런 느낌을 받습니다. "나와는 관계없지만, 그런 일을 한다니 대단하네" 말입니다. 이런 활동을 하지 못했어도 제가 할 수 있는 일을 하면 되는 것이고, 무엇보다 '내 일'로서 계속 생각을 이어가는 것이 중요하다고 생각합니다.

이상진 히라이 선생님 말씀을 듣고 생각한 것은 역사가 정치 문제가 되어버린 문제의 심각성입니다. 정치인이 그들의 특권을 지키기 위해서 역사를 이용하는 것이 큰 문제라 생각합니다.

소개해 주신 학생들 반응 중에 "이제 과거에 집착하지 않아도 되지 않나"라는 의견은 한국에서도 일부에서 보이는 의견입니다. "어두운 역사에 집착하기보다는 앞으로 나아가자"는 의견이 일부에 있다는 뜻입니다. 이런 식으로 역사가 정치에 이용되기도 해서 큰 문제라고 생각합니다.

오키나와 이야기도 해주셨는데, 미국을 정점으로 하는 군사전략, 그중에서도 한일의 연계라는 현실정치 문제가 있다고 생각합니다. 이러한 군사적·정치적 연계를 유지하는 논리로 역사 왜곡이 자행되어 정치적으로 이용되고 있는 것은 아닐까요?

이상한 것을 이상하다고 말하다

다키나미 마지막으로 히라이 선생님께 한 말씀 부탁드리겠습니다.
히라이 이런 상황을 타개하려면 '뭐야뭐야'를 언어화해서 문제점이 무엇인지 파헤치고, 이상한 것에 대해서는 논리로 대항해야 합니다. 그 '이상한 것'이 무엇인지를 논리적으로 파헤쳐서 그 '이상한 것'을 어떻게든 '이상하지 않은' 방향으로 가져갈 수 있도록 사회를 바꿔가야 합니다. '사회 변혁'이라고 하면 무슨 대단한 일을 하는 것처럼 생각하지만, 결국은 이상한 것은 이상하다고 말하는 것입니다. 이를 행동으로 옮기는 방법은 천차만별인데 실제로 운동에 참여하는 사람도 있는가 하면, 자기 주변 사람에게 이야기하는 방법도 있다고 봅니다.

지금 저도 도덕 수업을 맡고 있어서 교과에서는 '배려'라는 말만 자꾸 나옵니다. 그렇지만 저는 "배려만으로는 이 세상이 좋아지지 않아, 배려하는 마음을 가질 수 있는 것은 자기 주변에 있는 사람에 대해서만이고, 나하고 아무런 면식도 상관도 없는 사람에게 배려하는 마음을 가지라고 한들 그건 어려워"라고 이야기하고 있습니다. 오히려 그런 이유로, 배려하는 마음을 가지지 않으면 안 되는 상황은 어디서 오는지, 배려하는 마음을 요구하는 문제를 해결하기 위해서 어떤 방책이 있는지를 분석하는 자세가 필요합니다. 그러니까 결국 '지知'가 필요한 것입니다. '학문지學問知'라는 것이 그래서 유효한 것입니다. 일반사회에서 학문과 거리가 있는 곳에 있으면 그런 '지'를 접하는 기회를 좀처럼 얻지 못하지만, 바로 지금 여러분이 연구하고 있는 '학문지'가 사회를 바꿔 간다고 생각합니다. 아니 사회를 바꾸기 위한 힘이 되어야 한다고 생각하고, 저도 함께했으면 하는 생각입니다. 오늘은 『뭐야뭐야』1을 만든 선배님, 그리고 믿음직스러운 현역 학생인 여러분과 만날 수 있었고 또한 깊은 이야기를 나눌 수 있어서 좋았습니다. 감사합니다.

다키나미 앞으로의 저 자신에 대한 응원처럼 느껴졌습니다. 멋진 메시지 감사합니다.

삭제된 『마이니치신문』
오누키 도모코 씨의 기명 기사

구마노 고에이熊野功英

2023년 2월, 『뭐야뭐야』 1을 다룬 『마이니치신문』 정치부 기자 오누키 도모코大貫智子 씨의 기명 기사 「한국 문화를 즐기려면 가해의 역사와 마주해야 하는가」「政治プレミア」 2023년 1월 15일 자가 삭제, 즉 기사가 취소되었습니다. 대체 무슨 일이 있었던 걸까요?

이 기사에서 오누키 씨는 COVID-19 사태를 거치면서 한일 간에 상호 왕래가 활발해져서 관계 개선이 진척되고 있다고 지적했습니다. 한편 "신경 쓰이는 움직임"으로 "일부 일본의 젊은이 사이에서 "한국 문화를 즐기려면 일본의 식민지지배를 반성할 필요가 있다"는 주장이 일정한 지지를 받고 있다"면서 "문화를 즐길 때도 가해자와 피해자라는 구도에 얽매여야 하는가?"라는 문제를 제기했습니다.

오누키 씨가 지적하는 '일본의 젊은이'의 움직임은 『뭐야뭐야』 1이 가해의 역사와 마주할 것을 제기했고, 많은 독자를 얻은 점을 말하는 것입니다. 그러나 식민지지배를 반성해야 한다고 주장함에 있어서 『뭐야뭐야』 1은 "한국 문화를 즐기려면"이라는 조건은 달지 않았습니다.

다음으로, 오누키 씨는 2022년 11월에 당시 학부 3학년인 세미나 학생이 주최한 『뭐야뭐야』 1에 관한 대학축제 행사에서 있었던 3학년 학생의 발언을 인용했습니다.두 번째 이야기, 좌담회, 「세미나 후배들은 『뭐야뭐야』 1을 어떻게 읽었는가?」 참조

게다가 오누키 씨는 『뭐야뭐야』 1에 대해서 "결론이 밸런스가 맞지 않는다"는 익명의 '한일관계 전문가'의 말을 인용해 비판하고, "참고문헌이 한일 좌파 계열 식자의 저서에 치우쳐 있다"고 말했습니다. 타인의 저작물을 비판할 때 익명으로 나서는 것은 불공정합니다. 그리고 참고문헌의 저자에 대한 근거 없는 "좌파 계열 식자"라고 단정하는 것은 비학문적이고 무책임한 주장입니다.

심지어 기사 후반부에서는 일본의 가해 책임을 면책하고 일본군 '위안부' 문제의 피해 실태를 왜곡하고 있는 한국의 박유하 씨 발언을 소개하고 있습니다. 이 기사에서 언급한 박 씨 주장은 1990년대 이후에 한일 양국의 리버럴이 연대해서 일본의 전쟁책임을 법적으로 추궁하는 일에 집착한 나머지 원·종주국과 원·식민지라는 관계에 지나치게 빠진 것이 아닌가, 하는 내용입니다.2022년 8월에 한 『마이니치신문』과의 인터뷰

이상의 내용을 바탕으로 오누키 씨는 한일 "양국 모두 과거사에 너무 얽매이지 말고 서로를 대등한 파트너로서 대하는 것이 중요하지 않나 생각한다"고 결론짓고 있습니다.

오누키 씨 주장처럼 가해국과 피해국이라는 압도적인 비대칭성이 실재하는데, 가해국 쪽에서 일본의 책임을 무효화하려는 의도로 '대등

한 파트너'로서 교류하자고 주장하는 것은 매우 폭력적입니다. 그리고 "한국 문화를 즐기려면"이라는 조건을 달아서 논점을 설정하고 있는 것도 문제입니다. 즐기고 말고를 떠나서, 가해의 역사를 마주하는 것이 중요합니다.

그리고 오누키 씨는 이 기사를 쓰면서 저자 쪽에 단 한 번도 직접 취재 요청을 하지 않았습니다. 게다가 2022년 11월에 있었던 행사는 대면과 비대면 병행으로 진행했는데, 오누키 씨는 온라인으로만 시청했을 뿐이고 세미나에 대한 직접적인 취재한 일절 하지 않았습니다. 비판할 때 당사자를 직접 취재하는 것은 중요합니다. 일방적인 비판만 게재될 경우, 비판을 당한 쪽에 반론의 기회가 주어지지 않은 것이고, 기사를 읽은 독자는 비판을 당한 쪽의 견해나 입장을 알 수 없기 때문입니다.

이처럼 심각한 문제가 있는 기사였기에, 세미나 내부에서 협의를 거쳐서 지도교수인 가토 교수님이 마이니치신문사에 정식으로 항의했습니다. 그 결과, "취재에 불충분한 점이 있었다"는 점을 인정해서 기사를 내리고 정치부장과 사장실 홍보 담당이 히토쓰바시대학에 찾아와 저희 저자하고 세미나 학생에게 직접 사죄했습니다. 하지만 지금까지도 오누키 씨한테서는 경위 설명이나 사죄는 없으며, 저희가 한 항의에 대한 오누키 씨의 견해는 알 수 없습니다. 상세한 경위는 加藤·吉田, 2023을, 오누키 씨 기사의 문제점은 加藤, 2023을 참조

『뭐야뭐야』1 간행은
우리에게 어떤 경험이었는가?

저희 저자에게 『뭐야뭐야』1의 간행은 어떤 의미였을까요? 그리고 새로 이 책『뭐야뭐야』2를 만들기로 한 배경에는 무엇이 있을까요? 저희가 함께 되돌아보았습니다.

2023년 5월 2일 한국 서울에서 당시 학년 | 아사쿠라 : 석사 2학년, 한국 유학 중

이상진 : 박사 1학년, 연구를 위해 한국 체재

우시키 : 석사 3학년

오키타 : 회사원 2년 차

구마노 : 석사 2학년

『뭐야뭐야』1을 되돌아보다

구마노 오랜만에 『뭐야뭐야』1의 저자 5명이 모였습니다. 2022년 봄부터 회사원이 된 오키타 씨는 오랜만이네요. 먼저『뭐야뭐야』1의 출판에 대해 되돌아볼까요? 2021년 7월 간행이었으니 거의 2년 전 일입니다만, 오키타 씨는 어떤 생각이 드시나요?

오키타 처음에는 출판을 최종 목표로 생각했었는데, 책이 나온 후에 간행기념 행사, 각종 매체의 취재도 있었고, 많은 반향을

주셔서 오히려 출판 후에『뭐야뭐야』1에 관한 활동이 저에게서 더 큰 일이 된 것 같습니다. 저는『뭐야뭐야』1에서는 글을 많이 쓰지 않았지만, 간행 후에 있는 행사와 취재 때 이야기를 할 기회가 많아서 "내가 이런 생각을 하고 있었구나"하고 정리할 수 있었습니다.

이상진　저도『뭐야뭐야』1에서 글을 써서 여러분과 의견을 공유하거나, 독자분한테서 감상을 받으면서 제 문제의식이 확립되었다고 생각합니다. 제 활동의 축이 잡힌 소중한 기회였다고 생각합니다.

구마노　정말 동감입니다. 책을 쓰기 전에는 평범하게 역사를 공부하고 있었을 뿐이었는데,『뭐야뭐야』1을 쓰면서 "아, 나는 이걸 평생 하겠구나"라고 생각하게 되었습니다.『뭐야뭐야』1이 있었기에 대학원에 가려는 생각도 들었고, 그리고 여기서 끝내고 싶지 않다는 생각이 들었습니다.

그리고 K-POP과 한국 드라마 등, 한국 문화를 좋아하는 사람에게 이 책 내용이 전달되지 않으면 의미가 없다고 생각했었습니다만, 그러면서도 한편으로는 어디까지나 주목을 해줄지 불안하기도 했습니다. 그런데 실제로 책을 내고 보니 예상 이상으로 한국문화 팬 사이에서 관심을 가지고 읽어 주셨습니다. 저희가 한국문화 팬에게 초점을 맞춘 일은 현대 일본의 역사인식을 생각하는 데 굉장히 중요한 일이고 선택이었다고 생각하고 있습니다.

아사쿠라　저도 책을 씀으로써 지금까지 제가 어떤 생각을 하고 있
었는지 정리할 수 있었습니다. 처음에는 아무도 읽어 주지
않을지도 모른다고 생각했습니다만, 예상 이상으로 주목을
받아서 트위터 같은 공간에서도 반향을 불러일으켰습니다.
저도 "가해의 역사와 차별 문제에 관한 이야기를 해도 괜찮
다"고 생각하게 되었습니다. 그때까지는 세미나가 아닌 장
소에서 친구와 이야기할 때는 꺼려하는 부분이 있었는데,
"이 사람하고라면 이야기해도 되겠다'는 사람이 조금씩 늘
어났습니다.

구마노　아사쿠라 씨는 인스타그램에서도 참여하는 사회운동에 대
해서 적극적으로 발신하고 있죠?

오키타　전에는 "세미나 외의 장소에서는 이야기를 꺼내기 어려워"
라고 말하곤 했었는데, 지금은 운동에 적극 참여하며 발신
하고 있어서 지금은 그런 느낌 없네요. (웃음)

일동　　(웃음)

우시키　제가 『뭐야뭐야』 1을 만들겠다는 생각을 한 것은 저 자신
이 일본이 범한 가해의 역사와 차별 문제에 대해 제대로 알
고 있지 못해서였기 때문입니다. 책을 만드는 과정을 통해서
제 인식을 심화하고 싶어서였다고 생각합니다. 그리고 책을
낸 다음에는 사회적 책임이 생겼다고 느끼고 있습니다. 특히
『뭐야뭐야』 1을 읽어 주시고 사회운동을 "함께 하자"고 말을
걸어주는 분들이 계셔서 그런 목소리에 호응하는 형태로 "활

동을 내가 한다"는 주체성이 생겼다고 생각합니다.

오키타   "아, 나는 이걸 평생하겠구나"라는 이야기가 있었는데, 그 점에서 저는 대학원에 가지 않는 선택을 했고, 이 문제에 계속 관여하는 삶을 살고 싶다는 마음이 있으면서도 "어렵겠다"고 느낀 것 또한 사실입니다. 그래도 이 책이 존재했기에 많은 사람과 이어져 있다는 마음을 가질 수 있었던 점은 굉장히 감사하게 생각하고 있습니다. 2022년 가을에 있었던 히토쓰바시대학 축제 행사 때 진행할 때 게스트인 히라이 미쓰코 선생님께서 "오래간만이네요"라는 인사를 받는 순간, "아~ 앞으로도 계속 연결되어 있어도 되는구나"라고 생각했습니다.

구마노   독자분한테도 『뭐야뭐야』 1이 역사나 사회 문제에 관여하는 매개체가 된 것이 아닐까요? 지금까지 일본과 한반도의 역사 문제 관련 책은 문제의식이 있는 일부 사람 사이에서만 수요가 있었는데, 이 책은 한국문화를 좋아하는 사람에게도 받아들여져서 이들과 사회운동세계를 잇는 단서가 되었다고 생각합니다.

그리고 『뭐야뭐야』 1을 만들었을 때 당연히 문제에 진지하게 임하고 있었지만, 한편으로는 '다 같이 함께 만들고 있는' 느낌, '행사'나 '동아리 활동' 같은 감각 등, 즐거움과 충만감이 있었습니다. 물론 이런 실천은 첫 번째는 피해자의 인권 등의 문제를 해결하기 위해서 하는 것이기에 가벼운 마음으로 또는 즐거움을 위해 하는 것은 아닙니다. 스스로 주체적으로 사회 변혁에 뛰어들었다는 충족감이라고 해야 하나, 그런 위해 몰두한 충실감이라고 하면 되려나, 그런 만족감이 있었습니다.

오키타 스스로가 옳다고 생각하는 일을 실천하는 것은 굉장히 멋지다고 생각합니다. 저는 지금 하는 일을 많이 좋아하고, 중요한 일이라고 생각하고 하고 있어서, 그 자체는 정말 감사하지만, 사회에 나가면 자기 신념을 관철하면서 일을 하는 것은 쉽지 않은 일입니다. '옳다고 생각하는 일'에는 정도가 있어서, 100% 중 51% 일지라도 어떻게든 스스로 받아들이고 노력해서 일이 앞으로 나가게 해야 하는 경우도 반드시 있다고 생각합니다. 그런데 『뭐야뭐야』1의 기획에 관해서는 일절 그런 생각을 한 적이 없었습니다.

구마노 정말이지 공감합니다. 결국 '나'도 올바른 일을 하고 싶은 것입니다. 그래서 지금 해준 말이 "아~, 내가 이 일을 하고 싶은 거구나"라는 감각으로 이어지는 것입니다. 그리고 와카바야시 씨^{첫 번째 이야기 참조}가 『뭐야뭐야』1을 읽고 "이 연구실이라면 공부할 수 있겠다"고 생각해서 우리 대학원에 진학해 주셨습니다. 함께 연구할 동료가 늘어난 것은 정말로 기쁜 일이어서 책을 같이 쓴 보람을 크게 느낀 점이었습니다.

아사쿠라 지금 세미나에 참가한 학부 4학년^{두 번째 이야기 참조} 학생도 『뭐야뭐야』1이 있었기에 세미나에 합류한 사람이 많습니다.

역으로 저희가 용기를 받고 있습니다.

구마노 다른 한편으로, 대형 미디어에서는 『뭐야뭐야』1을 전혀 다뤄주지 않았습니다. 취재 신청은 여러 곳에서 왔지만, 기본적으로 인터넷 뉴스나 지역 잡지, 사회운동 계열 신문이었습니다. 물론 이들 매체도 굉장히 중요하고 저희는 기뻤지만, 일본사회의 현실을 느낄 수 있었던 부분이기도 했습니다.

왜 『뭐야뭐야』2를 내기로 했는가

구마노 그럼 왜 『뭐야뭐야』2를 내고자 했는지에 대해 이야기해 볼까요. 먼저 첫 번째 이유는, 저희는 역사 문제에 관한 학습 및 활동을 해 왔습니다만, 그 '계속'을 『뭐야뭐야』2라는 형태로 가시화하는 것이 중요하다고 생각했습니다.

그리고 『뭐야뭐야』1을 간행 후에 정세가 크게 변했습니다. 『뭐야뭐야』1이 출판되었을 당시는 세상에서 '한일관계가 나쁘다'는 말이 넘치던 시기라서, 역사에 대해 정의를 요구하는 한국과 '이미 해결되었다'고 하는 일본이라는 구도에 있었습니다. 그런데 그 후에 일본에서는 기시다 정권이, 그리고 한국에서는 윤석열 정권이 들어서서 '한일관계가 좋아졌다'고 말이 자리를 잡기 시작합니다. 2023년 3월에는 '징용공' 문제와 관련해서 한국 측에서 배상을 대신하겠다는 형식으로 '해결'하자는 움직임이 있었고, 이를 보고 아마도 많은 (일본) 사람은 '사이가 좋아졌다'고 느꼈을 것입니다. 그러나 실제로는 침략전쟁과 식민지지배 피해자의 인권 회복은 이루어지지 않은 채이고, 그 어떤 문제도 해결되지 않았는데 '해결'된 것처럼 보인 것입니다. 이 상황에 문제가 있다는 사실을 알리고 싶어서『뭐야뭐야』2를 만들 필요가 있다고 판단한 것입니다.

이상진 지금 이야기와도 이어지는데요, 제 경우도『뭐야뭐야』1에 참여하면서 가해 책임을 다하지 않고 있는 일본의 과제에 대해서 한국인인 제가 어떤 식으로 관여할지에 대한 '뭐야뭐야'를 느낀 적이 있습니다. 그런데 윤석열 대통령이 "일본은 이미 수십 차례에 걸쳐 우리에게 과거사 문제에 대해 반성과 사과를 표한 바 있습니다"2023.3.21라든가, "100년 전에 있었던 일로 일본이 무릎 꿇고 사죄해야 한다는 말은 받아들일 수 없습니다"2023.4.24라고 발언했습니다. 한국 정권이 '과거사는 잊어도 된다'라고 주장하고, 한국사회 일각에서 이에 동의하는 목소리도 있습니다. 즉 지금까지 일본에서 일본이 저지른 가해 책임을 무시하거나 왜소화하는 움직임이 한국에서도 본격적으로 일어나고 있는 것입니다. 여기에는 다양한 배경이 있습니다만, 지금 한국사회에서도 "이대로 과거를 망각해도 되는가"라는 '뭐야뭐야'가 생기는 환경이 조성되고 있는 것 같습니다. 그리고 이러한 한국의 상황이 일본에도 영향을 미치는 것은 아닐까요? 윤 대통령의 발언을 듣고 '이제 해결됐다', '화해한 거잖아'와 같은 의견이 일본사회에서 점점 힘을 얻게 되는 것은 아닌지 염려가 됩니다. 즉 일본사회에서는 기존의 "왜 한국은 과거에 집착하는 거야?"라는 '뭐야뭐야'조차 생기기 어려운 상황으로 갈 것 같은 생각이 듭니다. 이런 정세를 보면서 『뭐야뭐야』 2를 꼭 냈으면 한다는 생각을 한 것입니다.

우시키 저의 경우는 『뭐야뭐야』 1을 계기로 권유를 받아서 새로운 활동을 시작하면서, 그 과정에서 들은 이야기나 생각한 바를 제대로 발신할 필요가 있다고 생각했습니다. 『뭐야뭐야』 2를 통해서 제 인식과 활동이 확장되는 모습을 전하고 싶었습니다.

아사쿠라 지난 2년간 저희도 대학원에 진학하거나 취업하거나 했고, 유학한 사람도 있습니다만, 그런 중에 '뭐야뭐야'를 느낀 일이 많이 있었다고 생각합니다. 『뭐야뭐야』 1을 읽어 주신 독자분들도 이런저런 다양한 상황에 맞닥뜨리지 않았을까요? 그래서 『뭐야뭐야』 2에서는 더 깊이 파고든 이야기를 할 수 있으면 합니다.

『마이니치신문』정치부 기자

오누키 도모코 씨의 기사 취소 사건

구마노 2023년 1월 15일, 『마이니치신문政治プレミア』에 정치부 기자 오누키 도모코 씨의 기명 기사 「한국 문화를 즐기려면 가해의 역사와 마주해야 하는가」가 게재되었습니다. 사건의 개요는 칼럼, 「삭제된 『마이니치신문』 오누키 도모코 씨의 기명 기사」에 적힌 대로이며, 저희한테 취재도 하지 않았고, 그 내용도 문제가 많은 것이었습니다만, 오누키 씨는 평소에 취재를 이렇게 소홀히 하는 기자가 아니라, 보통 때는 제대로 된 취재를 하고 있다고 생각합니다. 예를 들어 2021년 11월 기사에서는, 『뭐야뭐야』1을 간단히 소개한 뒤에 이 책을 과제 도서로 선택한 시즈오카현립대학静岡縣立大學의 세미나 합숙 모습을 소개하고 있습니다. 이때도 출판사가 주최한 『뭐야뭐야』1의 온라인 행사에 참석했을 뿐, 저희에게는 어떤 연락도 직접적인 취재 요청도 없었습니다. 그런데 오누키 씨는 시즈오카현립대학의 세미나 합숙까지 참가하여 취재했고, 한 학생의 인터뷰까지 게재하고 있습니다.[1] 요컨대 저희에게는 직접 취재할 필요가 없다는 뜻이 되기에 솔직히 말해서 무시당했다는 불쾌한 기분이 들었습니다. 심

---

1 大貫,「韓国文化好きが増えれば歴史問題は解決するおか」,『毎日新聞』,「政治プレミア」, 2021년 11월 28일).

지어 2021년 기사도 전체적으로 『뭐야뭐야』 1에서 한 저희 주장을 간접적으로 비판하는 내용이었습니다.

아사쿠라 삭제된 이번 기사에서는 당시 3학년 학생이 주최한 행사에 관한 내용이 정말 문제라고 생각했습니다. 기사가 전체적으로 3학년 학생이 무지하고 생각이 짧은 생각을 가진 학생이라는 인상을 주는 글이었습니다. 당시의 3학년 학생은 대형 신문사로부터 '괴롭힘'을 당한 공포심을 느꼈다고 이야기했습니다. 미디어가 갖는 권력성에 대해 전혀 의식하지 못하고 쓴 기사였습니다.

이상진 현역 대학생이 무대 위에 등단하기도 해서 행사는 등단자의 안전에 상당한 신경을 쓰고 있었습니다. 그래서 주의 사항을 참가자 여러분에게 전달했었습니다. 오누키 씨는 이점에 대해서 알고 있었을 것입니다. 특정가능한 형태로 학생의 의견을 마음대로 게재하고 근거도 없이 비판한 행태는 학생의 프라이버시를 침해해서 안전을 위협하는 것이었습니다.

아사쿠라 '3학년 여학생'이라고 특정할 수 있는 기사 내용이었습니다. '여자'라고 명시한 점도 거북했습니다. '한국문화 팬인 여자'에 대한 일본사회의 편견을 이용해서 학생의 주장을 깎아내리려 한 것이라는 의견도 있었습니다.

구마노 이 기사는 저희 항의를 받고 "취재에 불충분한 점이 있었다"는 이유로 삭제되었습니다만, 먼저 기사가 게재된 시점에서 『뭐야뭐야』 1의 독자를 포함한 많은 분께서 SNS를 통해서 가해의 역사와 마주해야 한다고 비판하고 항의했습니다. 『뭐야뭐야』 1의 공식 트위터에서 기사가 주장하는 내용이 갖는 문제점을 지적하고 기사 게재에 이르는 과정에 단 한 번의 취재도 없었음을 밝혔습니다. 그러자 어느 분이신지는 모르겠습니다만 『뭐야뭐야』 1의 독자께서 마이니치 신문사의 민원 창구에 "당사자에 대한 직접 취재도 없이 행사 내용을 마음대로 실은 것은 문제가 아니냐"며 항의해 주신 것 같습니다. 그분의 도움도 있고 해서 저희도 사전에 취재가 없었다는 사실이 갖는 사안의 중대함을 새삼 인식하게 되었고, 세미나 참가자 전원이 모여서 상의해서 지도교수인 가토 교수님을 통해서 마이니치신문사에 기사의 부당성과 사전 취재가 없었던 점에 대해서 정식으로 항의를 했습니다.

아사쿠라 그랬었죠. 이 기사가 나왔을 때는 아무리 생각해도 말이 안 된다고 느끼면서도, 세미나 내부에서는 신문사에 항의할 사안인지 주저하고 있었던 걸로 기억합니다. 나중이 되어서야 "실제로 공격을 받아보니 그 부당함을 언어화하는 일은 생각보다 어렵다고 느꼈다"고 모두가 입을 모았더랬습니다. 독자 여러분의 성원이 있었기에 직접 항의할 수 있었다고 생각합니다.

구마노 네. 처음에는 "또 이상한 이야기를 하고 있어" 정도로 생각하고 있었습니다만, 독자분들께서 열심히 항의해 주신 덕분에 사태의 중대함을 깨달을 수 있었습니다. 이상한 일에 대해서 이상하다고 말하는 것이 중요하다는 이야기를 저희가 하고 있었는데, 이번에 독자 여러분의 언행 덕분에 포기하지 않고 항의하는 일의 소중함을 배울 수 있었습니다.

항의한 결과, 먼저 취재가 불충분했음을 인정하고 해당 기사는 삭제되었습니다. 그 후에 정치부장과 사장실 홍보담당자께서 대학을 방문해서 저희 저자와 세미나 학생에게 사과하고 저희의 의견을 듣는 시간을 가졌습니다. 그 자리에서는 기사의 형식과 취재의 절차와 같은 문제뿐 아니라, 저희 주장과 역사인식의 문제성에 대해서도 의견을 전달했습니다.

인상깊었던 것은, 면담 장소에서 정치부장께서 저희 이야기를 들으신 후에, 오누키 씨가 제대로 세미나를 취재했다면 이번과 같은 기사를 쓰지는 못했을 것이라고 인정하신 점입니다. 정말 그렇습니다! 취재를 제대로 했었더라면 이런 기사는 절대로 나올 수 없었습니다.

문제는 오누키 씨로부터의 사죄를 받지 못했다는 점입니다. 그리고 "취재에 불충분한 점이 있었다"라고 할 뿐, 어떤 점에서 '불충분'했는지는 밝히지 않았으며. 기사가 나오기까지의 경위에 대한 설명도 없습니다. 기사를 삭제했다는 내용을 알리는 웹페이지에서 오누키 씨 이름이 없어서 문제의 기사를 누가 썼는지도 알 수 없게 되어 있었습니다.

오키타 저는 여러분이 라인LINE 단톡방에서 이 문제를 상의하는 것을 지켜보고 있었을 뿐이었습니다만, 어떤 행동을 취하면 이를 억압하려는 압력이 강하게 작용한다는 일본사회의 문제점을 상징하는 사건이었다고 생각합니다.

구마노 오누키 씨에 대해서 기자로서 자질이 의심된다는 의견도 나왔지만, 한편으로 이 문제는 오누키 기자 개인의 문제가 아닙니다. 오누키 씨 주장의 배경에는 '65년 체제'를 유지하고 강화하려는 정치적인 움직임이 있기 때문입니다. 일본의 식민지지배 책임을 면책하고 일본과 한국의 교류를 추진하는, 더 말하면 미국의 동아시아 정책이라는 틀 안에서 한미일 군사적 연대를 강화하려는 움직임 말입니다. 그리고 이 정치적인 효과에는 북한에 대한 견제가 있는 것입니다.

기사에서 박유하가 인용된 점은 상징적이었습니다. 박유하는 일본군 '위안부' 제도의 실태를 왜곡하고 가해 책임을 무시하고 한일 '화해론'을 제기했습니다. 이러한 입장에 서는 '화해론'으로 식민지주의를 비판하는 한국 측 주장에 대해서 '민족 내셔널리즘'라는 낙인을 찍고 일본을 용서해야 한다는 주장이 되풀이되었습니다. 일본의 '리버럴'계 지식인도 이런 주장에 영합해 왔습니다만, 이러한 흐름 안에 이번 오누키 사건이 있는 것입니다.

우시키 오누키 씨는 4월 6일에 윤석열 대통령과 기시다 총리의 정상회담을 평가하는 기사를 썼습니다. "한국은 잘 대응하고 있다"는 뉘앙스로 기사를 쓰고 있습니다만, 삭제된 기사의 어디가 문제였는지에 대해서 오누키 씨도 그렇고 신문사도 전혀 이해하지 못하고 있는 사실이 보여서 크게 분노했습니다. 마이니치신문사도 포함해서 일본의 언론 상황 전체가 가해 책임을 무시하는 방향으로 기울고 있습니다.

구마노 4월 6일자 기사의 주장에 문제가 있는 것도 물론입니다만, 오누키 씨 본인이 사죄하지도 않고 겨우 2개월 만에 '부활'했다는 것은 놀랍다기보다 어이없다는 반응이 있었습니다. 삭제된 기사에 대한 주변 사람들 감상을 보면, 주장 이전의 문제로서 "어떻게 이런 수준이 낮은 글이 신문사에서 통한단 말인가?"라는 의견이 많았습니다. 신문사가 보일만한 수준이 아니었다는 의미입니다. 한편으로 이런 낮은 수준의 기사일지라도 한일관계 화제라면 기사를 써도 된다고 생각하고 있다는 이야기가 됩니다. 일본이 저지른 가해의 문제는 상당히 경시되고 있다는 것을 말해줍니다.

'뭐야뭐야' 에서 우리가 만난 한국·조선

세 번째 이야기에서는 저희가 일본과 한국을 돌아다니며

만난 역사와 사람에 대해서 다루고자 합니다.

'한일'이라는 틀로는 알 수 없는

한국인·조선인과 한국사에 대해서

곰곰이 생각해 보겠습니다.

재일코리안과
일본인인 나

우시키 미쿠牛木未来

진정한 연대가 되어 있는가?

재일코리안에 대한 차별이라는 말을 들으면 무엇이 떠오를까요? 일본 정부가 조선학교를 '고교 무상화'에서 배제하고 있는 것? 극우에 의한 헤이트 스피치? 이들은 모두 분명히 중요한 문제입니다. 그런데 이게 다일까요? 차별은 국가나 일부 우익만이 하고 있고, 우리 시민은 그런 차별과는 무관하다고 생각하고 있는 것은 아닐까요?

『뭐야뭐야』1을 펴낸 후에 같은 세대의 재일코리안 학생과 함께 일본사회에서 재일코리안의 역사와 현상황을 알리는 다양한 활동에 참여하게 되었습니다. 그중에서 강한 인상이 기억에 남는 일이 있습니다. 어떤 행사에 재일코리안의 정체성에 관심 있다는 저희와 같은 세대인 사람이 참가했습니다. 재일코리안의 권리를 지키려는 운동에 관여한 일본인의 대부분은 고령자가 되어, 젊은 세대는 극히 적다는 상황이 있습니다. 이런 상황이라 젊은 같은 세대가 참가한 것을 보고 재일코리안 학생들은 기뻐했습니다.

그러나 행사 중에 "재일코리안의 차별 문제를 해소하기 위해서 무엇을 할 수 있는가?"라는 주제로 토론하는 세션을 진행했을 때, 같은 세대 일본인은 "일본인과 코리안이 서로 친근감을 가지는 것이 중요하다"라고 발언했습니다. 그리고 행사가 끝난 후에 연 친목회에서 천황제에 대한 비판이 나왔을 때는 "과거에 대일본제국 때문에 피해를 입은 사람들의 심정은 이해할 수 있지만, 지금의 일본은 민주주의적이며 많은 일본인이 친근하게 여기는 천황제를 비판하는 것은 사리에 맞지 않는다"라고 주장했습니다.

일본이 식민지지배에 대한 책임을 다하지 않고 민족교육에 대한 권리보장을 포함한 과거사에 대한 청산을 하지 않고 있으며, 지금까지도 재일코리안에 대한 차별과 억압을 제도적으로, 구조적으로 계속하는 상황에서 "서로가 친근감을 가진다"는 것으로 문제를 해결할 수 있을까요? "지금의 일본은 민주주의적"이라는 말을 하며 과거와 현재를 분리해도 되는 것일까요? 이런 발언은 저희 (일본인의) 책임을 보이지 않게 가리고 현상을 온존하고 강화하는 담론에 불과합니다.

천황제는 한반도에 대한 침략을 정당화했으며, 재일코리안 차별의 근원이라고 할 수 있는 존재입니다. 식민지지배를 한 일제강점기 당시 천황이 조선인을 지배하는 것은 오히려 은혜라고 정당화했습니다. 패전 후에도 일본은 미국과 손을 잡고 천황제를 폐지하지 않고 천황이 아시아인에 끼친 피해에 대한 책임을 지는 일은 없었습니다. 그 결과, 조선인을 차별하고 동화하려는 폭력이 지금까지도 일본사회에서 정당화되고 있는 것입니다. 따라서 천황제에 대한 비판을 봉쇄하려는 행위는 한국인 / 조선인에게는 폭력적인 행위입니다.

그 자리에 있던 재일코리안 학생들은 이 발언을 한 사람에게 천황제가 어떻게 해서 오늘까지도 재일코리안에 대한 차별을 낳고 있는지를 여러 차례 반복해서 설명해야만 했습니다. 결국 생각을 바꾸지 않았던 그의 언행은 차별피해자에게 설명을 요구하는 피로감을 강요한 것입니다. 차별이라는 구조를 해소하기 위해서 가해한 측에 있는 자신들의 책임을 다하기 위한 노력하고는 정반대였다고 할 수 있습니다.

제가 활동에 참여하면서, 이런 일은 계속 되풀이되었습니다. 가령 조선학교에서 봉사활동에 관여한 일본인이 활동 중에 "조선학교는 일본학교하고 크게 다르지 않아", "조선학교도 학생들은 참 좋은 아이들이고, 조선학교의 교육 방법은 훌륭"하니 차별을 해서는 안 된다고 말하는 경우가 있습니다. 그러나 조선학교의 역사나 재일코리안 아이들에게 조선학교가 어떤 공간인지를 이해하고 있다면, 이런 발언에는 문제가 있다는 것을 알 수 있습니다.

재일코리안의 법적 지위에 대해

조선학교, 그리고 재일코리안이 처한 상황을 정확하게 인식하기 위해서 먼저 재일코리안의 법적 지위를 확인해 둡시다. 재일코리안에는 주로 일본의 외국인등록에서 국적란에 '조선'과 '한국'으로 표기되는 사람,[1] 일본국적인 사람이 있습니다. 金誠明, 2021

먼저 '조선' 표시, '한국' 표시에 대해서 설명하겠습니다. 조선에 대한 일본의 식민지화에 따라 당시 조선인은 강제적으로 '일본국적'으로 취급되었으며, 1945년의 해방 이후도 재일코리안은 '일본국적'인 상태로 되어 있었습니다.단 일본 정부는 1945년 12월에 재일코리안의 선거권을 정지하는 등, 일본인과 다르게 다루기 시작함 한반도 해방 후인 1947년에 일본 정부는 외국인등록령을 제정하고 당시는 '일본국적'이었던 코리안을 '외국인'으로 간주하는 모순된 조치를 시행했으며, 재일코리안의 '국적'란에는 '조선'으로 표기하기로 했습니다.'조선' 표시 그 후, 1948년에 대한민국이 성립하자 한국국적을 취득하는 사람이 나타나서 그 경우에는 '국적'란에 '한국'이라고 기입했습니다만,'한국' 표시 이 시점에 일본 정부는 '조선' 표시, '한국' 표시는 모두 표기상의 문제이며 재일코리안의 국적은 일본이라는 논리로 일본에 의한 재일코리안에 대한 지배를 정당화했습니다. 鄭榮桓, 2017

1951년부터 한일국교정상화를 위한 교섭이 시작됩니다만, 재일코리안의 국적은 일률적으로 한국적으로 하기로 상정되어 있었습니다. 그

....

1 일반적으로는 각각 '조선적(朝鮮籍)', '한국적(韓國籍)'이라 불리나, 실정을 고려해서 이하에서는 각각 '조선' 표시, '한국' 표시로 한다.

러나 재일코리안에 대한 일률적인 한국적 부여에 대한 반대운동이 강했다는 점, 그리고 식민지지배로 생긴 청구권 문제에 관해서 한일 양 정부의 주장이 합의에 이르지 못하고 두 나라 교섭은 난항을 겪었습니다. 결국 재일코리안 국적에 관한 문제도 미해결인 상태로 1952년에 샌프란시스코강화조약이 발효됩니다. 재일코리안은 일본국적을 '상실'하고 외국인등록법이 제정되었습니다. 일본 정부는 재일코리안 = 한국적이라는 해석을 합니다만, '국적 선택의 자유'를 인정해야 한다는 재일코리안의 항의 앞에서 이를 피하려고 외국인등록상에 '조선' 표시를 남기는 것은 '허가'한다는 '편법'을 사용했습니다.^{鄭榮桓, 2017}

이기서 알아둬야 할 점은 일본 정부 견해로는 '한국' 표시는 한국국적을 나타내지만, 반면에 '조선' 표시는 국적을 표시하는 것이 아니라 단순 기호라는 점입니다. 이는 일본이 한국만을 한반도에 존재하는 국가로 인정하는 한편으로 조선민주주의인민공화국^{이하 북한}을 인정하지 않고 북한국적을 인정하지 않았기 때문입니다.^{鄭榮桓, 2017}

그러나 애초에 재일코리안의 국적은 한반도의 국내법 및 재일코리안 본인의 의사에 의해서 결정되어야 하는 것이며, 일본의 외국인등록상의 '국적표시'에 좌우되는 문제는 아닙니다. 종종 '조선' 표시된 자가 '무국적'인 것처럼 설명되지만, 이는 어디까지나 일본 정부의 견해일 뿐입니다. 한편 '조선' 표시된 자에 대해서는 한국국적을 취득해서 '한국' 표시로 바꾸라는 압력이 가해지기도 했습니다.^{鄭榮桓, 2017; 金誠明, 2021} 그리고 한편으로 심한 차별을 당한 결과 일본국적을 취득할 수밖에 없었던 사람도 존재합니다.

재일코리안의 조국과 국적

이상과 같은 경위로 재일코리안에 '조선' 표시자, '한국' 표시자, 일본 국적자가 존재하게 된 것입니다. 한편 이러한 법적 지위에 의해서 재일코리안의 조국인식이 확정되는 것은 아닙니다. 특히 북한에 대한 일본의 적대적 의식이 강하기 때문에 "재일코리안은 북한을 지지하고 있는 것은 아니다"는 식의 말이 일본에서 지지받는 경우가 종종 있습니다만, 이런 발언은 실제로 북한을 조국으로 생각하는 재일코리안의 존재를 무시하는 것입니다. 북한을 조국으로 생각하는 배경에는 북한이 조선인민공화국^{해방 직후인 1945년에 수립이 선언된 한민족 / 조선민족에 의한 통일 국가였으나, 미군정에 부정되었다[2]}을 답습하고 있기 때문이라는 견해가 있습니다.^{小林, 1991·1996; 金誠明, 2021} 그리고 미군정이 힘으로 한반도 남부의 일부 사람에게 투표하게 해서 건설된 국가라는 이유로 '조선' 표시자가 한국국적을 취득하지 않는 경우도 있습니다. 법적 지위와는 무관하게 본인의 조국을 현재까지도 존재하지 않는 '통일된 조선 / 한국'으로 생각하는 사람도 있고, 한국을 조국으로 생각하는 사람도 있습니다.

이상과 같은 법적 지위, 조국인식의 차이나 한국 도항에 대한 시비를 둘러싸고 재일코리안 사이에서 갈등이 생긴 일도 있습니다. 이러한 갈등은 재일코리안 자신이 만든 문제가 아니라는 점을 강조해 두고자 합

....
2   [역자주] 조선인민공화국은 1945년 9월 6일에 서울에서 선포되었으며, 다당제 민주주의 공
      화국 체제로 설계되었다. 소련식 사회주의를 지향한 조선민주주의인민공화국과 다르며,
      진정한 민주공화국을 지향했다. 국기는 태극기, 수도는 서울이었으며, 약칭은 '조선인공'이
      었다.

니다. 예를 들면, 재인코리안 중, 일본국적을 취득한 사람과 그렇지 않은 사람 사이에 생기는 갈등은 애당초 일본 정부나 일본인이 일본국적을 취득하지 않으면 안 될 정도로 차별과 억압을 가했기 때문에 생긴 문제입니다. 그리고 '조선' 표시를 유지하는 사람과 '한국' 표시로 변경하는 사람 사이에서 생기는 갈등은 한반도 분단을 전제로 '한국' 표시자를 '조선' 표시자보다 우대하는 한일 두 정부의 정책이 일으키는 문제라고 할 수 있습니다. 게다가 북한을 조국으로 생각하는 사람과 그렇지 않은 사람 사이에서 생기는 갈등도 일본이 저지른 식민지지배의 결과로 생긴 한반도 분단이 가져온 결과입니다.

조선학교의 설립

조선학교 이야기로 돌아가겠습니다. 일본은 식민지지배하에서 많은 조선인으로부터 토지와 쌀을 수탈했습니다. 그 결과, 조선은 빈곤이 진행되어 많은 조선인이 일본으로 이주할 수밖에 없었습니다.『뭐야뭐야』1세 번째 이야기, 「일본인인 줄 알았는데 한국인이었어?」참조 조선에서 나고 자란 조선인 자녀와 마찬가지로, 일본에서 태어났거나 어릴 때 일본으로 건너간 조선인 자녀도 대부분 교육을 받지 못했습니다. 또한 일본에서 일본 학교에 다니게 되어도 그곳에서 한국어 / 조선어를 배울 수는 없었습니다. 오히려 조선인은 차별과 일본인으로 동화하기를 요구받는 대상이었으며, 이는 아이들에게 깊은 상처를 남겼습니다. 일본이 패전하자 식민지지배는 끝났지만, 재일코리안 자녀의 대부분은 조선어나 조선에 대한 다양한 지식을 습득하지 못한 상태였습니다. 일제강점기 당시 일본이 행한 교육은 조선인의 민족성을 말살하려는 정책이었으며, 그로 인해 많은 재일코리안은 자신의 언어나 역사를 빼앗겼기 때문입니다.

대일본제국이 전쟁에서 패하고 해체되자, 많은 조선인이 한반도로 돌아가려 했습니다. 그러나 재일코리안이 한반도로 가지고 갈 수 있는 재산에 커다란 제한이 가해졌고, 게다가 일제강점기 때 착취로 인해 한반도는 매우 가난한 상태였습니다. 그리고 재일코리안 대다수가 일본에 생활거점을 가지고 있었기 때문에 귀향을 단념할 수밖에 없었습니다.

하지만 당시 일본에 남은 코리안 사이에서는 장래에 새로이 한반도에 건설될 조국에 돌아가고 싶다는 생각이 일반적이었습니다. 그래서 장래에 귀국할 것을 대비해서 아이들에게 국어하고 조국에 대한 지식을 가르치고 일본에 의해 강요된 조선인을 멸시하는 가치관을 극복할 필요가 있었습니다.朴慶植, 1983·2000 그래서 코리안들은 일본 각지에 민족학교를 만들기 시작합니다. 힘든 차별 속에서 코리안 스스로 지식, 노동력과 금전, 식량 등을 모아서 만든 학교이며, 많은 재일코리안 자녀들이 처음으로 민족의 언어로 이야기해도 공격받지 않는 공간에서, 한국인 / 조선인임을 부정당하지 않고 교육받을 수 있게 된 것입니다.金德龍, 2002

그러나 일본 정부는 미군과 손을 잡고 조선학교에 대한 탄압을 시작합니다. 1948년 1월에는 문부성文部省이 재일코리안은 일본 법령에 따라야 하며 그래서 코리안의 자제는 일본인과 마찬가지로 시정촌市町村립 또는 사립학교에 다니게 해야 하고, 또한 사립 소학교, 중학교 설치는 학교교육법에 따라서 도도부현[都道府縣] 감독청의 인가를 받아야 한다는 통달1·24통달을 내서 재일코리안이 독자적으로 민족교육을 할 수 있는 길을 막았습니다. 그리고 같은해 4월에는 조선학교를 폐쇄하라는 명령도 냈습니다. 이에 대해서 일본 각지에서 재일코리안은 항의운동을 벌였고, 효고현[兵庫縣]에서는 지사에 대해서 폐쇄 명령 철회를 확약받는 성과를 거두었습니다. 그러나 일본 정부와 미군은 무력을 동원해서 조선인의 운동을 탄압했으며, 당시 16세였던 김태일[金太一] 소년을 경찰관이 사살했습니다. 그리고 병마에 시달리면서 운동 지도를 한 박주범[朴柱範]은 체포된 후 감옥에서 병세가 나빠져서 가석방 직후에 사망했습니다. 이를 '4·24 교육투쟁'이라 합니다. 鄭榮桓, 2013; 『朝鮮學校物語』日本版, 편집위원회, 2015

그 후 많은 조선학교가 폐쇄되었습니다. 갈 곳을 잃은 조선인 자녀의 일본 학교 입학을 거부하는 자치단체도 나타났습니다. 그래서 일본 정부는 폐쇄된 조선학교를 공립조선인학교로 운영하기로 했습니다만, 도쿄를 제외한 지역에서는 일본 학교의 분교라는 형태로 운영되었습니다. 공립조선인학교에서는 한국어 / 조선어, 한반도의 역사는 과외수업으로 할 것, 과외수업 이외의 교육용어는 원칙적으로 일본어로 할 것, 학교장은 원칙적으로 일본인 유자격자로 할 것이 정해졌습니다. 교단에 설 수 있었던 코리안은 극히 소수였으며, 거의 무급인 상태에 놓여 있었다고 합니다.

1952년에 샌프란시스코강화조약이 발효하자, 앞에서 설명한 것처럼 일본에 거주하는 구 식민지 국가 사람의 일본국적은 '상실'되고 맙니다. 이에 따라서 공립조선인학교는 폐지되었으며, 조선학교 운영은 다시 조선인 손으로 넘어왔습니다. 공적 지원도 존재하지 않는 상황에서 경제적인 위기에 빠져 있었습니다. 재일코리안은 기부 등에 의지하면서 학교를 유지하기 위해서 대단한 노력을 이어갔으며, 그리고 1955년부터는 북한이 장학금을 보내오기도 했습니다. 조선학교에 대한 차별에 반대하는 사람이 "조선학교와 북한은 아무런 관계가 없다"는 주장을 하기도 합니다만, 조선학교에 다니는 학생, 아동, 원아나 그 관계자 중에는 위에서와 같은 조선학교 지원에 감사하고 북한을 조국으로 생각하는 사람도 있습니다.

북한이 조선학교에 장학금을 보내는 한편, 일본 정부는 1965년에 "조선인으로서 민족성 또는 국민성 함양을 목적으로 하는 조선인학교는 우리나라(일본) 사회에서 각종학교의 지위를 부여하는 적극적 의의를 유(有)한다고 인정되지 않기에 이를 각종학교로 인정해서는 안 된다"는 통달을 냈습니다.『朝鮮學校物語』日本版, 편집위원회, 2015 재일코리안과 일본의 일부 시민에 의한 운동의 결과, 1975년에는 모든 조선학교가 각종학교로서의 인가를 지자체에서 받아서 시정촌市町村에서 보조금을 받게 되었습니다. 그러나 최근에는 이러한 지자체 보조금도 단절되는 경향에 있습니다. 또한 일본 정부는 현재에 이르기까지 일관해서 조선인학교의 존재를 인정하지 않고 있습니다. 2010년의 민주당 정권기에는 일본 정부가 일본의 고등학교와 고등학교에 해당하는 외국인학교 수업료에 대한 '무상화'를 결정했습니다만, 조선학교에 대해서는 '무상화' 적용을 보류했습니다. 그리고 2013년에는 자민당 정권이 조선학교를 '무상화' 대상으로 할 것을 완전히 부정했습니다. 이 부당성을 호소하기 위해서 조선학교에 다니는 고등학생이 원고가 되어 재판을 일으켰습니다만 결과는 패소였습니다.

이상에서처럼 일본은 식민지지배에 의해서 일제하 조선인이 독자적인 민족교육을 행할 권리를 부정했고, 해방 후에도 재일코리안의 민족교육권을 정당하게 보장한 적은 한 번도 없었습니다. 이러한 상황하에서 먼저 요구되는 것은 재일코리안이 자주적인 민족교육을 할 수 있는 권리를 보장하고, 공적 지원을 포함해서 이를 실행할 수 있는 조건을 갖추는 일입니다.

이렇게 보면 앞에서 소개한 "조선학교는 일본 학교하고 크게 다르지 않아", "조선학교도 학생들은 참 좋은 아이들이고, 조선학교의 교육 방법은 훌륭"하다는 발언의 문제성은 분명합니다. 조선학교가 "일본 학교하고 다르지 않기" 때문에, "훌륭"해서 차별에 반대하는 것이 아니라, 일본이 과거의 식민지지배와 현재에 이르기까지 그 무반성에 의해서 재일코리안의 민족교육권을 부정해 온 역사적 경위가 있으며, 그 잘못된 역사와 상황은 극복해야 하는 일이기에 권리를 인정하라고 호소해야 하는 것입니다. 이러한 발언은 조선학교에 대해서 "무상화 대상이 되고 싶으면 일본 학교에 들어 와라", "반일 교육을 하는 조선학교를 무상화 대상으로 할 필요는 없다"는 헤이트 스피치와 무엇이 다를까요? '무상화'에 대한 찬반 의견은 다를지언정, 일본인이 조선학교의 교육에 대해서 '좋다', '나쁘다'고 일방적으로 판단하고 있다는 점에서 근본적인 부분에서 재일코리안의 자결권을 부정하는 시점에 서 있는 것입니다.

조선학교^{고등학교} 재학시절에 '무상화' 운동에 관여했었다는 재일코리안 지인은 당시를 되돌아보며 이렇게 이야기했습니다. "거리에서 전단을 나눠주면서 조선학교는 일본 학교와 다르지 않기에 차별에 반대해달라, 라고 말해야만 했다." 일본인의 공격을 조금이라도 완화해서 차별에 무관심한 일본인으로부터 지지를 얻기 위해서는 이런 본의 아닌 설명도 해야만 했던 것입니다.

조선학교 선생님과 아이들

조선학교는 재일코리안 아이들이 자기 뿌리, 역사와 말을 배움으로써 정체성을 긍정적으로 형성하고, 인권 존중·반제국주의라는 의식을 몸에 익히는 데 큰 역할을 하고 있습니다. 차별과 무관심, 식민지지배에 대한 무반성이 지배하는 일본사회에서 재일코리안 아이들에게 안심하고 생활하고 논의할 수 있는 장소로서 조선학교는 소중한 존재입니다. 어느 조선학교 출신자는 모교에 대해서 다음과 같이 이야기했습니다. "일본에 살고 있으면 저 자신에 대해서 다른 누군가가 묻고 그에 대답하는 일이 끝없이 되풀이되는데, 조선학교에서 지내고 있으면 그런 경험을 하지 않아도 되고 청소년기를 보낼 수 있다. 저는 유치원에서 고등학교까지 조선학교를 다니면서 같은 배경을 가진 어른의 영향에 이끌려서 성장했고, 같은 배경을 가진 친구와 함께 조금씩 그리고 천천히 「민족성」이라는 것이 긍정적인 것으로서 내 몸에 스며드는 시간을 보냈다고 생각한다." 『朝鮮學校物語』日本版, 편집위원회, 2015

어느 조선학교에서 역사를 가르치고 있는 선생님과 이야기를 나눌 기회가 있었습니다만, 조선학교 교사의 노동환경은 매우 힘들다고 합니다. 국가에서 나오는 보조금은 말할 것도 없고, 지자체에서 나오는 보조금도 어려워지는 상황에서 통상근무에다가 학생 한 명 한 명에 대한 관리, 그리고 헤이트에 대한 대응과 재일코리안의 권리를 지키기 위한 운동에 따른 업무도 있어서 퇴근 후나 휴일도 쉬는 날은 거의 없습니다. 그중에서도 조선학교에 대한 일본사회의 편견을 없애고 조선학교가 어떤 곳인지에 대한 이해를 넓히고 재일코리안에 대한 차별 해체를 위해서 행동하는 지역주민이나 일본인 교사를 늘리려고 일본 학교와의 교류를 기획하기도 합니다. 일본 시민과 협력해서 매년 교류회를 이어가는 학교도 있습니다. 그러나 이 선생님은 바쁜 와중에 어렵게 기획을 실현해도 그 결과는 허무감을 느낄 때가 있다고 합니다. 그 이유에 대해서는 일본 학교 교사가 "차별은 좋지 않다", "재일코리안의 권리 문제는 중요한 문제다"라고 입으로는 동조하지만 "그저 자기들 양심을 확인하고 안심하기 위해서 조선학교가 소비되고 있다"는 생각이 들지 않을 수 없는 장면이 있기 때문이라고 말씀하셨습니다.

이 말씀을 들은 후에 저도 일본 고등학교에서 시간강사를 하고 있어서 어느 조선학교에서 있었던 교사 교류회에 참가하게 되었습니다. 교사 교류회에서는 조선학교 교원이 담당하는 수업을 일본인 교사가 견학한 후에 일본인 교사가 조선학교 학생을 대상으로 수업을 진행했습니다. 그 후에 쌍방의 교사가 감상을 공유하는 기회를 마련했습니다.

교사 교류회에 참가하면서 불편함을 계속 느끼고 있었습니다. 그 이유 중 하나는, 함께 참가한 일본인 교사 수업에는 구조적인 문제이어야 할 일본의 식민지지배나 민족 차별의 문제를 개인 관계로 환원해서 '북·일 우호'를 이야기하는 수업이 있어서 "이런 이야기를 조선학교 학생에게 해도 되나?"라는 생각이 들었기 때문입니다. 그리고 일본인 교사가 조선학교 교사하고 논의를 해도 그 내용은 '수업하는 방식' 등으로 수렴해 버렸고, 조선학교를 방문해서 재일코리안 학생에게 수업한 경험을 살려서 앞으로 식민지지배의 역사에 대해서 어떻게 가르치고 행동할 것인가 등 재일코리안 차별을 해체하기 위한 논의에는 이르지 못했습니다. 저로서는 아무리 생각해도 일본인 교사들이 무의식적일지는 몰라도 '새로운 수업 방법'을 얻기 위해서 조선학교를 이용하고 있는 것처럼 보였습니다. 교류회 후, 조선학교 선생님으로부터 '고맙습니다'는 인사를 받을 때마다 차별을 재생산하고 있는 쪽에 있는 저 자신이 조선학교에 더 큰 부담을 지게 한 것은 아닌가, 하는 부끄러운 감정이 가시지 않았습니다.

애초에 조선학교 교원과 일본인 교원이 수업 방법에 대해서 대등한 입장에서 이야기를 나누는 것은 일본사회에서 조선학교에 대한 억압이 끝나지 않는 한 불가능한 일이라고 생각합니다. 먼저 재일코리안 차별을 해체하기 위한 논의가 일본인 사이에서 선행되어야 하지 않을까요? 이런 생각을 하면, 본래 교사의 교류는 조선학교라는 공간이 재일코리안 아이들에게 얼마나 중요한 공간인지를 피부감각으로 느끼기 위한 기회이고, 재일코리안으로 인생을 산 적이 없는 일본인에게 상상도 할 수 없는 그들의 감각에 조금이라도 다가가는 소중한 기회라고 생각합니다. 저 자신도 조선학교 학생들이 일본에 의한 식민지지배의 역사를 주위로부터 공격받을까 두려워하지 않고 이야기하는 모습을 보면서 "조선학교가 가져다주는 재일코리안 학생에게 안전한 공간은 이런 것을 말하는 것이구나"라는 감각과 함께 일본 학교에 다니는 재일코리안을 포함한 소수자 아이들이 받는 무시무시한 억압을 직접 체험하는 듯한 느낌이었습니다. 그리고 이 교사 교류회라는 기회가 학교 주변 지역을 포함해서 일본사회 전체에서 조선학교가 항상 공격에 노출된 핍박받는 상황을 어떻게든 타파하고 싶은 조선학교의 긴박한 갈망과 부담으로 성사된 것이라는 사실을 제대로 자각할 필요가 있다고 생각했습니다. 이러한 바람에 응답하기 위해서는 차별 행동을 하지 않도록 식민지지배의 역사와 재일코리안이 놓인 상황에 대한 배움을 심화하면서 일본에 의한 식민지지배에 대한 책임을 추구하는 사람의 연대와 교류를 넓혀가는 일이 필요합니다. 원래라면, 일본사회의 편견을 해소하기 위해서 조선학교와 재일코리안에 대한 부담을 강요할 것이 아니라, 무엇보다 우리 일본인이 지금까지 식민지주의와 차별에 저항하는 운동에서 배워서 주체적으로 운동을 전개하는 일이 필요하다고 생각합니다. 그리고 언젠가 일본사회에 존재하는 민족 차별을 완전히 해소한 다음에 조선학교와 일본 학교가 교류할 수 있기를 바래봅니다.

조선학교 학생은 다양한 장면에서 일본사회에서 살아가는 어려움에 직면합니다. 앞에 언급한 지인은 고등학교까지 조선학교였고, 대학부터 일본 학교에 다니고 있습니다만, 아무렇지도 않게 내뱉는 차별 발언, 그리고 애초에 재일코리안이 어떤 존재인지 일본인 대부분이 알지 못하는 상황에 악연실색했다고 합니다. 조선학교 출신자의 대학 수험 자격은 매우 불안정합니다. 앞에서 언급한 것처럼 일본 정부가 조선학교에서 하는 교육을 일본 고등학교에 상응하는 교과과정으로 인정하지 않고 있기 때문입니다. 히토쓰바시대학 선배인 재일코리안 중에는 한국의 수능에 해당하는 일본의 센터시험이 끝나도 지망대학을 응시할 수 있는지 알 수 없었다는 사람도 있습니다. 그리고 공적인 재정보조금을 받지 못하기 때문에 조선학교 등록금이 비쌀 수밖에 없는 문제라든지 조선학교에 다닌 이유로 차별이나 공격의 표적이 되는 될지도 모른다는 걱정도 있습니다. 조선학교에 다니는 여학생이 교복인 치마저고리가 칼질당하는 피해가 발생하고, 학교 밖에서 치마저고리를 입을 수 없게 된 사태도 있었습니다.

상황이 이렇다 보니, 아이를 일본 학교에 보내는 보호자도 증가하고 있으며, 조선학교는 더더욱 재정적으로 어려워지고 폐교로 몰리는 학교가 늘고 있습니다. 학교가 줄면 집에서 멀어지는 조선학교에 다녀야 하는데, 통학 시간이 길어진다는 이유로 통학을 단념하는 학생도 있어서 학생수가 계속 줄어드는 악순환이 생기고 있습니다.

일본 학교에 다니는 아이들

일본 학교에 다니는 재일코리안 아이들은 철이 들었을 때부터 주위의 차별과 몰이해에 늘 겁먹으면서, 때로는 재일코리안이라는 정체성을 숨기면서 생활해야만 해서 자신의 존재에 대해 긍정하지 못하는 경우도 적지 않습니다.

저도 초등학교부터 고등학교까지 재일코리안 동급생들이 그런 갈등과 배경을 가지고 있다는 것을 전혀 알지 못하고 지내왔습니다. 그런데 지금 생각해 보면 그들이 받은 수업은 모두 일본어였고, 그들의 말이나 역사를 학교에서 자세히 배울 수는 없습니다.

주변 친구로부터 "○○은 일본인이지?", "일본인과 다르지 않네"라는 말을 듣거나, "언제 일본에 왔어? 일본어 잘하네"와 같은 역사에 대해 무자각한 발언에도 노출됩니다. 차별에 대해서 항의하면 "자네는 한국인이라 그런 말을 하는 거지?"라는 말을 듣는데 함께 화를 내주는 선생님이나 친구도 없습니다.

제가 고등학생 때는 신오쿠보^{新大久保}에서 헤이트 스피치가 매우 심각했던 시기였습니다. 그때 같은 통학길에서 헤이트에 겁먹은 동급생이 있었을지도 모르는데 저는 특별한 관심을 가진 적이 없었습니다. 지금도 학교가 그리고 사회 전체가 '코리안인 사실'을 부정적으로 보고 '일본인일 것'을 강제하는 상황이 제도부터 개인의 언행까지 다양한 형태로 의식적, 무의식적으로 일어나고 있습니다.

차별에서 벗어나려고 일본명을 사용하거나 일본국적을 취득할 수밖에 없는 상황에 몰리는 경우 있습니다. 이러한 아이들과 민족명, 국적을 유지하는 아이들 사이에서 갈등이 생기는 경우도 적지 않습니다.

한국에 사는 재일코리안, 일본에 사는 재일코리안

재일코리안에는 일본사회의 차별에서 벗어나고 싶다, 내 뿌리가 있는 땅에서 살아서 정체성을 되찾고 싶다는 마음으로, 생활거점을 한반도로 옮기는 사람도 있습니다. 1980년대까지는 재일코리안이 북한으로 귀국하는 '귀국사업'도 있었습니다만, 생활거점이기도 하고 가족도 있는 일본에서 왕래하기가 어려운 데다가 현재는 사업은 중지된 상태입니다. 일본은 지금도 북한을 국가로 인정하지 않고 있으며, 두 나라 사이에는 국교만 없는 게 아니라 납치 문제와 핵 문제를 이유로 북한을 왕래하는 직행 선편 허가를 취소하거나 '조선' 표시자에 대한 일본 재입국에 커다란 제약을 걸거나 하고 있습니다. 일본은 자기가 다른 나라를 침략한 역사를 부정하면서 한반도에 성립한 국가에 대해서는 자기^{일본} 기준으로 부인하고 식민지지배 결과로 생긴 재일코리안이 고향과 일본을 왕래하는 것조차 어렵게 제약하고 있는 것이 현재 일본의 상황입니다.

그리고 재일코리안이 한국을 포함해서 일본 이외의 나라를 방문하는 일에도 이런저런 장벽이 존재합니다. 앞에서 언급한 한국이 건국되는 경위를 이유로 "분단 체제 위에 성립한 한국에는 돌아갈 수 없다"고 생각하는 재일코리안도 많습니다. 그리고 북한과 전쟁상태에 있는 한국 정부는 재일코리안에 대해 장기체제는 물론이고 정세에 따라서는 입국도 인정하지 않을 때도 있습니다. 한국이 군사독재정권이 들어서 있었을 시대에는 유학 등의 목적으로 한국에 입국한 많은 재일코리안을 북한 '간첩'으로 고문하고 몇 년에서 20년 가까이 구속한 경우도 있었습니다. 그리고 '한국' 표시자 남성의 경우, 다양한 조건이나 절차를 해결하지 않으면 병역의무가 생길 염려도 있습니다. 이들은 분단이라는 벽에 막혀서 자기 고향을 방문하거나 친척과 이야기를 나누기도 어렵습니다.

저의 고향에는 '귀국사업' 기념비가 있습니다. 고로마루 기요코五郎丸聖子의 저서에 따르면 전시기에 군사도시가 되어 많은 조선인 노동자가 강제로 징용되었고, 그래서 이 지역에 사는 코리안 여성은 '귀국사업'으로 북한에 귀국한 가족과 한국에 귀국한 가족이 각각 있어서 가족 재회를 못하고 있다고 합니다.五郎丸, 2021 '귀국사업' 기념비의 존재, 그리고 세 나라로 분단되어 버린 가족의 존재를 저는 20년 이상 이 지역에 살면서도 모르고 있었습니다.

한편 1980년대 한국이 민주화를 거쳐서 반공을 내세우는 독재정권이 붕괴하자, 한국 국내에서도 북한에 대해서 이해를 하려는 움직임이 활발해졌습니다. 그에 따라서 재일코리안에 대해서는 같은 역사를 공유하는 동포로서의 공감대가 서서히 형성되었습니다. 그 결과 유학 등을 통해서 한국으로 건너가는 재일코리안이 증가했습니다.

2022년 여름, 저는 어느 한국의 시민단체가 개최한 재일코리안 유학생과 한국인 학생을 대상으로 한 청년캠프에 참가했습니다. 제주도에서 열린 이 캠프에서 제주도를 본적지로 두는 재일코리안 학생과 실제로 본적지에 가보는 기획이 있었습니다. 몇몇 학생이 본적지에서 친척을 만나서 이야기를 나눌 수 있었습니다.

재일코리안에게 본인의 뿌리를 확인하는 일은 매우 큰 의미를 지닙니다. 일본에서 민족 차별을 받고, 조금이라도 조국에 대해서 알고 싶은 마음으로 한국에 건너간 재일코리안이지만, 일본어가 제1 언어이고 문화면에서도 자란 환경이 달라서 한국에서도 차별받는 경우도 적지 않습니다. "한국인인데 왜 한국어를 잘 못하는 거야?", "왜 자기가 한국인이라고 우기는 거야?", "왜 일본에 귀화 안 하는 거야?" 등의 이야기를 들은 사람도 있습니다. 반면에 한국에 사는 친척이 "잘 돌아왔어"라는 따뜻한 말을 건네주고 증조부나 조부 이야기도 들려주고, 게다가 일본에서 태어나고 자란 부모님 이름까지 기억하고, 족보에 자기 이름이 올라 있는 것을 확인하고는 고향에 있는 분들하고 자기가 연결되어 있다는 사실을 실감하고 공통의 역사와 아픔을 나눌 수 있었던 경우도 있습니다.

부정의不正義에 굴하지 않는다

이런 대화를 들은 적이 있습니다. "조선학교 학생이 차별 반대 최전선에 서 있는 것을 존경한다"고 일본 학교 출신 재일코리안이 한 말에 대해서 조선학교 출신 재일코리안이 "일본 학교에서 고생하면서 정체성을 지켜낸 것을 존경한다"라고 화답한 것입니다. 서로를 염려하고 위하는 모습이 제 기억에 인상 깊게 남아있습니다. 태어날 때부터 일본국적이었던 재일코리안인 다른 친구는 "집에서 다닐 수 있는 거리에 조선학교가 없어서 조선학교를 다닐 수 없었다. 그리고 부모님이 일본국적이라서 나도 일본국적인데, 이 사실이 힘들다. 그러나 투표를 할 수 없는 동포를 위해서 공헌하고 싶다"라고 말했습니다. 재일코리안운동에 참여하는 한국인 유학생, 한국과 북한에서 재일코리안과 연대하려는 사람도 있습니다. 코리안들은 지금까지도 갈등을 가진 채로 차별과 분단을 극복해서 "자신이 누구인지", "부정의에 굴하지 않고 살아가기 위해서 무엇을 할 수 있는가?"를 찾고 있습니다.

이에 반해서 일본사회에서는 한반도 분단을 일으킨 일본의 책임을 무시하고 "차별 따위는 존재하지 않는다", "왜 먼저 과거 이야기에 마주해야 하는가?"라는 생각인 사람이 다수 존재합니다. 그리고 차별을 없애려고 노력하는 사람에 대해서 "그런 일을 해도 세상은 하나도 바뀌지 않아"라고 냉소할 뿐이고, 현재 상황을 바꾸려고 하지 않는 사람도 존재합니다. 권력의 횡포를 무시하는 것, 냉소하는 것은 부정의에 굴복했다는 뜻입니다.

저는 이 글에 소개한 분들 이야기를 듣고 또 보면서 재일코리안과 같은 경험을 하지 않은 이상, 그 아픔을 똑같이 느낄 수는 없다는 생각도 하고 있습니다. 그렇다고 해서 눈앞에서 벌어지는 차별이나 부정의을 보고도 못 본 척할 수는 없습니다. 문제에 엮일 필요 없다, 생각하지 않아도 된다는 것 자체가 특권이며, 생각하지 않아도 되게 만드는 구조가 일본사회에는 존재합니다. 이러한 구조에 굴하지 않기 위해서는 특정 직업이나 전문 분야를 가진 사람뿐만이 아니라, 폭넓게 많은 사람이 차별 해체에 동참할 필요가 있습니다. 이를 위해서 독자 여러분과 함께 배우고 고민하고 행동할 수 있기를 바랍니다.

100년 전 도쿄에서 일어난 일

이상진 李相眞

관동대지진 100주년을 맞이하며

1923년 9월 1일 오전 11시 58분, 매그니튜드 7.9의 강진이 관동 일대를 강타했습니다. 심한 요동으로 가옥은 무너졌고, 점심 식사를 준비하는 시간이었기에 화재도 발생했습니다. 강풍과 수도의 괴멸로 화재는 점점 커졌고, 도쿄에서는 기온 46도에 달했습니다. 지진의 피해는 붕괴, 소실된 가옥 약 29만 3,000채, 사망과 실종자 10만 명 이상으로 알려져 있습니다.加藤, 2014 이 역사적 대지진을 잊지 않기 위해 일본에서는 매년 9월 1일은 '방재의 날'로 지정되어 있습니다.

올해 2023년은 관동대지진이 일어난 지 100주년을 맞이하는 해입니다. 여러분도 관동대지진 100주년을 맞이해서 일본 각지에서 다양한 행사가 열린다는 것을 들었을 것입니다. 가토 세미나 멤버도 올해 1월에 관동대지진 관련 필드워크를 했었습니다. 도쿄도東京都 스미다墨田 구에 있는 야히로八廣역 근처의 아라카와荒川 둑과 요코아미초橫網町공원, 부흥기념관을 둘러봤습니다만, 그곳에는 추모비가 세워져 있었습니다. 아라카와 둑에 세워진 추모비의 비문은 다음과 같은 내용이었습니다.

　　1923년 관동대지진 때, 일본의 군대, 경찰, 유언비어를 믿은 민중에 의해서 많은 한국 / 조선인이 살해되었다.

　　도쿄 번화가에서도, 식민지하에 고향을 떠나 일본에 와 있던 사람들이 이름도 알려지지 않은 채 목숨을 빼앗겼다.

　　이 역사를 마음에 새기고 희생자를 추모하고, 인권 회복과 두 민족의 화해를 바라며 이 비를 건립한다.

100년 전에 대지진이 발생했을 때, 식민지지배로 생활의 기초를 잃고 살아가기 위해서 일본으로 건너온 한국 / 조선인이 있었습니다만, 많은 한국 / 조선인이 그 생명을 빼앗긴 것입니다. 여러분은 이 사실을 들은 적이 있습니까? 저는 지식으로는 알고 있었습니다만 일본에 와서 공부할 때까지는 구체적으로 어떤 일이 있었는지 알지 못했습니다. 대지진하에서 이국의 땅에 있었던 한국 / 조선인에게 도대체 어떤 일이 있었던 것일까요? 그리고 이 사건은 100년 후를 살고 있는 우리에게 무엇을 묻고 있는 것일까요?

100년 전 도쿄에서는……

관동 일대를 강타한 대지진으로 인한 혼란과 공포 속에서 "조선인이 불을 질렀다", "한국 / 조선인이 우물에 독을 넣었다" 등 사실무근의 유언비어가 들리기 시작했습니다. 대지진의 긴박한 상황 속에서 왜 한국 / 조선인과 관련된 유언비어가 등장한 것일까요? 이는 일본사회에 한국 / 조선인에 대한 경계와 적대적 감정이 만연해 있는 것에 기인합니다.

불평등조약으로 조선에 개국을 강요한 일본은 조선의 장악을 목표로 식민지화를 추진했습니다. 청일전쟁과 러일전쟁을 일으켜 조선의 주권을 차례로 박탈해 갔습니다. 조선인은 이러한 일본의 식민지화 추진 정책에 저항했지만, 일본은 군사력으로 조선인의 저항운동을 진압해서 1910년에 조선을 식민지화하는 데 성공했습니다.

그러나 식민지화 이후에도 조선인의 저항은 이어졌고, 관동대지진이 일어나기 4년 전인 1919년에는 일본의 식민지지배에서 독립을 요구한 '3·1운동'이 조선 땅을 뒤흔들며 일어났습니다. 일본 당국은 조선인을 학살하는 등, 다시 무력을 행사해서 운동을 진압했습니다. '3·1운동'은 진압되었습니다만, 조선인에 의한 저항운동은 그치지 않고 그 불씨는 해외로까지 파급됩니다.

중국 상하이에서는 임시정부가 수립되었고, 만주나 러시아에서는 무장투쟁이 벌어졌습니다. 이 일을 계기로 일본 정부는 조선인의 행동 하나하나에 경계의 눈초리로 경계했습니다. 그리고 조선의 독립을 주장하는 자를 '불령선인不逞鮮人'이라 부르며 적대시했습니다.

특히 일본 본국에 거주하는 재일조선인은 더 강한 경계의 대상이 되었습니다. '3·1운동'의 기폭제가 된 '2·8독립선언'은 재일조선인 유학생이 중심이 되어 도쿄에서 발표되었으며, '3·1운동' 이후에 재일조선인운동은 더욱 활발해졌습니다. 또한 가혹한 노동조건과 차별적인 대우에 직면하고 있던 조선인 노동자는 노동쟁의를 일으켰습니다. 이러한 재일조선인운동의 고양을 경계했던 일본의 관헌官憲은 일상적으로 조선인을 감시했으며, 조선인에 대한 적대시와 편견이 차별관差別觀을 내면화해 갔습니다. 관동대지진 때 일어나 조선인에 대한 유언비어는 십수년 동안 축적된 조선인에 대한 '불신감'이 폭발한 것이었던 것입니다.姜德相, 2003·2014; 山田, 2008

일본 정부 당국은 대지진에 의해 증폭한 일본 민중의 불만을 딴 데로 돌리기 위해서 조선인 폭동설이 유효하다는 판단에 바로 군대를 배치했습니다. 그리고 9월 1일 저녁까지는 계엄령 발포를 결정했으며, 2일 저녁에 발포했습니다.姜德相, 2003 그리고 내무성內務省은 "조선인이 각지에서 방화하고 있으니 엄격하게 단속해달라"는 취지의 통첩을 내서 유언비어를 공식적으로 인정했습니다. 경찰관이 확성기를 들고 조선인에 대한 경계를 외쳤다는 증언도 남아있습니다.加藤, 2014

이러한 일본 당국의 움직임을 목격한 일본의 민중은 유언비어를 믿었고, 조선인에 대한 적개심에 불을 질렀습니다. 그 결과, 관동 일대에서는 지역의 유력자, 재향군인회, 청년단, 소방단을 중심으로 일본도, 죽창, 도끼 등으로 무장한 자경단自警團이라는 조직이 결성되었습니다. 관헌은 자경단의 결성을 적극적으로 지원했으며, 군이 자경단에게 무기를 대여하기도 했습니다. 이렇게 해서 군대, 경찰, 민중에 의한 '조선인 사냥'은 대지진 직후인 9월 1일 밤부터 시작되었고, 이 '조선인 사냥'은 도쿄에서 시작해서 치바^{千葉}, 가나가와^{神奈川}, 사이타마^{埼玉}, 이바라키^{茨城}, 도치기^{栃木}, 군마^{群馬} 등 관동지역 각지에 퍼졌습니다.^{姜德相, 2003}

자경단은 중요한 길목에 검문소를 설치해서 행인에게 '15엔 50전' 등 조선인에게는 발음이 어려운 단어를 말하게 해서 조선인으로 판단하면 그 자리에서 죽였습니다. 다음은 자경단에 의한 학살 증언입니다.

아마도 3일 낮이었던 걸로 기억해. 아라카와의 요쓰기바시^{四ツ木橋} 아래쪽에 조선인을 여러 명 묶어서 끌고 와서 자경단이 살해한 것은. 정말로 잔인하게 죽였어. 일본도로 베기도 하고 죽창으로 찌르기도 하고, 쇠막대기로 찌르면서 죽인 거야. 여자, 그중에는 배가 나온 임산부로 보이는 여자도 있었습니다만 찔러 죽여버렸습니다. 내가 본 걸로는 30명 정도 죽였어. 아라카와역 남쪽 둑이었어. 죽인 다음에는 소나무 장작을 깔고 시체를 쌓아서 석유를 뿌려서 태워버렸어. 지금은 강바닥에 매립되었지만 예전에 있던 수도관 철교 근처지. 큰 구덩이를 파서 묻어 버렸지. 둑 바로 아래쪽입니다.

아오키^{青木}, 가명^{ほうせんか, 2021}

그리고 관헌에 의한 학살도 있었습니다. 경비 임무를 맡았던 군과 경찰은 '선량'한 조선인을 '보호'한다는 명목으로 검속^{檢束}했습니다.[1] 그런

---

1 **[역자주]** 공공의 안전을 해롭게 하거나 죄를 지을 염려가 있는 사람을 경찰이나 관헌에서 잠시 가두는 행위.

데 '선량'과 '불온'의 판단은 완전히 관헌에게 맡겨졌으며, 검속에 '비협조적'이라고 판단한 경우는 가차없이 죽였습니다. 그리고 군이 조선인 집단거주지역을 습격해서 무차별적으로 사살한 일이나 자경단이 넘긴 조선인을 살해한 예도 있습니다.姜德相, 2003 다음과 같은 증언은 군대에 의한 조선인 학살 모습을 생생하고 전하고 있습니다.

> 한 개 소대 정도, 즉 20~30명 정도 있었지. 2열로 세워놓고 보병이 등에서, 그러니까 뒤에서 총을 쏜 거야. 2열 횡대니까 24명이네. 이 학살은 2~3일 동안 계속되었어. (일본) 주민은 그런 일에 손을 대려 하지 않아. 전혀 관여하지 않지. 조선인 시체는 강가에서 불태워서 버렸어. 헌병대 입회하에 석유와 장작으로 불태워 버린 거야. 이 일은 여러번 반복해서 있었어.
>
> 다나카田中, 가명ほうせんか, 2021

'조선인 사냥'은 9월 2일부터 3일에 걸쳐서 절정에 달했고, 거리에는 시체가 널려 있었습니다. 그중에는 조선인으로 오해받아 살해된 일본인도 있었습니다. 또한 배외주의에 따라서 조직적으로 학살된 중국인 노동자도 있었습니다. 그러나 역시 학살의 중심은 유언비어 유포로 경계와 적개심의 대상이 된 조선인이었습니다.

그러나 조선인 폭동은 단순한 유언비어였기에 당연히 그 실재를 확인할 수는 없었습니다. 당국으로서도 대학살을 간과할 수 없는 상황이 되어버린 것입니다. 그래서 관헌은 방침을 전환하게 됩니다. 경시청은 3일에 "어제 이래로 일부 불령선인의 망동이 있었으나, 지금은 엄중한 경계로 그 흔적이 사라지고, 선인 대부분은 순량順良하고 어떠한 흉행兇行을 보이는 자 없음. 이에 따라 함부로 이들을 박해하고 폭행을 가하는 등 없도록 주의하기 바람"이라고 쓴 전단을 배포했습니다.警視廳,『大正大震災誌』, 1925; 加藤, 2014[2] 그런데 이런 전단을 배포했음에도 학살은 계속 이어졌습니다. 왜냐하면 전단 내용에서 알 수 있듯이, 관헌은 조선인 대부분은 '선량'하다고 하면서도 일부 조선인에 의한 폭동은 사실이라는 거짓말을 완전히 부정하지 않았기 때문입니다.

일본 당국은 외국의 시선을 의식해서 더 이상 학살을 확대하지 않기 위해서 조선인을 격리해서 '보호'할 것을 결정합니다. 예전에 전쟁포로를 수용했던 나라시노習志野 수용소 등에 조선인을 이송해서 수용한다는 조치였습니다. 관헌이 조선인을 검속한 것에 대해서는 앞에서 언급했습니다만, 각지의 경찰서 및 병영에 수용된 많은 조선인은 수용소에 이송됩니다. 조선인과 함께 중국인도 호송되었습니다만, 그들은 범죄자처럼 철사로 손을 포박된 상태였습니다. 그 과정에서 자경단의 습격으로 살해된 사건도 있습니다.

살아남아서 수용소에서 '보호'된 사람은 열악한 환경에 놓였으며, 목숨을 잃는 경우도 적지 않았습니다. 그리고 관헌은 조직적으로 수용자를 강제노역에 동원했습니다. 충격적인 것은 수용소 안에서 조선인 살해가 있었으며, 군 근처에 있는 마을 사람에게 조선인을 팔아넘겨서

....

2   가독성을 고려해서 적절히 구두점을 보완했다. 또한 '불령선인'이나 '선인'은 일제강점기하에서 사용된 차별 용어이며 부적절한 용어이지만 역사성을 고려해서 인용문에서 원문 그대로 사용했다.

죽이게 했다는 증언이 있습니다. 관헌은 조선인을 '보호'한다고 말하면서 실은 보이지 않는 곳에서 계속해서 조선인을 학살하고 있었던 것입니다.

조선인 학살은 9월 6일에 "조선인에 대해서 그 성질의 선과 악에 관계없이 무법으로 대우하는 것은 절대적으로 삼가고 같은 우리 동포임을 잊어서는 안 된다"는 훈령이 발표됨으로써 조금씩 진정되어 갔습니다.姜德相, 2003 다만 6일 이후에도 '팔아넘겨서' 학살하는 일은 계속되는 등 조선인 학살이 계속되었다는 점을 잊어서는 안 됩니다.

그렇다면 관동대지진 때 조선인 학살은 얼마나 많은 희생자를 낳았을까요? 실은 정확한 희생자 수는 알 수 없습니다. 사법성司法省은 사망자 233명으로 발표하고 있으며, 조선총독부는 피해자 832명으로 발표했습니다, 그러나 남아있는 증언의 수 등을 고려하면, 관헌이 발표한 피해자가 너무 적습니다. 관헌은 조선인 학살을 왜소화하기 위해서 시체를 소각해서 학살이 없었던 것으로 했고, 동시에 철저한 사후조사도 하지 않았습니다. 상기 관헌 발표는 은폐공작의 일환으로 발표된 것이라 볼 수 있습니다.

한편 조선독립운동 그룹의 기관지『독립신문』은 독자적인 조사에 기초해서 6,661명이 희생되었다고 발표하고 있습니다. 이 조사도 관헌의 방해로 그 전모를 밝혀내지 못했으나, 희생자 수가 실제 숫자에 가깝다고 평가받고 있습니다.姜德相, 2003; 山田, 2008

이처럼 수많은 조선인이 학살되었습니다만, 학살의 주체가 제대로 처벌받는 일은 없었습니다. 먼저 유언비어를 공식 인정하고 조선인에 대한 적개심을 선동함으로써 학살을 주동한 관헌의 중추는 일절 처벌되지 않았습니다. 게다가 관헌은 그 책임을 자경단에 전가했습니다. 자경단원은 검거되어 재판을 받았습니다. 그러나 관헌은 범죄행위가 '현저'한 자에 대해서만 검거하는 방침을 세우는 등, 그 재판은 보여주기에 불과했습니다. 실제로 재판에서도 무죄 혹은 집행유예가 붙은 가벼운 판결이 내려진 경우가 대부분이었습니다. 실형 판결이 내려져도 그후 '특사'의 대상이 되는 등, 조선인 학살에 대한 죄를 책임지지 않고 넘어간 사람도 적지 않았습니다.姜德相, 2003; 関原, 2021

조선인 학살은 일단락되었으나, 그날의 충격과 공포는 잊고 묻어갈 수 있는 것이 아니었습니다. 재일코리안 및 일부 일본인은 다시는 이런 악몽이 되풀이되지 않기를 바라면서 추도식이나 항의운동을 벌였습니다. 그러나 일본 당국의 탄압과 주민의 반발로 이러한 움직임은 억압되어 조선인 학살은 일본사회에서 잊혀져 갔습니다.

재현되는 악몽

일본사회에서 잊힌 관동대지진 당시의 조선인 학살은 1960년대부터 본격적인 연구가 시작되어 세상의 주목을 받게 되었습니다. 그에 따라서 1970년대부터는 지역에 뿌리를 두는 증언의 청취 작업에 진척이 있는 등, 조선인 학살의 실상이 서서히 밝혀졌습니다. 가토 세미나에서 필드워크를 한 요코아미초공원에 있는 추도비도 이러한 움직임을 반영해서 1973년에 건립된 것입니다. 그때 이래로 요코아미초공원에서는 매년 9월 1일에 조선인 학살 희생자를 위한 추모식이 거행되는 등, 조선인 학살을 기억하려는 움직임도 활발해지고 있습니다.

그러나 그 한편으로는 조선인 학살을 은폐하려는 공작은 지금도 계속되고 있습니다. '만드는 모임'하고도 깊은 관계가 있는 구도 미요코^{工藤美代子}는 조선인 학살을 부정하는 저서 『関東大震災「朝鮮人虐殺」の真実』^{産經新聞出版, 2009}을 간행했습니다. 이 책은 학살을 은폐·왜소화하려는 당시 관헌의 조사 결과를 곧이곧대로 받아들여서 조선인 학살을 부정하고 있습니다.^{姜德相 외, 2013} 이런 책이 등장하는 배경에는 1990년대 이후의 역사부정론의 대두와 아베 정권의 등장이 있습니다.

이러한 정세를 반영해서 고이케 유리코^{小池百合子, 도쿄도지사}는 역대 지사가 요코아미초공원에서 거행되는 추도식에 매년 보내왔던 조선인 희생자를 기리는 추도문을 2017년부터 보내지 않고 있습니다. 이에 대해서 고이케 지사는 "모든 관동대지진 희생자를 위한 추도문을 발표하고 있어서 조선인 희생자만을 위한 추도문은 보내지 않는다"고 하면서, 조선인 학살에 대해서는 "다양한 의견이 있다"고 주장하고 있습니다. 조선인 학살을 부정하는 우익은 조선인 추도식이 거행되는 식장 바로 옆에서 "수천 명 학살은 날조", "일본인의 명예를 지키자"는 횡단막을 걸고 반대집회를 열고 있습니다.^{『한겨레』 2019년 9월 2일 자} 그리고 2022년에는 도쿄도에 있는 인권플라자에서 상영 예정이었던 관동대지진 때의 조선인 학살에 언급하는 영상작품의 상영이 금지되었습니다.^{『東京新聞』 2022년 10월 28일 자}

조선인 학살을 없었던 일로 하고 싶은 역사부정론자의 움직임이 활발해지고 있는 것에 더해서 정치권력에 의해서 재일코리안 및 '조선'^{대한민국과 북한의 총칭}에 대한 적대적 감정과 공포심이 심어지고 있습니다. 그 결과, 2011년에 일어난 동일본대지진 때는 "외국인 범죄가 횡행하고 있다"는 유언비어가 확산되었고, 2021년에 후쿠시마 앞바다에서 지진이 발생했을 때는 "조선인이 후쿠시마 우물에 독을 넣는 것을 봤다"는 트윗이 유포되었습니다.『한겨레』 2021년 2월 16일 자 그리고 아베 신조 전 수상 총격 사건이 일어났을 때도 "용의자 국적을 밝혀라"는 이야기가 돌았습니다.徐台敎, 2022 관동대지진 때 조선인 학살의 악몽이 언제 재현되어도 이상하지 않은 상황에 있는 것입니다.

관동대지진 100주년을 맞이한 지금, 저희는 다시 한 번 조선인 학살의 사실을 파악하고, 그 현대사적 의미를 생각할 필요가 있는 것은 아닐까요? 그리고 이 역사를 후세에 전해서 기억하는 책임을 지고 있는 것은 아닐까요?

칼럼

다마가와^{多摩川}를 걸으며 생각하는 '조선'

오키타 마이^{沖田まい}

여러분은 '다마가와'[1]를 아십니까? 관동지역에 사는 사람은 이름은 들어본 적이 있을 것입니다. 야마나시^{山梨}현, 도쿄^{東京}도, 가나가와^{神奈川}현을 흐르는 1급 하천이며, 다마가와 유역은 택지는 물론이고 대학과 연구기관, 상업시설 등도 집중되어 있으며, 사이클링 코스와 러닝 코스가 갖춰져 있는 등, 많은 사람이 즐겨 찾는 곳입니다. 하류가 도쿄와 가나가와의 경계이기도 한 다마가와는 실은 과거 조선에서 건너온 사람이 집단거주하면서 인권을 위해서 싸워 온 역사적인 지역이기도 합니다.^{朴慶植, 1984}

본격적으로 조선인이 도일^{渡日}한 것은 1910년의 '한일병합' 이전이며, 1920년경에는 3만 명 정도였던 거주자가 1930년에는 약 30만 명으로 늘

---

1 [역자주] '다마(多摩)'가 지명이고 '가와(川)'는 일반명사이기에 '다마강'으로 번역하는 것이 맞으나, 일본에서 '다마가와'가 하나의 지명처럼 정착한 점을 살리기 위해서 '다마가와'로 옮겼다.

었습니다. 여기에는 일본의 침략으로 땅이나 일자리를 빼앗겨서 경제적인 기반을 잃거나 일본이 쌀 부족으로 조선 쌀을 수탈한 결과 식량을 빼앗긴 조선인이 살아남기 위해서 일본으로 건너갈 수밖에 없었기 때문이며, 전시기에는 일본에 의한 강제 연행도 있었습니다.

다마가와 강변으로 건너온 조선인은 판잣집을 지어서 자리를 잡고 주로 자갈을 채굴하는 '자갈채집업'에 종사했습니다. 관동대지진 이후에는 무너진 도쿄 부흥을 위해서 자갈 수요가 증가해서 일본에 조선인 노동력은 필수적이었습니다.

당시 다마가와에서 나오는 자갈은 질이 좋아서 콘크리트 골재로 높은 수요가 있었습니다. 오늘날에도 많은 이용자 수를 자랑하는 게이오선京王線의 전신인 게이오전기궤도주식회사京王電氣軌道株式會社, 京王電軌도 메이지 말의 설립부터 다마가와 자갈의 채굴과 운반, 판매에 관여했으며, 개통으로부터 3년 후인 1916년에는 '조후調布역과 지금의 게이오다마가와京王多摩川역인 다마가와多摩川역 사이에 지선支線을 개통했습니다.三井住友トラスト不動産

그러나 일본에 사는 조선인의 삶은 역경의 연속이었습니다. 1930년대 전반에는 '자갈 투쟁'이 일어났습니다. 투쟁의 배경에는 조선인의 생활 기반이었던 자갈채굴업에 대한 압박이 있었습니다. 당시는 내무성 관할하에 국철國鐵이나 사철私鐵 대기업에 의한 기계 채굴이 확대했는데 이쪽에는 관청의 허가가 난 반면에 수작업으로 채굴하는 조선인에 대해서는 허가가 나지 않아서 사실상 금지되고 말았습니다. 이러한 흐름에 조선인은 저항했으며 "자갈채취권을 노동자에게 주어라, 기계선

機械船은 철폐해라"라고 외치며 데모를 하거나 어떤 경우에는 '관료와 난투'를 벌이거나 해서 생활을 지키려 했습니다.^{朴慶植, 1984}

저 자신, 학생 때는 도쿄 구니타치國立시에 살았기에 다마가와는 친근한 존재였습니다. 그러나 이러한 전전戰前의 경위를 알게 된 것은 2021년에 세미나에서 실시한 다마가와 역사답사가 처음이었습니다. 이렇게 가까운 곳에, 그리고 별생각 없이 이용하던 철도에 이런 역사가 있었던 것에 놀랐습니다. 이때 일을 계기로 저는 다마가와 주변의 재일코리안의 역사를 조사하기 시작했으며, 조후調布시에서 거행되는 시민에 의한 재일코리안 지원운동을 알게 되어, 학부 졸업논문 주제로 정했습니다.

1970년대부터 본격화된 재일코리안의 인권 회복과 차별 철폐운동에서는 재일코리안 2, 3세가 일본에 사는 '생활자'로서 투쟁하고, 이를 지원하는 일본인 시민운동도 전개되었습니다. 1980년에는 외국인등록법에 따른 외국인등록증에 대한 지문 날인에 대한 항의로서^{일본에서는 일반적으로 지문 날인은 죄를 저지른 범죄자에게 과하는 행위임} 지문 날인 거부운동指紋押捺拒否運動이 전개되었습니다.^{金隆明, 2004} 조후시에서는 이러한 거부운동을 포함한 구체적인 행동을 지원하기 위해서 '지문날인제도 철폐를 요구하는 조후 시민의 모임指紋押捺制度撤廃を求める調布市民の会, 이하 '시민의 모임''이 발족해서 활동을 벌였습니다.

제가 연구를 진행하면서 놀랐던 것은 활동에 참여한 사람들이 '인권 침해'에 대한 강한 자각 즉 "일본인 자신의 문제이다"라는 생각이 공유되어 있었던 점이었습니다.

예를 들면, 지문 날인 거부에 대해서 등록증이 발행되지 않는 문제

에 대해서는 "아시아를 멸시하는 일본인의 심성을 묻지 않고서는 일본의 재생은 기대할 수 없다. (…중략…) 인류의 한 구성원으로서 공생하는 풍요로운 마음을 가지고 싶다"회보『ひとさしゆびに自由を』No.3, 1985.9는 지적을 하고 있습니다. 개인적으로 제 마음에 각인된 부분을 인용하고자 합니다.

20년쯤 전에, 전쟁기에 일본이 한 짓을 가족끼리 이야기하고 있었다. 당시 어른이었던 사람 모두에게 일본인으로서 져야 할 책임이 있다고 격앙되어 말하는 동생. 어머니가 우시면서 말씀하신다, 일본인이 저질러 온 일에 대해서는 알고 있다. 그러나 우리는 아무 짓도 하지 않았어! 도리어 친절하게 대했다고. (…중략…) 전쟁기에 관한 이야기가 나오면 반드시 나오는 말 — "몰랐다. 아무것도 알지 못했다."[2] — 그렇다고 하더라도 그러나 피부로 느낄 수 있는 무언가가, 머리 한 편에서 솟아나는 의문점이라는 것은 없었단 말인가? 역사를 배우고, 많은 사람과 만나서 알게 되면 될수록 모른다는 것은 무서운 일이라는 생각이 든다. 알려 하지 않는 것, 알고서도 행동하지 않는 것은 악이라고 생각한다. (…중략…) 아시아 사람들을 다시는 짓밟고 싶지 않다. 일본사회에 엄연하게 존재하는 차별을 간과하고 싶지 않다.회보『ひとさしゆびに自由を』No.5, 1985.11

....

2   [역자주] 일본어 원문은 "何も知らされていなかった"이다. 이 말은 아마도 "당시 정부나 군부 또는 관리들이 당시 일반 일본 국민에게 제대로 된 사실을 아무것도 알려주지 않아서 우리는 아무것도 알수 없었다, 그래서 몰랐다"는 뉘앙스가 강한 말이다. 이 말에는 알지 못한 '나 같은 일반 국민'이 잘한 것은 아니지만 우리 잘못은 아니라고 하는 면피의 심리가 작용하는 표현이다. 세밀한 이해지만, 알지 못해서 미안하다는 뉘앙스는 아니라는 점에 유의해야 한다. 그렇게 일본 정부나 군부가 잘못했고, 일반 국민도 피해자라고 생각한다면 패전 후에 미군에 의한 GHQ시대를 거쳐서 '일본국'이 된 일본 국민은 왜 '대일본제국'이 저지른 만향에 대해서 당당하게 비판하지 못하는가, 그 비판으로 함으로써 일본국과 대일본제국이 분리되는데 말이다, 라는 지적을 하지 않을 수 없다.

‘시민의 모임’에서는 지문 날인 거부를 희망하는 재일코리안에 대한 지원책으로 시청에 갈 때 동행하고, 가두연설을 하고, 회보나 전단을 발행하는 등 다양한 실천이 있었습니다. 이 모임의 존재도 있고 해서, 조후시에서는 70명을 넘는 재일코리안이 지문 날인을 거부할 수 있었습니다.

　그런데 지금은 ‘평화롭고’, ‘풍요로운’ 시대가 되어 ‘노골적인 차별’은 줄었다고 느끼는 사람이 반을 넘을지도 모릅니다. 그러나 정말로 그럴까요? 2023년 6월 현재, ‘출입국관리제도’[3]나 ‘기능실습생제도’[4]가 일으키고 있는 문제는 이 글에서 본 과거의 문제하고 같은 것이 아닐까요? 그러하기에 과거의 인권침해하고 그에 저항한 사람들의 투쟁을 이해함으로써 조금이라도 지금을, 미래를, 바꾸어 나갈 수 있는 것이 아닐까요?

3　[역자주] 상징적인 사건이 스리랑카 여성인 위슈마 씨 사망 사건이다(당시 33세). 2020년 8월 가정 내 폭력으로 파출소를 찾아가서 불법체류 용의로 체포되어 나고야에 있는 출입국관리국 관할 시설에 수용되었다. 당초 위슈마 씨는 귀국을 희망했으나, 당시 COVID-19로 항공편을 이용할 수 없었고, 사망원인은 ‘식욕부진과 탈수 및 저영양 등으로 다장기부전’으로 기록되어 있으나, 유가족은 출입국관리국 기록을 확인한 후, 컨디션 악화를 호소했으나 출입국관국에서 필요한 의료를 제공하지 않았고, 고로 국가가 책임이 있다고 소송을 걸었고, 그 과정에서 출입국관리국에서 기록한 영상을 제대로 제출하지 않는 등 일본에서 커다란 사회 문제가 되었다.

4　[역자주] 기능실습생이란 취지는 일본의 선진 기술이나 노하우를 배우기 위해서 주로 아시아 각국에서 일본을 방문하는 외국인을 말한다. 즉 이들을 받아들여서 일본 제조업의 높은 레벨의 기술을 해외에 전수하는 것을 표방하는 제도이나, 실제로는 제조업체가 저임금 노동자를 쉽게 대량으로 확보하는 방편으로 이용하고, 그 과정에서 저임금을 비롯한 임금 체불, 노동법을 벗어난 장시간 노동, 노동재해의 발생, 각종 하라스먼트(Harassment) 등의 인권침해가 만연한 문제. 여기에도 아시아인을 멸시하는 일본사회의 차별이 있다는 지적을 하고 있다. 참고로 2022년 기준으로 베트남인이 202,218명으로 전체 64%이고, 중국인이 54,161명으로 17.2%, 인도네시아인 29,716명으로 9,4%, 필리핀인이 28,553명으로 9.0%를 차지한다.

분명히 당신 가까이에도 존재하는, 다마가와를 비롯한 '일본 안의 조선'에 발품을 팔아서 함께 생각해 보지 않으시겠습니까?

오사카 이쿠노^{生野}와
교토 우토로^{ウトロ}를 방문하며

이상진^{李相眞}

오사카에 있는 일본 최대의 코리아타운

저는 2023년 3월 3일부터 7일까지 오사카, 교토 여행을 다녀왔습니다. 2022년에 공개된 드라마 〈파친코^{Pachinko}〉를 시청한 것이 계기였습니다. 〈파친코〉는 재일코리안 여성의 삶을 그린 소설이 원작이며, 주인공 여성이 식민지 조선에서 일본으로 건너와 생활을 영위한 곳이 바로 오사카 이쿠노^{生野}구였습니다. 우연입니다만, 드라마를 본 후, 학부 세미나에서 김찬정^{金贊汀}의 『異邦人は君ケ代丸に乗って一朝鮮人街猪飼野の形成史』^{岩波書店, 1985}라는 책을 읽었습니다. 예전에 '이카이노^{猪飼野}'라 불린 오사카 이쿠노구 일대에 한국 / 조선인이 정착하게 된 역사를 서술한 책을 읽어나가면서 드라마 영상이 중첩되어 현장을 직접 방문하고 싶다는 생각이 들어서였습니다.

쓰루하시鶴橋역 주변은 지금은 일본 최대의 코리아타운으로 유명합니다만, 그 분위기는 역 구내에서 벌써 느낄 수 있었습니다. 역 구내에 있는 김밥이나 김치 등을 판매하는 자판기가 저를 맞이해 주었습니다. 그리고 개찰구를 나오면 한쪽으로는 불고깃집이 가득 들어서 있었고 오른쪽에는 '쓰루하시 상점가鶴橋商店街'라고 적힌 간판과 함께 한국풍 시장이 펼쳐져 있었습니다.

쓰루하시역에서 10분 정도 걸으면 다른 '조선시장'이 하나 있습니다. 미유키御幸거리에 있는 '오사카 이쿠노 코리아타운'입니다. 저는 일부러 뒷골목을 이용해서 '오사카 이쿠노 코리아타운'으로 향했습니다. 거리에서 한국 분위기를 맛보고 싶었기 때문입니다. 거리를 걷고 있으면 한국 이름이 적힌 문패가 있는 집이 드문드문 보였습니다.

한때 '이카이노'라 불렸던 이 지역에서는 시가지가 발전하면서 조선인 노동자 모습을 볼 수 있게 되었는데, 조선인이 이곳에 정착하기 시작한 것은 1920년대에 들어서였습니다. 1923년부터 한반도 최남단에 있는 섬인 제주도하고 오사카를 잇는 '기미가요마루君ヶ代丸'라는 연락선이 운항하게 되어, 식민지지배로 인해서 괴멸상태에 빠진 제주도에서 많은 사람이 오사카로 넘어왔습니다. 오사카부大阪府에 거주하는 조선인은 1923년 이후에 급속도로 증가해서 1940년대에는 40만 명을 돌파할 정도였습니다.杉原, 1998

조선인은 지금의 쓰루하시역 일대에 집단거주하게 되었습니다만, '개하고 조선인은 사절'이라는 식으로 조선인에 집을 빌려주지 않은 차별적인 분위기가 만연하고 있었습니다. 어렵게 집을 임차한 조선인도

좁은 집에 10명 이상이 함께 사는 열악한 거주환경에서 하루하루 생활을 이어가야 했습니다.

많은 조선인은 노동환경이 열악해서 일본인 노동자가 잘 가지 않은 영세한 공장에서 일했습니다만, 아주 차별적인 대우를 받고 있었습니다. 조선인 노동자는 일본인 노동자에 비해서 낮은 임금을 받고 있었습니다만, 그 임금은 집세를 내면 얼마 남지 않은 수준이었다고 합니다.金贊汀,1985 거리를 걷다 보면 눈에 들어오는 한국 이름으로 된 문패는 멀리 고향을 떠나서 이국땅에 넘어온 조선인의 힘들고 아픈 역사를 말해주는 것 같았습니다.

이런저런 생각에 잠기면서 걷다 보니, '오사카 이쿠노 코리아타운'이 보이기 시작했습니다. '오사카 이쿠노 코리아타운'은 '쓰루하시 상점가'하고 비교해서 옛정서가 느껴졌으며, 몇몇 가게 앞에는 제주도를 상징하는 '돌하르방'이 놓여 있었습니다.

이 지역에 많은 조선인이 거주하게 되자, 이에 맞춰서 한국 / 조선의 음식을 판매하는 노점이 형성되었습니다. 경찰은 이들 노점을 '불결'하다는 이유로 단속을 했습니다만, 조선인이 증가함에 따라서 노점은 계속 늘어나기만 했고, 결과적으로 '조선시장'이라고 불리게 된 것입니다. 이 '조선시장'이 지금의 '오사카 이쿠노 코리아타운'의 기원입니다.金贊汀,1985 한편으로 '쓰루하시 상점가'는 패전 후에 쓰루하시역 근처에 형성된 암시장이 발전해서 형성된 것입니다만, 여기에 조선인이 진출해서 지금처럼 한국풍 시장이 만들어진 것입니다.パク・ミア,2020

일본 최대의 코리아타운인 오사카 이쿠노구에는 많은 관광객이 방문하고 있습니다. 그런데 이곳이 식민지지배 때문에 일본으로 건너온 조선인의 땀과 눈물이 스며있는 땅임을 얼마나 제대로 기억되고 있을까요?

주민운동으로 지켜낸 땅, 우토로

교토부京都府 우지宇治시 이세다초伊勢田町에 있는 우토로지구. 이곳은 약 60세대가 거주하는 작은 재일코리안 집단거주지역입니다. 가까운 역에서 걸어서 10분 거리에 있는 우토로지구는 한국사회에서 가장 잘 알려진 재일코리안 정착지이기도 합니다. 역에서 걷다 보면 멋진 3층 건물이 눈에 들어옵니다. 바로 '우토로 평화기념관ウトロ平和祈念館'입니다. '우토로 평화기념관'은 우토로지구 역사를 알려서 우토로와 사회를 잇는 것을 목적으로 2022년 4월에 개관한 시설입니다.

우토로의 역사는 1940년으로 거슬러 올라갑니다. 중일전쟁 발발 후, 일본 정부는 비행장 건설을 추진합니다만, 그 계획의 일환으로 '교토 비행장' 건설이 교토에서 추진되었습니다. 이 비행장 건설을 위한 토목작업과 축지작업을 담당한 것이 "나라 사업이기에 (다른 일로) 징용으로 끌려가지 않는다", "주거도 제공된다"는 선전문구로 모집한 조선인이었습니다. 공장 건설에는 조선인 노동자 숙소로 '함바飯場'[1]가 세워졌는데, 이곳 우토로에도 '함바'가 만들어졌습니다. 그런데 '함바'에서의 생활은 "사람 취급을 못 받는다"는 말을 들을 정도로 매우 처참했습니다.

지붕은 삼나무 껍질을 얹기만 해서 비가 새고, 여름에는 찌는듯한 무더위로 견디기 힘들고, 겨울에는 벽 틈새에서 눈이 들어왔습니다. 평화기념관 앞에서 우토로에 유일하게 남아있는 '함바'가 전시되고 있습니다만, 이것이 우토로지구 역사의 시작입니다.

이러한 가운데, 일본이 패전하자 조선은 일본의 식민지지배에서 해방되었습니다. 우토로에서 일하던 많은 조선인은 고향으로 돌아갔습니다만, 이런저런 이유로 일부 사람은 이곳에 남았습니다. 한편, 조선인 커뮤니티를 찾아서 다른 지역에서 우토로로 들어온 사람도 있었습니다. 해방 후에 계속되는 어려움과 위기 속에서도 우토로 주민은 힘을 모아서 난국을 하나씩 극복해서 일본사회의 차별과 편견에 대항해서 그들의 권리를 요구해 왔습니다. 이곳 주민에게 우토로는 단순한 생활공간이 아니라 그 이상의 장소였던 것입니다.

그런데 이곳 주민에게 우토로에서 퇴거해야 하는 위기가 닥쳤습니다. 전후에 우토로지구의 토지 소유권을 승계한 닛산차체^{日産車體}는 주민의 의향을 묻지 않고 토지소유권을 매각해 버립니다. 그리고 소유권을 넘겨받은 니시니혼식산^{西日本殖産}이 주민을 '불법점거자'로 규정하고 퇴거를 요구하는 소송을 일으킨 것입니다. 재판에서는 주민들이 이 땅에 살

---

1 [역자주] '함바'라는 말이 등록된 국어사전이 꽤 있고, 방송이나 신문에서도 '함바'라는 말이 어원도 알지 못한 채로 사용되고 있다. '함바'가 등록된 사전에서 그 의미를 보면 "건설 현장에서 마련되어 있는 식당"으로 되어 있으며, 의미는 맞다. 그러나 이 '함바'라는 말은 일본어 '飯場(はんば)'를 그대로 한글로 표기한 것이다. 한자부터 '밥먹는 곳'인데, 이 '함바'는 흔히 말하는 '일제 잔재', '왜색 용어' 등에 해당한다고도 할 수 있다. 건설 현장에서 인부가 식사하는 식당을 말하니, '공사장 식당' 정도로 옮길 수도 있으나, 차제에 이 각주를 통해서 어원을 확인도 할 겸해서 '함바'로 했다.

게 된 역사적 경위는 완전히 무시되어 단순한 '토지문제'로 다툼이 이어졌습니다. 주민들은 우토로를 지켜내기 위해서 대항했으며, 주민들의 투쟁을 시민이 지원했습니다.

하지만, 재판에서 주민들은 차례로 패소했고, 2000년에는 최고재판소에서 패소가 확정되었습니다. 그러나 주민들은 단념하지 않고 더 목소리를 냈습니다. 이러한 목소리는 한국사회에도 알려졌습니다. 한국에서 대규모 모금운동이 전개되었으며, 매스컴이 연일 우토로 문제를 방송에 내보냈습니다. 이런 움직임이 한국 정부의 우토로 예산지원으로 이어져서 주민들은 우토로 토지의 상당 부분을 매입하는 데 성공했습니다. 주민에 의한 운동, 재일코리안 사회의 단결, 일본과 한국 시민사회의 지원으로 최고재판소 판결을 사실상 뒤엎은 것입니다.中村, 2022 '우토로 평화기념관'도 이런 운동의 결실로서 문을 열게 된 것입니다.

다만 우토로 주민을 지원한 시민사회의 이면에는 아직도 재일코리안, 그리고 우토로에 대한 차별과 헤이트가 만연되어 있는 일본사회의 현실이 있습니다. 2021년 8월 30일, 20대 일본인 남성에 의한 방화 사건으로 우토로지구 서쪽에 있는 건물 7채가 피해를 입었습니다. 범인은 인터넷상에 범람하는 차별적인 정보에 영향을 받아서 한국 / 조선에 대한 적대심을 가지게 되었다고 밝혀졌습니다. 우토로 사람들이 안심하고 살 수 있는 날은 언제 실현이 될까요? 실제로 현장에 가서 화재 흔적을 보면서, "일본사회에서 한국 / 조선은 도대체 어떤 존재인가?"라는 물음이 생기기 시작했습니다.

오키나와와
일본군 '위안부' 문제

아사쿠라 기미카^{朝倉希実加}

일본군 '위안부' 문제라는 말을 들으면 일본군이 중국을 비롯한 아시아 각국에 '위안소'를 설치한 일을 떠올리는 사람이 많지 않을까요? 물론 '위안소'는 전쟁터가 된 아시아 각국에 설치되었습니다만, 일본에도 '위안소'는 존재했습니다. 그중 하나가 오키나와입니다. 오키나와에서는 지상전을 대비해서 군이 배치되면서 많은 '위안소'가 설치되었습니다. 여기부터는 오키나와에서 일본군 '위안부' 제도가 어떻게 전개되었는지, 그리고 조선에서 오키나와 도카시키^{渡嘉敷}섬으로 끌려와 '위안부'가 된 한 조선인 여성, 배봉기^{裵奉奇} 할머니가 어떤 삶을 살았는지에 대해 이야기하겠습니다.

오키나와의 일본군 '위안부' 제도

오키나와에는 약 140개의 '위안소'가 존재했던 사실이 확인되고 있습니다.^{洪玧伸, 2022} 이들 '위안소'에는 조선인, 오키나와 출신 여성, 본토 출신^{대부분 규슈지역 출신} 여성이 있었습니다.

일본인 '위안부' 존재를 생각할 때 간과해서는 안 되는 것이 오키나와의 공창제도입니다. 오키나와에서는 1672년에 치지^辻, 나카시마^{仲島}, 그리고 나중에는 와탄지^{渡地}에 창기를 몰아서 유곽이 설치되었습니다. 이들 유곽에 있던 창기는 '쥬리'라 불렸습니다. 1879년에는 근대 공창제도가 확립되었으며, 1908년에는 나카시마, 와탄지에 있던 유곽이 치지에 통합됩니다. 오키나와 출신으로 '위안부'가 된 여성의 상당수가 치지에 있던 '쥬리'였습니다. 당시 나하^{那覇}경찰서 야마카와 야스쿠니^{山川泰邦}의 증언에 따르면 모든 주둔지에 500명의 '위안부'가 치지에서 동원되었다고 합니다.^{古賀, 2008~2009} 그중에는 1944년 10월 10일에 미군기에 의해 나하 중심부의 약 90%가 소실된 '10·10 공습'으로 치지가 사라져서 집도 수입을 얻을 방도도 잃어버렸기 때문에 '위안부'가 될 수밖에 없었던 경우의 사람도 있었습니다.

1941년에 미나미다이토^{南大東}섬에 설치된 '위안소'가 오키나와 최초의 '위안소'로 알려져 있습니다. 미나미다이토섬은 다이토 제도^{諸島} 중에서 유일하게 비행장이 있는 섬이며, 해군과 함께 조선인 '위안부'도 6명 정도가 온 사실, 이외에도 오키나와 본섬에서 온 여성이 있었다는 사실이 확인되고 있습니다.

오키나와 '위안소'에 많은 여성이 연행된 것은 최초의 '위안소'가 설치되고부터 몇 년이 지난 1944년의 일이었습니다. 3월 22일에 대본영^{大本營}이 직할하는 제32군이 창설되어,[1] 오키나와 각지에 비행장을 건설하고 본토를 방위하는 임무가 주어졌습니다. 이 비행장 건설로 열악한 노동환경에 놓여서 불만을 품은 일본군 병사에 의한 주민에 대한 강간을 두려워한 군에 의해서 '위안소' 설치가 추진된 것입니다. 군이 이런 판단을 한 것은 중국 등에서의 전선에서 일본군 병사에 의한 강간이 자주 발생해서 현지 주민의 반발을 초래한 일이 있었기 때문이었습니다. 육군의 중요한 기지가 다수 존재했기 때문에 '위안소'는 오키나와 본섬 중남부, 특히 나카가미^{中頭}지구^{中部}에 집중했다고 합니다.^{古賀, 2008~2009} 그리고 부대 이동에 따라 '위안소'도 이동했습니다. 그중에는 부대가 이동한 뒤에 다른 부대가 '위안소'를 인수한 예도 있었습니다.^{洪玧伸, 2022}

1945년 3월 23일, 오키나와 본섬과 주변 섬에 대한 미군의 공격이 시작되어 군부대와 함께 '위안소'도 지하호^{地下壕}로 피난했습니다. 지금의 난죠^{南城}시인 당시 다마구스크^{玉城}촌의 이토카즈 아부치라가마처럼[2] 호

---

1 **[역자주]** 1944년 3월 22일에 대본영 직할 부대. 미군의 오키나와 상륙에 대비해서 슈리성(首里城) 바로 밑에 대형 호를 구축해서 근거지로 삼았다. 이 호는 1944년 12월에 착공, 1945년 3월에 오키나와 전투가 시작 직전까지 계속되었다. 지하호 규모는 직선거리로 약 375m, 총연장은 약 1,000m로 추정. 1945년 4월 1일 연합군이 오키나와 본섬에 상륙, 5월 말에 슈리 함락, 제32군은 남부 마부니(摩文仁)로 퇴각해서 저항했으나, 6월 23일 우시지마(牛島) 사령관 자결로 끝났다.

2 **[역자주]** '가마'는 오키나와에 있는 천연 동굴을 말하는데 이토카즈의 아부치라가마라는 자연 동굴은 원래는 이 지역의 피난처였으나, 오키나와 전투 때 일본군의 진지 호(壕), 창고로 사용되었다. 군의, 간호사, 히메유리(ひめゆり) 학도대(学徒隊)가 배치되어 전장 270m의 가마 안에 600명 이상의 부상병으로 채워졌다. 1945년 8월 22일, 미군의 투항권고에 의해 주민과

안에 초가 목조 2층짜리 작은 '위안소'가 세워진 사례도 있었습니다. 이 동굴^{가마}에는 조선인 여성 6~10명과 오키나와 출신 여성 6~7명이 있었다고 합니다. _{古賀, 2008~2009}

군은 '기밀 보호'라는 명목으로 주민 눈을 피해서 '위안소'를 설치하려 했습니다. 그러나 약 60군데 있는 '위안소'가 군이 민가를 접수하는 형태로 설치되었기 때문에 실제로는 주민의 눈을 피할 수는 없었습니다. 그리고 민가를 접수했다는 것은 원래 그 집에 살았던 주민이 강제적으로 쫓겨났다는 것을 의미하기도 합니다, 이외에 군이 새로 건설한 것, 종래 여관이나 요정을 이용한 것, 병원과 공민관 등 공적 기관을 이용한 것 등이 있었습니다.

'위안소'에는 매일 많은 병사가 줄을 서 있던 모습이 주민에 의해 목격되고 있습니다. 여성들은 하루에 몇십 명이나 되는 병사를 상대해야 하는 상황에 놓여 있었습니다. 그리고 여성들은 외출이 제한되어 주민과 접촉하는 것도 금지되어 있었습니다. '위안소'에서는 성병 검사가 실시되었으며, 지금의 차탄^{北谷町}·가데나초^{嘉手納町}에 해당하는 차탄촌^{北谷村}에 있던 오야마^{大山} 의원에서 근무한 간호사가 성병 검사에 저항해서 구타당하는 조선인 여성을 목격하고 있습니다. 이 성병 검사에 대해서는 2주일에서 한 달에 1회 실시되었으며, 16~17세 정도로 보이는 조선인 여성 10~15명 정도가 검사를 받았다고 합니다만, 병원에 치료약이 없어서 성병에 감염이 되어도 치료는 할 수는 없었다고 합니다. 그리고

부상병이 가마에서 나왔다.

이 성병 검사는 일본인 여성에 대해서는 실시하지 않았으며, 조선인 여성에 대해서만 실시되었다는 증언도 있습니다. 식사에 대해서도 군의 관리를 받고 있었습니다만, 조선인 여성이 고구마를 찾아나선 모습이 목격되는 등, 충분한 식사가 제공되지 않고 있었던 것으로 보입니다.[16]

賀, 2008~2009

'위안소'에서는 조선인 여성과 오키나와 출신 여성, 오키나와 이외의 현 출신 여성으로 구분되어 대우가 달랐습니다. 많은 조선인 여성이 가장 가혹한 환경에 놓였습니다. 대우에 대한 차별 유무가 어떻든 이러한 구조하에서 성폭력이 정당화되고 있었던 것입니다.

'위안부'에게는 간호사 교육도 받게 해서 전황의 변화에 따라 야전병원에서 잡무를 맡거나 호 내에서 간호를 맡기기도 했습니다. 그런데 전황이 악화하자, 군은 '위안부'에게 군에 의존하지 말고 자력으로 살 것을 명령했기 때문에 여성들은 '자력'으로 전쟁터를 헤매게 된 것입니다. 특히 조선인 여성들은 말도 지리도 모르는 상태에서 전쟁터에 방치되고 말았습니다. 그녀들 중에는 얼마 후 사망한 사람이나 배봉기 할머니처럼 일본군 병사와 함께 투항한 사람, 미군에 의해서 수용소에 보내진 사람도 있습니다. 수용소에 보내진 여성은 미군이 설치한 병원이나 고아원에서 일했다고 합니다.

그 후에 귀국선을 타고 한반도로 귀국한 여성도 있었습니다만, 배봉기 할머니처럼 귀국선의 존재조차 알지 못해서 귀국하지 못한 여성도 있었습니다. 조선으로 돌아갈 수 있었던 여성과 그러지 못한 여성의 분단에 대해서 생각하면도 동시에 우리는 그녀들이 전후에 받아야 했던 아픔에 대해서 생각할 필요가 있는 것은 아닐까요? 가령 귀국할 수 있었다고 해도, 살아서 돌아온 자에 대한 차별적인 시선, 가족과의 갈등, 신체적·정신적인 상처 등 많은 어려움에 직면해야 했습니다. 전후에도 술집을 전전하면서 살아남은 배봉기 할머니처럼, 귀국하지 못하고 오키나와에 남겨진 여성도 전후에 온갖 고초를 겪어야 했습니다. 전쟁이 끝났다고 해서 그녀들의 고통과 아픔이 끝난 것은 아닙니다.

배봉기 할머니 인생을 생각한다는 것

다음은 조선에서 오키나와로 '위안부'로 끌려온 배봉기 할머니의 인생에 대해서 살펴보겠습니다. 더 자세한 내용을 알고 싶은 사람은 가와다 후미코川田文子 씨의 『新版 赤瓦の家―朝鮮から来た従軍慰安婦』高文研, 2020를 읽어 보시기 바랍니다.이하, 이 책에 의함

배봉기 씨는 1914년 9월에 충청남도 신례원新禮院에서 태어났습니다. 부친은 농가에 고용되어 일하셨고 배봉기 씨는 남동생과 함께 가난한 생활을 보냈습니다. 이 가난의 배경에는 일본의 식민지지배가 있었습니다. 일본은 1910년 3월부터 '토지조사사업'을 실시하는 등 경제적인 수탈 정책을 추진하였고, 그 결과 조선인의 대부분이 빈곤에 빠졌습니다. 가난한 생활 때문에 배봉기 씨는 고용살이로 나가야 했고, 이후 두 번의 결혼을 경험했습니다. 하지만 남편과의 생활을 단념한 배봉기 씨는 혼자 마을에서 나와서 여기저기를 전전하면서 농가에 고용되어 일

하는 생활이 한동안 계속되었습니다.

이런 생활을 하던 중에 29살 때 흥남興南에서 낯선 남자가 배봉기 씨에게 말을 걸어왔습니다. 이 남자는 "일하지 않고 돈을 벌 수 있는 곳이 있다", "나무 밑에서 입을 벌리고 있으면, 바나나가 떨어져 입에 들어온다"며 배봉기 씨를 꼬드겼고, 배봉기 씨는 큰돈을 벌 수 있다는 말에 마음이 흔들렸습니다. 가고시마鹿児島에서 배봉기 씨 일행은 배에 실려서 1944년 11월 3일에 나하那覇항에 도착했습니다. 당시 오키나와는 '10·10 공습'으로 폐허가 된 상태였습니다. 그리고 배봉기 씨는 나하에서 도카시키섬으로 보내졌습니다. 배봉기 씨가 달콤한 말에 속아서 끌려간 배경에는 일본의 식민지지배로 강요된 빈곤이 있었습니다.

배봉기 씨 일행이 도카시키섬에 도착하자, "조선 삐~과ピーぐゎ[3]가 왔

3　**[역자주]** 일본어로 'ピーぐゎ'로 표기되어 있는데, 'ピー'는 중국어 '屄'에서 온 말이며 '여성의 음부'를 가리키며 이 말은 '종군위안부'를 지칭하는 당시 군대에서 사용된 은어이다. 이런 은어가 만들어지고 사용되었다는 것은 은어가 만들어지고 사용될 정도로 일본군에 의한 '위안소' 운영이 일상화, 상습화되고 있었다는 사실을 뒷받침해준다고 할 수 있다. 한편 'ぐゎ'는 오키나와 방언이며, 주로 명사, 형용사, 부사 뒤에 붙어서 '작다'는 개념을 말인데, 여기서 '작다'는 뜻은 널리 애칭, 경멸어, 강의어(强意語)로 사용되기도 한다. 즉 '조선인 작은 종군위안부' 등으로 해석하지 않고 '삐~과'라는 음을 그대로 한글로 표기한 것은, 앞에서 지적한 것처럼 이런 은어가 통용될 정도로 '위안소' 설치라는 국가권력에 의한 성폭행이 제도적으로 자행되고 정당화되고 있었다는 사실에 대한 증거를 하나 기록하고 남기기 위함이다. 한편 오다 미노루(小田実)가 오사카를 무대로 일본사회에 만연된 재일코리안이나 피차별부락민을 통해서 '차별' 문제를 소재로 한 소설 『冷え物』(1969)에 "여자와 할 자격은 없어. 삐~하고도 말이야"라는 대목이 있다. 한편 『冷え物』에 대해서 부락해방동맹이 소설 중에 나오는 피차별부락민을 경멸하는 차별 용어 '四つ' 등에 대해서 차별이라고 문제삼아서 『冷え物』를 '차별소설'이라고 규탄하기도 했다. 참고로 '四つ'는 'よっつ'라 읽고 뜻은 '4개'인데, 농경사회에서 농경 작업을 더 이상 할 수 없게 된 다리가 4개인 가축 즉 소나 말을 처리하는 일을 맡은 피차별신분 '에타(穢多)'를 멸시하는 말이다.

다"는 소문이 바로 주민들 사이에 퍼졌습니다. '위안소'는 마을 외곽에 있는 민가를 접수해서 설치되었으며, 배봉기 할머니는 여기서 '아키코'라 불렸습니다. 다른 6명은 각각 기쿠마루, 하루코, 스즈란, 가즈코, 밋짱, 아이코라 불렸습니다. 배봉기 할머니는 이들 중에서 가장 나이가 많은 맏이였습니다. '위안소'에서 소녀들이 너무 울어서 눈이 부어오른 모습이나 설날에 술을 마시고 울기 시작한 여성의 모습이 이웃집 주민과 아이들에 의해 목격되고 있습니다. 병사들이 '위안소'로 몰려드는 생활 속에서 배봉기 할머니가 가장 힘들었던 것은 생리 때였습니다. 그때조차도 쉬지 못했다고 합니다.

이러한 '위안소'에서의 생활은 전쟁 상황의 악화로 인해 끝이 났습니다. 1945년 3월 23일, 배봉기 할머니 일행은 미군의 공습을 맞닥뜨렸습니다. 이때 배봉기 할머니를 포함한 3명은 무사했지만, 2명은 다리를 다쳤고, 1명은 그 자리에서 중상을 입고 병사가 대피시키려 했을 때 사망했다고 합니다. 그 후, 배봉기 할머니 일행은 산에서 미군기의 공격을 피하며 연명하는 생활을 하다가 군의 취사반에 들어가게 되었습니다. 배봉기 할머니 일행은 여기서 죽을 만들고 물을 긷는 일을 담당했습니다. 이러한 생활을 하면서 배봉기 할머니 일행은 항상 배고픔에 시달렸고, 미군의 공격으로 언제 죽을지 모르는 상황에 놓여 있었습니다. 그러다가 배봉기 할머니는 8월 26일, 병사들과 함께 무장 해제식에 임하게 된 것입니다.

오키나와 본섬의 야카屋嘉 수용소에서 이시카와石川 민간인 수용소로 옮긴 배봉기 할머니는 수용소를 나왔을 때 갈 곳도 의지할 사람도 없었습니다. 그래서 수용소를 나온 배봉기 할머니는 보자기 하나를 머리에 이고, 지카타비地下足袋라는 일종의 일본식 작업화를 손에 들고, 맨발로 계속 걸었습니다. 밤이 되면 술집에서 일했으며, 2, 3일, 길면 일주일후에는 다시 다른 장소를 향해서 걷기 시작하는 그런 생활을 계속했습니다. "왜 이렇게 장소를 옮겨 다니며 계속 걸었느냐"라는 질문에 그는 비명을 지르듯 답했습니다. "불안한 마음에 안정이 되질 않아, 마음 편히 정착할 수 없는 거야." 이렇게 끊임없이 걸어 다니는 생활이 약 1년동안 계속되었답니다. 그리고 마음에 드는 가게에서는 1개월, 2개월, 반년, 1년으로 점차 오래 일하게 되었습니다. 그렇지만 결국 배봉기 할머니는 술집을 전전하며 계속 일했습니다.

배봉기 할머니의 존재가 일본사회에 알려지게 된 계기는, 1972년 오키나와의 일본 복귀였습니다. 일본 정부는 1945년 8월 15일 이전에 일본에 입국한 조선인에 대해서 '특별영주허가'라는 조치를 취했습니다만, 그 신청 기한을 3년간 즉 1975년까지로 제한했습니다. 배봉기 할머니는 교육을 받지 못했기 때문에 일본어도 한국어도 읽고 쓰기가 되지않아서 혼자서 신청 서류를 제출할 수가 없었습니다. 강제 퇴거를 염려한 배봉기 할머니는 이전에 일했던 식당 주인에게 자신이 '위안부'로 오키나와로 끌려왔다는 사실을 털어놓았습니다. 식당 주인은 배봉기 할머니가 경험한 내용을 담은 탄원서를 오키나와 출입국관리사무소에 제출했고, 이에 의해서 배봉기 할머니는 '특별영주' 자격을 얻을 수 있었습니다. 이때 『고치신문高知新聞』에 배봉기 할머니 기사가 실려서 배봉기 할머니는 '커밍아웃'을 할 수밖에 없었던 것입니다. 1991년 김학순 할머니가 '위안부'였음을 고백하기 전의 일이었습니다.

　이후, 배봉기 할머니는 재일본조선인총연합회^{조총련} 오키나와 지부에서 일하고 있던 김현옥^{金賢玉} 부부와 교류하면서 점차 삶에 대해 생각하게 되었습니다. 배봉기 할머니는 처음에는 "내 운명이 나빴어"라고 생각하고 있었습니다. 하지만 김현옥 부부로부터 조선이 일본의 식민지가 되었기 때문에 일어난 일이라는 이야기를 듣고 자신이 힘들게 살아온 삶의 배경에 있던 문제에 대해 생각하게 되었습니다. 쇼와^{昭和} 천황이 사망했을 때는 "사과도 안 하고 죽어버리다니", "사과해 주길 바랐다"고 말했다고 합니다. 그리고 고향에 가자는 권유에는 "가고는 싶지만, 갈 수 없어"라며 눈물을 흘렸습니다. 갈 수 없다고 한 이유는 한반도가 통일되지 않았고, 한국에도 미군 기지가 있기 때문이었습니다.「インタビュー・金賢玉さんに聞く」

　그렇게 말년을 보낸 배봉기 할머니가 세상을 떠난 것은 1991년 10월 18일이었습니다. 배봉기 할머니의 49재를 겸한 추도식이 열린 12월 6일에는 많은 사람이 모였습니다. 공교롭게도 그날은 김학순 할머니가 도쿄지방재판소에 소송을 제기한 날이기도 했는데, 어디서 아셨는지 김학순 할머니는 배봉기 할머니 추도식에 조의금을 보내주셨다고 합니다. 이처럼 본인의 의지가 아니라 '위안부'라고 고백하지 않을 수 없었던 배봉기 할머니의 마음이 김학순 할머니에게로 이어진 것이 아닐까요? 배봉기 할머니의 존재는 그 후의 일본군 '위안부' 문제 해결운동의 시작이었다고도 할 수 있습니다.

　우리는 배봉기 할머니의 삶을 어떻게 생각할 수 있을까요? 그 배경에 있는 식민지지배 문제, 젠더 문제, 인종차별 문제, 계급 문제, 그리고 현재도 계속되는 본토와 오키나와의 불균형한 관계성, 이러한 문제까지 생각해야 하지 않을까요? 배봉기 할머니의 삶에서 '위안소'에서의 생활, 군인의 성 상대를 강요당한 경험에만 주목하면 되는 것이 아닙니다. 유소년기에 왜 가난한 생활을 해야만 했는지, 왜 큰돈을 벌 수 있다는 감언이설에 마음이 흔들렸는지, 왜 전쟁이 끝난 후에도 술집을 전전하는 방법으로밖에 살 수 없었는지, 여기에 얽히고설킨 많은 문제가 있었던 것이 아닐까요? 그리고 오키나와까지 끌려온 조선인 여성 중에서 그녀들의 삶이 명확하게 밝혀진 사람은 배봉기 할머니뿐입니다. 여기에는 이름도 알지 못하고, 언제 어디서 세상을 떠났는지, 어떤 삶을 살았는지도 알지 못하는 조선인 여성들이 있었다는 사실을 잊어서는 안 됩니다.

여전히 계속되는 문제

저희 가토 세미나^{학부 세미나·대학원 세미나 학생의 일부}에서는 지난해 7월 오키나와를 방문했습니다. 이토카즈 아부치라가마에 들어갔고, 요미탄^{読谷}촌의 '위안소' 자리도 방문했습니다. 그리고 배봉기 할머니와 오랫동안 교류한 사람으로부터 배봉기 할머니의 이야기를 듣고, 배봉기 할머니의 모습이 더 선명하게 떠올랐으며, 배봉기 할머니의 삶에 대해 더욱 깊이 생각하게 되었습니다. 도카시키섬으로 건너가, 배봉기 할머니가 지낸 '위안소' 자리, 희생된 여성들을 위로하기 위해 세워진 '아리랑 위령비', 배봉기 할머니와 같은 '위안소'에 있었던 하루코 씨의 유골이 모셔져 있는 '백옥의 탑' 등을 둘러보았습니다. 실제로 전쟁터였던 오키나와를 돌아보며 배움으로써, '역사' 이야기는 과거의 이야기가 아니라 현재와 연결된 이야기이며, 거기에 한 사람 한 사람의 인생이 있다는 것을 다시금 생각하게 되었습니다. 그리고 많은 기념비를 돌아보면서, 지금을 살아가는 우리가 이 역사를 어떻게 기억하고 계승할 것인가에 대한 질문을 받고 있다고 느꼈습니다.

지금까지 오키나와에 있었던 일본군 '위안부' 제도의 전개, 그리고 배봉기 할머니의 삶에 대해 말씀드렸습니다. 일본군 '위안부' 문제는 아직도 해결되지 않았으며, 오키나와에는 지금도 많은 미군 기지가 있고, 성폭력 사건도 일어나고 있습니다. 하지만 본토 사람들은 지금도 많은 미군 기지를 오키나와에 떠넘기고 있다는 사실, 그리고 역사적으로 오키나와 여성들이 성폭력에 노출되어 있었다는 사실에 대해서 아직도 제대로 마주하지 않고 있습니다. 본토 사람들은 '투명하고 파란 바다' 등, 오키나와를 관광지로서만 주목하고 있으며, 오키나와에서 일본군 '위안소'가 존재했고, 그곳에 있었던 조선인의 존재, 지금도 계속되고 있는 미군 기지와 성폭력의 문제는 무시되고 있습니다. 지금도 존재하는 본토와 오키나와의 비대칭적인 관계를 고려하면서, 저희는 이러한 복잡하게 얽힌 문제를 우리 문제로 생각하고 계속 고민하고 노력해 나가야 하지 않을까요?

배움터 '라온' 소개

이상진 李相眞

　일본사회에서 사는 재일코리안은 여러 장면에서 차별과 편견에 직면하면서 생활하고 있습니다. 그런데 재일코리안을 둘러싼 문제는 무관심과 몰이해에 노출되어 있습니다. 일부의 관심이 있는 사람인 경우도 재일코리안을 둘러싼 문제를 외국인 차별과 같은 선상에서 접근하는 경우가 많습니다. 그러나 재일코리안이 일상에서 경험하는 차별과 편견은 외국인 차별인 동시에 당시 조선에 대한 일본의 식민지지배에 의해 만들어진 차별이 그 근간에 있다는 점은 이미 이 책에서 설명한 그대로입니다.

　이러한 상황을 바꾸기 위해서 2023년 3월에 설립된 것이 NPO법인 '라온'입니다. '라온'이란 한국어로 '즐겁다'는 의미이고, 재일코리안의 존재와 그 역사를 배워서 생각하는 장을 제공하는 것을 목적으로 합니다. 주로 일본 청년에 대해서 역사 학습을 목적으로 한 영화 상영회, 필드워크, 독서회 등의 사업을 하고 있습니다.

'라온'은 2023년 4월에 제1회 영화 상영회를 개최해서 〈우리 학교^{ウリ}

ハッキョ〉 金明俊, 2006를 상영했습니다. 〈우리 학교〉는 홋카이도^{北海道} 조선초중고급학교를 무대로 제작된 영화입니다만, 이 영화를 통해서 재일코리안에게 조선학교가 가지는 의미가 어떤 것인지에 대해서 함께 생각해 보는 것을 목표로 했습니다. 그 다음 단계로 5월에는 영화 상영회를 발전시킨 행사로서 서경식^{徐京植}의 『在日朝鮮人ってどんなひと?』^{平凡社, 2012}을 대상으로 한 독서회를 개최했습니다. 지금을 살아가는 재일코리안이 놓여 있는 상황, 이 상황을 타파하기 위해서 우리가 할 수 있는 일에 대해서 의견을 공유했습니다. 이 행사는 가나가와^{神奈川} 조선중고급학교에서 개최되었기에 참가자에게 이 행사가 지향하는 의미가 명확하게 전달되지 않았나 생각합니다.

그리고 6월에는 영화 〈在日「人物編」〉^{吳德洙, 1997} 상영회를 실시했습니다. 일본 패전부터 50년 동안 재일 1세, 2세, 3세 6명이 살아가는 방식으로 쫓은 다큐멘터리 영화를 통해서 재일코리안 개개인이 걸어온 삶의 여정에 대해서 이해하고, 그 삶이 우리에게 어떤 물음을 던지는가를 함께 생각하는 것을 목적으로 기획입니다.

앞으로 일본의 식민지지배에 관한 영화를 상영 예정입니다. 관련 입문서나 소설을 읽고 필드워크를 통해 재일코리안, 나아가 한반도와 일본을 둘러싼 문제에 대한 이해를 넓혀 나가려고 합니다. 그 밖에도 같은 생각과 목표를 가진 사람이 연대하고 그 연대의 고리를 넓혀가기 위한 사업도 준비하고 있습니다.

'라온'의 대표인 리애령^{李愛玲} 씨는 초등학교부터 고등학교까지 12년

동안 조선학교에서 교육과정을 이수했습니다. 재일코리안으로서의 정체성과 재일코리안 사회에 대한 귀속 의식과 애착을 가진 리애령 씨에게 재일코리안의 존재를 모르는 일본인과 보낸 시간은 적지 않아 힘든 일이었습니다. 아무리 친해져도 "이 사람은 진짜 '나'라는 사람에 대해서 모르고 있다"고 느낄 때마다 외로움과 쓸쓸함을 느꼈다고 합니다. 코리안만의 문제가 아니라 오히려 일본의 문제임에도 이 문제에 대해서 모르는 일본인이 너무 많습니다. "우리는 도대체 언제까지 이렇게 계속 목소리를 내야 하는 걸까?"라고 고민하는 나날이 계속되었습니다.

이때 리애령 씨가 만난 것이 『뭐야뭐야』 1이었습니다. 리애령 씨는 "일본사회에도 코리안의 문제를 자신의 문제로 생각하는 사람이 많이 있다는 것을 알고, 평생 쓸 에너지를 얻은 기분이었습니다"라고 했습니다. 이런 사람들과 연대해서 재일코리안에 대해 알리고 싶다. 그리고 '이런 동료를 계속 늘리고 싶다. '라온'은 이런 마음을 가진 사람들에 의해서 설립되었습니다.

'재일코리안', '조선학교', '북한', '반일', '역사 문제', '일본군 위안부 문제'······ 자기와는 거리가 멀고, 잘 모르겠고 조금 무섭다고 생각하는 사람이 많지 않을까요? 그런데 실은 이들 문제는 여러분하고도 관계가 있는 문제일지도 모릅니다. 이런 '뭐야뭐야'와 의문점에 제대로 마주해 보고 싶다는 사람은 꼭 한번 '라온'을 방문해 주세요. 여러분과의 만남을 기쁜 마음으로 기다리고 있겠습니다. ('라온' 대표, 리애령)

서울에서 생각하는 한국·조선,
일본에서 배우는 한국·조선

이번 좌담회에서는 한국에서 실시한 현지답사와 장기 유학을 통해서 배운 점에 관해서 이야기를 나누었습니다. 동시에 지금의 한일교류가 안고 있는 과제하고 일본사회에서 한국·조선에 대해서 배우고 생각하는 것이 갖는 의미에 관해서 이야기를 나누었습니다.

2023년 5월 2일, 한국 서울 당시 학년은 '좌담회, 『뭐야뭐야』 1 간행은 우리에게 어떤 경험이었는가?'와 같습니다.

한국 유학에서 무엇을 배웠는가?

오키타   저는 이번 한국 방문이 처음입니다만, 여러분은 여러 번 방문 경험이 있고, 유학한 사람도 있죠?

구마노   저는 2019년에 두 번 정도 방문한 적이 있습니다만, 3학년이 되어 세미나에 참가한 2020년은 COVID-19 때문에 방문할 수 없었습니다. 그러다가 4학년이 된 2021년 8월부터 12월 말까지 유학했습니다. 『뭐야뭐야』 1 출판[2021.7] 직후에 다녀왔습니다만, 한국에서 『뭐야뭐야』 1에 대해 관심을 가진 분이 많이 계셨다는 것은 축복받은 일이라 생각합니다.

예를 들면, 미디어 관계자, 일본군 '위안부' 문제나 일본의 식민지지배 책임에 관심이 있는 학생, 사회운동에 참여하고 계신 분과 연결이 되었고, 그 연으로 심포지엄에서 발표한 적도 있습니다. 무엇보다 평소에 함께 이야기를 나눌 수 있는 동료가 생겼습니다. 그때 한국에서 사귄 친구들이 지금 히토쓰바시대학 대학원에 진학해서 같은 세미나에서 함께 연구하고 있습니다. 문제의식을 공유할 수 있는 사람들과 연결이 된 그런 유학 생활이었습니다.

유학 중에 인상에 남았던 일로는 '나눔의 집'^{일본군 '위안부' 제도 피해자가 공동생활하는 시설}에서 열린 일본군 '위안부' 문제에 관한 워크숍에 참가했을 때, 한국 민족문제연구소의 김영환金英丸 씨가 "저도 이 일을 그만두지 않고 할 수 있었던 것은 동료가 있었기 때문", "자신이 옳다고 생각하는 일을 믿고 하고 있으면 동료를 만나게 되고, 계속할 수 있다"라는 말씀을 해주신 점입니다. 일본인과 한국인의 입장은 다르겠지만, 큰 격려를 받았습니다.

아사쿠라 저는 2020년에 세미나에 들어간 이후, COVID-19 사태로 계속 한국에 가지 못했는데, 드디어 2022년 여름에 방문할 수 있었습니다. 먼저 8월 후반부터 2주 동안 '기보타네'^{네 번째 이야기 칼럼 참조}의 청년 멤버로 심포지엄에 참가하는 건과 '콜라보^{colabo}' 활동을 위한 방문이었습니다. 10월 말에는 세미나 참가자하고 국제심포지엄에 참석하기 위해서 1주일, 그리고 12월에는 부산에서 성매매 문제 현장 답사를 위해서 3박 4일간 머물렀습니다. 현대 한국의 성매매 실태와 일본의 식민지지배와의 관계에 대해서는 신박진영, 2022[1] 그리고 올해 2월 말부터 1년 동안 유학 중이며, 지금까지 약 2개월이 지났습니다.

올해 3월에 참가한 '기보타네' 투어 때는 '평화나비'일본군 '위안부' 문제 해결을 위해 운동하는 한국 대학생 단체 친구들하고 토론할 기회가 있었습니다. 그때 한국에서도 우익이 일본군 '위안부' 문제 피해자나 해결을 위해 운동하는 단체를 공격하는 등, 현재 한국의 상황을 어느 정도 알게 된 점은 좋았습니다. 어떤 의미에서는 역사부정론과 우익의 영향력 확대는 한국과 일본에서 공통되는 문제라는 생각이 듭니다. 함께 생각하고 맞서 나갈 수 있으면 좋겠습니다.

한국을 방문할 때마다 느끼는 것은 한국에서는 사회운동이 당연한 일로 존재한다는 점입니다. 한국에서도 최근에는 사회나 정치에 관심이 없는 사람도 많다는 이야기를 들었습니다만, 그러나 아무리 생각해도 일본보다는 사회운동이 일상 가까이에 있어서 접할 기회가 많은 것 같습니다. 어떻게 하면 일본에서도 사회운동을 더 가까운 것으로 만들 수 있을까에 대한 고민을 하게 되었습니다. 여기에는 역사를 기억하고 계승하는 문제하고도 연관이 있습니다. 예를 들

1　[역자주] 여기서 말하는 2022년 참고문헌은 『性売買のブラックホール 韓国の現場から当事者女性とともに打ち破る』(シンパク·ジニョン, ころから株式会社, 2022년)으로 보임.

면, 서울 시내에는 많은 '평화의 소녀상'이 있는데, 그 앞을 많은 시민이 지나가고 있는 것입니다. 기억과 계승을 어떻게 이어갈 것인가에 대해서 직접 한국에 와서 보니, 많은 생각을 하게 되었습니다.

우시키 저는 COVID-19 전에 몇 번 한국에 간 적이 있습니다만, COVID-19로 한동안 못 하고 있다가, 2022년 2월부터 1년간 교환학생으로 다녀왔습니다. 유학 중에는 몇 군데 대학에서 역사학 수업을 듣거나 연구회에 참석하면서 한국의 연구 상황에 대해 배웠습니다. 인상 깊었던 것은, 먼저 역사를 한가운데에 두고 사회를 생각하는 것이 뿌리내리고 있었다는 점이었습니다. 독립운동 수업에서는 "한국 민주주의의 기원이 어디에 있는가?"라는 질문이 던져지고, 지금의 모두의 문제로서 함께 생각하기도 했습니다. 일본에서는 민주주의같은 것은 애초에 생각조차 하지 않습니다. 물론 개인 레벨에서는 생각하는 사람도 있겠지만, 사회 전체로는 기초가 다르다고 생각합니다. 한국에서는 사회운동에 전혀 참여하지 않는 사람도 페미니즘에 공감한다는 식의 이야기가 일상의 보통 대화에서도 나오는 것이 일본과 다른 차이로 느꼈습니다.

'몽당연필'이라는 시민단체^{한국사회에 일본의 조선학교를 알리는 활동을 하고 있다}의 청년 모임에 잠깐 다녀온 적이 있습니다. 대학생과 대학원생도 있습니다만, 한국에서 공부하고 있는 재일코리안 유학생도 있었습니다. 우리가 『뭐야뭐야』 1에서 그랬듯이 '동아리 감각'이라고 할까요. 즐기면서 공부하는 그런 분위기가 있었습니다. 이런 운영을 할 수 있는 사람이 있었고, 교재도 잘 정리되어 있었습니다. 그리고 시민운동의 지위가 일본보다 높다는 것을 느꼈습니다. 일본사회에서 젊은 세대를 대상으로 운동을 전개하려 할 때 참고가 되는 점이 많았습니다.

그렇게 많이 보지는 않았지만, 한국의 영화, 연극은 재미만 있는 것이 아니라 사회성이 있는 작품이 많아서 일본에서도 이런 점이 뿌리를 내려서 자리를 잡았으면 좋겠다고 생각합니다. 어제도 마침 서울 시내에 거행된 근로자의 날 시위를 함께 지켜봤는데, 젊은 참가자가 너무 많아서 깜짝 놀랐습니다.

아사쿠라 시위하면서 함께 노래하고, 행진하고, 참가한 사람이 많이 것도 일본하고는 너무 다르다는 생각이 들고, 그리고 함께 행동하니까 즐거울 것 같아요.

구마노 모두가 다 같이 무언가를 하는 문턱이 그리 높지 않다고 할까……

우시키 아아~ 정말 그래요.

오키타 일본에서는 사회운동은 '일부의 특수한 사람들이 하는 것'으로 되어버린 것 같아요. 소규모운동을 지지하는 사람이 무리하지 않으면 안 된다거나, 비주류로 보고 있어서 그만 큰 부담이 큰 것이 아닐까……

아사쿠라 3월 8일은 국제 여성의 날입니다만, 그 전 토요일에 여성 대회가 서울 시내의 큰 광장에서 열렸습니다. 거기에는 모든 여성 단체가 모인 그런 분위기였고, 많은 부스가 설치되어 있었고 무대에서는 행사도 진행하고 있었습니다. 특히 여성의 날이라서 그런지는 모르겠습니다만, 아이들이 쉬고 놀 수 있는 텐트가 설치되어 있거나 게임 부스를 출점한 단체가 있어서 누구나 쉽게 참가할 수 있는 환경이 구축되어 있었습니다. 그리고 대학생 단체가 사진을 찍어서 그 자리에서 바로 건네주기도 하는 등, 굉장히 좋은 분위기가 조성되어 있다고 느꼈습니다.

구마노 포스터, 굿즈, 간판은 센스가 있고, 색도 다채롭고 좋았습니다.

아사쿠라 굿즈가 귀여웠어요! 이런 점도 중요하다고 생각해요. 지난해 부산을 방문했을 때 성매매 피해자 여성을 돕는 단체에서도 당사자 여성들이 만든 굿즈가 판매되고 있어서 너무 귀여웠고, 사는 데 의미가 있으니까 "그래, 사자!"는 마음이 드는 것 같아요.

우시키 저도 국제 여성의 날에 참가했을 때, 엄청난 에너지라 처음에는 압도당했습니다. 일본에서 시위에 참여한 적이 없어서 처음에는 "용기가 필요할 것 같은데"라는 생각이 들었고, "나는 이런 식으로 운동에 참여하는 것이 익숙하지 않아……"라고 생각했었는데, 주위 사람들이 "괜찮아, 즐기면

돼!"라고 밝게 말을 걸어주었습니다. 윤석열 대통령 퇴진 요구 시위가 있었을 때도 지인이 함께 가주었는데, 전국 각지에서 참가하고 있어서 입추의 여지가 없을 정도의 인파였습니다. 멋대로 향수鄕愁같은 것을 느끼면 안 되는 것이겠지만, 3·1운동 때도 이렇게 많은 민중이 모였었겠구나 하는 생각이 하나의 풍경으로서 떠오르는 듯한 느낌이 들었습니다.

'사회는 바꿀 수 있다'는 의식

이상진 조금 전에 아사쿠라 씨가 '위안부' 문제 해결운동에 참여하고 있는 한국 학생으로부터 한국에서도 정치에 관심이 없는 사람이 생기고 있다는 이야기를 들었다고 하셨는데, 확실히 최근 한국사회에서도 역사에 관한 관심이 점점 낮아지고 있는 것 같습니다. 한국사회에서는 경쟁주의와 성과주의가 큰 영향력을 가지고 있습니다. 예를 들어 고등학교까지는 자주적인 학습 기회가 별로 없고, '좋은 대학'에 가는 것만 요구되고 있습니다. 그런 환경에서 요즘 젊은이는 역사를 보지 않고 지금 눈앞에 있는 일, 자신만 생각하는 경향이 생기고 있다는 점은 부정할 수 없습니다. 이러한 한계를 알고 있을 필요가 있습니다.

다만 어제 있었던 근로자의 날 시위에 많은 젊은 층이 참여한 것에서도 알 수 있듯이, 불만을 느끼거나 불리한 위치에 놓였을 때, 단결해서 함께 목소리를 낼 수 있습니다. 이는 일제강점기 때 독립운동에서 시작해서 민주화운동, 그리고 2017년의 박근혜 대통령 탄핵과 같이 모두가 단결해서 목소리를 낸 역사와 연결이 된다고 생각합니다. 지금의 한국 사회는 역사에 대한 문제의식이 결코 높다고는 할 수 없는 상황입니다만, 그러함에도 항의의 목소리를 내면서 그 뿌리를 역사에서 찾는 경우를 자주 볼 수 있습니다. 과대평가일지 모르겠습니다만, 과거의 경험을 바탕으로 "무언가 문제가 생기면 우리가 단결해서 목소리를 내면 바꿀 수 있다"는 의식을 가지고 있다고 생각합니다.

구마노 "우리 스스로가 사회를 바꿀 수 있다"는 의식이 있는 것입니다. 일본에서는 이 부분이 정말로 없습니다. 저만 해도 "바꿀 수 있다"는 이런 상상력을 가지기가 매우 어렵다고 느끼는 경우가 자주 있습니다.

아사쿠라 일본사회에는 '단념'이라 할 수 있는 것이 만연해 있어서, 사회를 바꾸면 내 생활도 좋아지지 않을까 하는 생각을 하기 어려운 감이 있습니다. '사회 문제'로 생각하지 못하게 만들어졌다고나 할까요……

구마노 역사학을 공부한다고 하면 '역사를 좋아하는 사람'으로 생각하기 쉽지만, (웃음) 제 감각으로는 전혀 그렇지 않습니다. 현대적인 관심이 있어서 역사학을 공부하는 것입니다. 물론 역사의 모든 문제가 현대로 이어지는 것은 아니지만, '내 삶의 고달픔'과 같은 문제를 생각할 때도 역사를 공부하는 일은 매우 중요합니다. 예를 들어 일상에서 하는 일이 힘든 경우도 궁극적으로는 자본주의의 문제이고, 이러한 역사 위에 각각의 문제가 존재하는 것입니다. 이 고달픔은 단순히 개인 문제가 아니라, 사회에 구조적으로 만들어진 것이라는 점을 알게 될 것입니다. 다만 주의해야 할 것은 이렇게 단언해버리면 역사를 배우는 의미가 자기중심이 되고 맙니다. 한국 / 조선의 역사나 일본이 가해의 역사를 배우는 것은 첫째로는 가해의 역사에 대한 책임을 마주하고 피해자의 인권이나 민족 자결권을 회복하거나 기억하기 위함이라 생각합니다. 그리고 배외주의나 민족 차별은 갑작스럽게 등장한 것이 아니라, 과거부터 일관되게 계속되었으며, 지금의 이런 사회도 자연스럽게 만들어진 것이 아니라 과거에 사람들이 선택한 결과로 구축된 것입니다. 왜 이렇게 차별이 넘쳐나는 사회에 우리가 살고 있는가, 왜 이런 차별이 만들어졌는가, 이런 점에 대해서 이해하고 현상을 바꿔가기 위해서는 먼저 역사를 거슬러 올라가는 작업이 중요하다고 생각합니다.

우시키 역사는 소설이 아니라서 설레는 이야기만 있는 것은 아닙니다. "역사는 다양한 관점이 있어서 재미있다"는 호기심으로 역사를 공부하는 사람도 있다고 생각합니다. 하지만 저는 호기심을 채우기 위해서 역사학을 하는 것이 아니라, 식민지지배의 실태와 그곳에서 살아온 사람들의 모습을 알기 위해서이며, 이런 사실에 많은 사료를 분석하며 접근하는 것이 중요하다고 생각합니다.

처음 경험한 한국

오키타 저는 2020년 봄에 세미나에 들어와서 2022년 봄에 졸업했기 때문에 재학 중에는 COVID-19로 한 번도 한국에 가지 못해서 이번이 첫 방문입니다. 4월 29일부터 5월 3일까지 여러분과 함께 서울 답사를 했습니다. 한국에서는 현장을 걸으며 역사를 되돌아보는 답사가 활발하다고 들었습니다만, 실제로 체험할 수 있어서 좋았습니다. 많은 곳을 돌아서, 내용이 너무 진해서 아직 제대로 소화하지 못하고 있지만요. (웃음)

솔직히 말씀드리면, 더 빨리 왔었으면 하는 생각이 듭니다. 정말로 역사를 남기려는 의지, 역사를 제대로 전하려는 자세가 대단합니다. 일본 사람이 더 많이 와야 한다고 느꼈습니다. 현지 그리고 실물 등, 실태에 접하지 않고 귀로만 듣거나 애매한 추상적인 이미지로만 판단하면 "한국 사람은 일본을 싫어하잖아"라고 생각하게 될 것입니다. 이런 생각을 하게 되는 것은, 실제로 식민지지배 중에 무엇이 일어났으며, 그것이 어디에서 일어났는지를 모르기 때문이라고 생각합니다.

예를 들면, 서울 남산 정상에서 서울의 거리를 내려다보며 일본이 서울을 어떻게 지배했는지 설명을 들으며 배웠습니다. 당시 서울 사대문 안 남쪽인 남산 중턱에 조선신궁을 짓고, 사대문 한복판에는 경성부京城府 청사를 짓고, 북쪽에는 경복궁 자리에 조선총독부를 세워서 지리적으로 포위해서 지배했다고 합니다.[2] 이런 실제상황을 직접 눈으로 보는 것은 책을 읽고 얻은 지식 이상의 배움이 있었습니다.

그리고 이렇게 한국을 방문하는 일본인이 많은데, 왜 알려지지 않았을까? 하고 생각되는 장소가 많았습니다. 일본군 '위안부' 문제를 다루는 '전쟁과여성인권박물관'은 서울에 왔다면 반드시 가야 할 곳이라고 생각합니다. 오디오가이드가 준비되어 있어서 박물관 관람순서와 길안내, 전시실을 통해서 당시 조선의 여성들이 경험한 일과 공포, 그리고 그 이후에 찾아오는 해방의 기쁨까지 추체험할 수 있는 장치가 곳곳에 마련되어 있었습니다. 인생 경험으로서 방문해서 정말로 좋았던 장소 중 하나가 되었습니다.

'기보타네'에서 하는 청년층을 대상으로 한 저렴한 한국 스터디 투어 기획은 매우 중요하다고 생각합니다. 한국을 방

....

2　'경성'은 서울을 가리키는 일제강점기 때 일본이 강요한 지명.

문하는 데도 비용이 들기 때문에, 누구나 쉽게 갈 수 있는 것은 아닙니다. 더 많은 사람이 현지에서 배울 수 있는 환경이 마련되었으면 좋겠다는 생각이 들었습니다.

근로자의 날 시위도 충격적이었고, '대통령 아웃', '몰아내자'라고, 많은 사람이 모여서 연대하고 있는 모습은 일본에서는 정말로 상상할 수 없는 일입니다. 일본에서는 각자가 서로 떨어져서 거리를 두고 있다고 생각합니다. 좋든 나쁘든 서로가 방해하지 않도록 적당한 거리를 유지하는 분위기가 있는 것 같습니다. "나는 내가 알아서 열심히 해서 어떻게든 살아가야 한다"는 식의 자기 책임론이 매우 강해서 사회를 바꾸려 하거나 무언가를 요구하는 것에 대해 무감각하고 무관심하다는 생각이 들었습니다.

그렇다고는 하지만, 저 또한 며칠 동안 몇 군데를 돌아본 것에 불과하고, 당사자 이야기를 듣거나 직접 이야기를 나눈 것이 아니니, 이것이 전부가 아니라는 점도 동시에 느끼고 있습니다.

우시키 공감할 수밖에 없습니다. 일반적인 관광이라면 과거 조선총독부가 있던 경복궁도 그렇습니다만, 그 곳에 있으면서도 거기서 무슨 일이 있었는지 모르고 지나치는 역사가 많습니다.

구마노 이번에 서울에서 돌아본 곳은 남대문과 남산, 명동, 종로, 경복궁, 광화문광장 등 지극히 평범한 관광지입니다. 그런데 여기에는 일본 제국주의의 역사가 있습니다. 저희는 남들이 모르는 특별한 곳에 가라는 이야기를 하는 것이 아니라, 많은 일본인이 방문하는 관광지가 일본의 침략의 역사와 관련이 있다는 점을 말씀드리고 싶은 것입니다. 이러한 인식이 결여되어 있다는 점을 깨달아 주셨으면 합니다.

그런데, 시위가 자주 일어나는 서울 중심부인 광화문광장에 대해서 일본 정부가 "시위 현장에 접근하지 말라"는 메시지를 내곤 합니다만······

아사쿠라 실제로 일본 대사관에서 메시지가 왔습니다. 1919년에 있었던 3·1운동 기념일이라 시위가 있으니 가까이 가지 말라는 내용이었습니다.

구마노 "위험하니 일본인은 접근하지 않는 것이 좋다"고들 하지만, 오히려 가는 것이 좋다고 생각합니다. 3·1운동 기념일에 하는 시위는 일본 제국주의의 역사를 제대로 생각한다는 의미에서도 그렇고, 사회를 변화시키는 힘이나 상상력에 대한 훈련을 제대로 받을 수 있는 장면이라고 생각합니다.

아사쿠라 일본인 중에는 실제로 시위가 어떤 것인지 모르는 사람들이 많아서, '시위'라는 말만으로도 "위험해"라고 생각하는 사람이 있습니다. 그런데 직접 그 장소에 가보면 별로 위험하지도 않고, 시위에 참여하는 일을 특별하게 여겨지는 것 자체가 이상하다고 생각합니다. 3월 1일에 마침 한국에서 유학 중인 학부생 아이들하고 같이 탑골공원에 갔습니다만, 마침 기념식이 준비되어 있었는데 하나도 위험하지 않았습니다. 그날은 식민지역사박물관에도 갔습니다만, 거기서는 독립선언서 사본도 받았습니다.

오키타 그러고 보니, 3·1운동에 관한 당시 언론 보도를 통해서 조선 사람에 대해 "무섭다", "폭력적이다"라고 하는 인식이 일본인 사이에서 형성되었다는 이야기를, 대학의 3·1운동 관련 사료를 독해하는 세미나 시간에 배웠습니다.

일본 제국주의의 식민지지배라는 폭력에 맞서서 조선인이 일으킨 3·1운동은 평화적인 수단과 함께 일부에서는 폭력적인 저항도 있었습니다만, 일본이 자행한 압도적으로 거대한 폭력이 먼저 있었다는 사실이 중요합니다. 게다가 일본은 3·1운동을 무력으로 탄압해서 많은 사상자를 냈습니다. 이러한 경위가 있는데, 지배한 쪽의 폭력이 비가시화되고, 저항운동의 정당성은 전달되지 않은 채 조선인은 '폭도'라고 당시 신문 등에서 보도되어, 조선인에 대해서 '위험'하다는 부당한 이미지가 일본인 사이에서 강화되었다는 내용이었습니다.

지금도 한국에서 일어난 시위에 대해서 '위험하다'라는 감각이 있는 것은, 이러한 일제강점기의 인식이 아직도 계속되고 있어서 그런 것일까? 라는 생각이 들었습니다.

서울시립대학교 국사학과 답사에 참여하면서

구마노 올해 3월에, 저와 아사쿠라 씨, 우시키 씨, 그리고 세미나의 다른 멤버, 합쳐서 10명 정도가 서울시립대학교 국사학과가 실시하는 춘계답사에 참여했습니다. 한국에서는 3월부터 새 학기가 시작되기에 실질적으로 신입생 환영 행사의 역할도 합니다만, 약 80명의 규모로, 2박 3일 동안 지방을 돌며 선사시대부터 현대에 이르기까지 사적을 학과 전원이 함께 견학하는 프로그램입니다. 가토 세미나에서는 이전부터 서울시립대학교 국사학과하고 교류가 있어서 저희 세미나 학생도 특별히 답사에 참여하게 되었습니다.

아사쿠라 국사학과라 당연할 수 있습니다만, 역사를 배우는 것이 어려운 일이 아니라 일상화되고 친숙하게 접근하고 있다는 인상을 받았습니다.

구마노 제가 느낀 것은 진지하게 공부하는 자세의 차이입니다. 저는 일본에서는 진지하게 공부하는 태도에 냉소적으로 대하는 분위기에 익숙합니다만, 이번 답사에서는 일절 그런 분위기는 없었습니다. 물론 일반화할 수 있는 문제는 아니라고 생각합니다만, 이번 답사에서는 학생들이 견학할 대상에 대해서 학생들이 직접 조사해서 모든 학생 앞에서 발표했습니다. 모두들 열심히 이야기를 들어주고 분위기를 띄우기 위해 응원도 해줍니다. "와~, 힘내~", "잘했어~"와 같

은 따뜻한 분위기가 있어서 제가 지금까지 경험한 일본의 상황과는 너무 다르다고 느꼈습니다.[3]

2021년에 유학했을 때 경험에서도 한국에서는 진지하게 공부하는 것을 비웃는 그런 분위기는 일절 없었으며, 오히려 존경받고 있는 것처럼 보였습니다. 일본의 분위기하고는 전혀 다르다는 인상을 받았습니다.

이번 답사에서도 다시 한 번 학생 대학생의 주체성을 강하게 느낄 수 있었습니다. "우리 스스로 만들어 간다"는 감각이 있어서 이런 것이 사회에 대한 문제의식이나 사회운동으로 이어지는 것인가 하는 생각도 들었습니다.

우시키 맞아요. 주체성은 정말 중요하죠.

구마노 낮에는 사적지史蹟地 견학을 하고, 저녁에는 레크리에이션 시간이 있는데, 게임입니다만, 자기소개할 때 '민중시대, 자유인문, 승리국사'라고 외칩니다. 민주화운동의 문화가 계승되고 있는 것이겠죠. 반대로 군대 문화의 영향이라는 주장도 있으니 신중하게 접근해야 할 부분도 있어 보입니다. 다만 '민중시대'라는 말이 레크리에이션이라는 캐주얼한 장면에서 사용되고 있는 점 자체가 일본이라면 있을 수 없는 일이라고 생각했습니다. 오늘날 어디까지 그 내용을 음미하면서 사용하는지는 모르겠습니다만, 이런 말이 남아 있

---

3   국사학과에는 학생회라는 자치 조직이 있으며, 답사도 학생들 힘으로 자주적으로 운영되고 있습니다. 한국에서는 많은 대학에 이런 자치 조직이 있습니다.

거나 계승되고 있는 일 자체에 일본과의 차이를 크게 느꼈습니다. 이 외에도 민주화운동 때 부른 운동가인 '민중가요'를 부르는 학과 내 동아리 '소리얼'은 지금도 활동하고 있습니다.

그리고 일본의 '야마노테선山の手線 게임', '고금동서古今東西 게임'과 유사한 게임입니다만, 독립운동가 이름을 대는 게임을 했습니다. 아무리 국사학과라는 특수한 공간이라고는 합니다만, 이런 오락 시간에 "'독립운동가 게임'을 하자"는 발상이 자연스럽다는 데 놀라지 않을 수 없었습니다.

그리고 한국에서는 한국 / 조선인을 주체로 한 독립운동의 역사가 중시되고 있다는 것도 느꼈습니다. 이런 감각의 차이를 오락 시간에도 확인할 수 있었던 것은 큽니다. 이러한 게임은 물론이고, 한국 사람한테 이야기를 듣거나 그들의 역사인식을 봐도 느끼는 부분입니다. 가토 세미나에 소속의 재일코리안 대학원 선배들이 한국 / 조선인운동의 역사에 강한 문제의식으로 연구하고 있는 점을 통해서도 느끼고 있던 부분입니다.

이상진 구마노 씨가 지적하신 것처럼, 서울시립대학교 국사학과라는 특수한 공간에서 한 체험이라는 점은 확인해 둘 필요가 있습니다만, 한국사회에서 독립운동은 국가의 형성으로 이어지는 문제로 생각하고 있는 것입니다. 자주적으로 역사를 보려고 하는 이유입니다.

한편 한국사회의 전체적인 상황에 대해 언급하자면, 독립운동에 관해서는 한반도의 남쪽 반, 즉 한국에 대해서만 바라보고 있다는 문제가 한계로서 존재합니다. 즉 김일성 등 해방 후의 북한으로 이어지는 독립운동가는 한국사회에서는 언급되지 않는 부분이 과제라고 느꼈습니다.

구마노　지금 말씀을 듣고 생각이 난 이야기입니다만, '독립운동가 게임'에서 저는 여운형 이름을 댔습니다. 광복 직후 통일조선의 정권을 세우려고 노력한 독립운동가입니다만, 그때까지만 해도 한국 학생이 여운형을 어떻게 받아들이고 있는지는 모르고 있었습니다. 근래에 평가는 높다고 들었습니다만, 실제로는 어떤지 궁금했습니다. 그런데 '여운형'이라고 제가 말한 순간, "와~!"라는 반응과 함께 분위기가 달아올랐습니다, 국사학과라는 특수한 곳이기에 일반화는 할 수 없습니다만, 통일을 위해서 노력한 사람을 평가하려는 인식은 느낄 수 있었습니다.

전근대사의 중요성

구마노　이번 답사에서는 강원도를 일주했습니다만, 신라, 고려, 조선 왕조, 그리고 현대의 사적을 방문했습니다. 평소에는 한반도의 근현대사, 그것도 일본이 저지른 침략과 식민지지배 역사를 중심으로 배우고 있는데, 전근대사의 유적을 중심으로 돌아보면서 일제강점기는 한국사 / 한반도 역사의 일부에 불과하다는 사실을 다시 한 번 확인할 수 있었고, 동시에 전근대사의 중요성을 강하게 느꼈습니다. 한반도에는 독자적인 역사가 있다는 점입니다. 한국사 / 한반도 역사를 일본과의 관계로밖에 보지 못한다는 것은 한국 / 조선인 독자적인 역사를 왜소화하는 일이며, 일본인 중심적인 시각이라고 생각합니다. 물론 침략과 식민지지배의 실상을 제대로 파악하는 일은 매우 중요합니다만, 그것만으로는 충분하지 않다는 것을 알아야 합니다.

동시에 일본에 의한 침략의 역사를 제대로 이해하기 위해서도 한국 / 한반도 전근대사를 알아야 할 필요가 있습니다. 한국 / 한반도에도 자주적인 근대화의 가능성과 독자적인 영위가 있었음을 이해하지 못하면, "미개한 조선을 일본이 발전시켰다"라는 잘못된 인식을 갖게 됩니다. 한국 / 조선인의 자주적인 국가 발전을 일본이 왜곡했다는 사실을 직시하기 위해서도 전근대사는 중요하다고 생각합니다.

이상진 전근대사의 역사, 고려 시대와 조선 왕조 시대만 해도 거의 천 년이라는 역사입니다. 이 전통과 역사는 일제강점기로 인해서 변질된 부분도 있습니다만, 현재 한국 / 한반도에 계승된 부분도 상당히 있습니다. 그리고 식민지지배로 잃어버린 것을 광복 후에 되찾기 위해 노력해 왔으며, 되찾은 것을 박물관 등에서 전시하고 있습니다. 여러분이 답사한 강원도에서도 과거 역사의 복원 작업이 진행되고 있으며, 이러한 작업도 식민지로부터 독립해서 자주성을 회복하기 위해 노력한 작업의 일환입니다. 한국 / 조선은 자주적으로 만들어진 나라이기에 35년의 식민지지배에 의한 일제강점기만을 보고 "이것이 한국사 / 한반도 역사다"라고 생각하는 것은 문제가 있습니다.

구마노 일본의 근현대사를 비판적으로 보거나, 일본의 문제를 밝히려 할 때 "한국 / 조선은 일본의 거울" 또는 "한국 / 조선사는 일본사의 거울"이라고 하곤 합니다. 그러나 일본과 한국 / 조선은 전혀 다른 나라이며, 일본의 문제를 바라보기 위해서 굳이 한국 / 조선을 언급할 필요는 없을 것입니다. 이런 발언은 한국 / 조선사를 일본사에 종속시키고 있는 것처럼 들립니다. 결국 한국 / 조선의 역사를 일본 시각으로만 보고 있는 것입니다.

역사를 바라보는 함정

이상진 전근대사의 중요성에 대해서 말씀드렸습니다만, 다시 한 번 강조하고 싶은 점이 있습니다. 한국에서 역사교육을 받았을 때는 35년이라는 짧은 일제강점기가 500년을 존재한 조선 왕조하고 비슷한 정도의 취급이었습니다. 한국 / 조선에게 식민지지배는 커다란 사회 변동이고 한국 / 조선인에게 끼친 피해가 극심했다는 사실을 알아야 할 필요가 있습니다. 식민지지배는 한국 / 조선사에의 극히 일부에 불과하다는 주장이 침략의 역사를 경시하는 담론으로 이어지는 경우가 있으니 전근대사의 중요성을 이야기할 때는 주의가 필요합니다. 구마노 씨가 지적한 것처럼 침략의 역사를 경시해서는 안 된다는 점을 확인해 두고자 합니다.

구마노 맞습니다. 일제강점기에 관해서 "가해와 피해의 관계성만 있는 것이 아니라는 부분을 보아야 한다"는 주장이 한국과 일본 양국 모두에 있습니다. 이런 주장이 일본의 식민지지배에 대한 책임을 경시하거나 무시하는 경향이 있다는 것은 어김없는 사실입니다. 가해와 피해의 관계성은 식민지지배에 대한 책임을 인정하지 않고 있는 일본의 상황을 고려해도, 그리고 식민지지배의 과혹했던 실태를 봐도, 그렇게 쉽게 없던 것처럼 넘어갈 수 있는 문제가 아닙니다. 언뜻 보기에는 가해와 피해의 구도로 보이지 않는 곳에도 가해와 피해가 새겨져 있다는 사실을 알아야 합니다. 그래서 가해와 피해의 문제는 절대적으로 중요시해야 한다는 것이 저희 입장입니다. 흔히 "가해와 피해에 언제까지 집착하고 있는 거야"라고 하는 분이 계십니다만, 애초에 일본사회는 이 문제에 대해서 일관해서 집착하지 않고 있습니다.

오키타 이번에 서울 시내 용산 지역에 있는 용산역사박물관에 다녀왔습니다. 그곳에서는 전근대부터 독자적인 발전의 가능성이 있었는데도 불구하고, 그 지역 원래 모습이 파괴된 내용을 전시하고 있었습니다. "우리 힘으로 발전하지 못한 것이 분하다"라고 박물관 관계자께서 말씀을 해주셨는데, 한국 / 조선의 독자적인 발전의 가능성을 모두 파괴해 온 것은 일본의 행위였음을 실감했습니다.

우시키 전근대의 이야기하고는 조금 어긋날지도 모르겠습니다만, 식민지지배를 받은 사회에서 언뜻 보면 '근대'적인 것으로 보이는 현상, 예를 들면 철도 건설 같은 경우도, 사실은 조선인을 위한 것이 아니라, 어디까지나 일본의 이익을 위한 것이거나 아니면 일본이 조선을 지배하기 위해서 도입한 것이었습니다. 최근에는 식민지지배에 의해 야기된 모순을 근대 일반의 억압성의 문제로서, 다시 말해서 일본 같은 종주국 내부에서도 일어난 문제와 같은 것이라는 의견도 있습니다만, 그러한 논의로는 식민지지배의 본질을 비판할 수 없습니다.

구마노 일제강점기 때 조선인의 주체성을 보자는 주장은 중요하지만, 동시에 주의해야 할 점도 있습니다. 예를 들어, 일본의 지배에 협력한 '친일파'를 들면서 조선인이 식민지지배에 동의했었다고 주장하거나, 일본의 지배를 논할 때 강제성뿐만 아니라 '친일파'의 주체성을 봐야 한다는 주장이 있습니다. 그러나 이런 주장으로는 일본이 조선 민족을 분열시키고 '친일파'라는 협력자를 육성해서 지배한 문제가 빠지고 맙니다. 일본에 의해서 만들어진 민족 내부의 대립은, 예를 들면 한국에서 '친일파' 계보를 잇는 사람이 현재에 이르기까지 여전히 강한 영향력을 행사하는 등, 장기간에 걸쳐서 한반도에서 중대한 모순을 일으키고 있습니다. 그리고 '친일파'의 주체성이라는 논의가 강조되면, 식민지지배에 저항하거나 반발했던 조선인 대다수를 경시 혹은 비가시화하고, 식민지지배의 폭력성을 가리게 만드는 셈이 됩니다. 현재도 이영훈 편 『반일 종족주의』나 박유하『화해를 위해서』, 『제국의 위안부』처럼, 일본이 저지른 가해에 대한 책임을 면책하는 듯한 주장을 하는 한국인 논자가 있습니다. 이는 바로 '65년 체제'^{두 번째 이야기 참고}를 지지하는 주장으로, 정치적 배경이 있습니다만, "한국인이 말하고 있으니까……"라는 식으로 수용해 버리는 것은 문제가 있습니다.

한일교류에 대해서

구마노   『뭐야뭐야』 1에서는 한일교류를 어떻게 할 것인가에 대해서 비판을 가했습니다만, 저희는 교류 자체가 불필요하다고 하는 것이 아닙니다. 식민지지배를 비판하고 인권 존중이라는 관점을 공유한 다음에 연대나 교류는 중요하다고 생각합니다. 이를 통해서 한국 시민의 주체성과 역사에 대한 감각과 인식을 아는 데에 교류의 의미가 있지 않을까 생각합니다.

우시키 이 이야기는 다른 사람에게 들은 이야기입니다만, 정치적으로 허용된 장소에서 하는 교류가 진정한 의미의 교류라고 할 수 있는가, 하는 의문을 가지고 있습니다.

구마노 정치적으로 허용된 장소에서 하는 교류란 구체적으로 어떤 뜻인가요?

우시키 예를 들면 일본 정부나 어떤 큰 재단이 지원하는 대학생 간의 교류 프로그램에서는 일본 정부에 대한 책임은 전혀 묻지 않는다는 것입니다. 이런 자리는 정부나 재단도 지원하기 때문입니다. 결국 일본에 대해 책임을 묻지 않는 사람을 지원하고 육성하는 셈이 되는데, 이런 것을 진정한 의미의 교류라고 할 수 있을까요? 그 자리에 부과된 역할을 수행하는 수동적인 것에 불과하다고 생각합니다. 진정한 마음으로 상대를 이해하려 하고, 이 문제의 근본에 무엇이 있는지를 이해하려는 주체성을 가졌을 때 비로소 진정한 의미의 교류가 가능하다고 생각합니다.

구마노 한일교류에는 정치성이 있다는 말씀이군요. 지금 말씀하고도 연결됩니다만, '한국에 간다'는 행위에도 정치성이 있습니다. 먼저 한국에 다녀왔다고 해서 한국사회나 한국의 역사 전체를 알 수 있는 것은 아닙니다. 한반도는 분단되어 있

습니다. 그리고 한국이라는 나라 자체가 새로운 통일된 민
족 국가를 세우려 한 한국 / 조선인 대중의 요구에 반하는
일본의 식민지지배에 협력한 '친일파'나 미국의 영향을 크
게 받아서 만들어진 나라라는 역사적 배경을 생각할 필요
가 있습니다. 한국이라는 나라가 재일코리안을 배제해 왔
다는 문제도 있으며, 현재도 일본, 미국과 함께 한미일 의사
^{疑似} 군사동맹 아래에 북한과 적대하고 있습니다. 이러한 배
경이 있어서 재일코리안 중에는 "한국에 가지 않는다"는 선
택을 하는 사람도 있고, 한국 정부의 입국거부로 갈 수 없는
사람도 있습니다. 한국을 방문할 때는 이러한 정치성을 확
실히 의식하고 있는 것이 좋습니다.

한국에 가기만 하면 되는가?

구마노 한일교류의 문제점과 관련해서 예를 들면, 한국에 거주하
는 일본인의 역사인식 문제는 중요하다고 생각하는데, 어
떻게 생각하세요?

아사쿠라 일본사회에서 만들어진 한국사회에 대한 편견이 존재하
는 가운데, 현지에서 생활함으로써 원래 가지고 있던 편견
이 강화되는 경우가 있는 것 같습니다. "한국 여성은 기가
세다"는 이미지가 일본사회 안에 형성되어 있습니다만, 실

제로 한국 여성이 이야기하는 것을 보고 "역시 한국 여성은 세다. 일본인보다 기가 세다"고 말하는 사람을 본 적이 있습니다.

구마노 "한국 여성은 기가 세다"는 발언은 이 말을 내뱉은 것이 남성이든 여성이든 그야말로 성차별이자 민족 차별입니다. 어떤 의미로 "기가 세다"고 하는지 모르겠습니다만, 내 의견, 내 생각을 말하는 것은 당연하고 자연스러운 일이라고 저는 생각합니다. 일본은 자기 의견을 표출하기 어려운 억압된 사회이기 때문에 다른 나라 사람에 대해서 "기가 세다"고 느끼는지는 모르지만, 반대로 생각하는 바를 말하지 못하고 눈치를 봐야 하는 일본사회가 문제가 아닐까요?

우시키 한국을 방문해서 편견이 강해진다는 부분은 문제가 심각하다고 생각합니다. 외국 생활이기 때문에 힘든 일은 당연히 있는 것이고 제도적인 면에서 외국인이 불편하게 느끼는 부분도 있습니다. 그런데 이런 부분에서 일본 유학생이 "한국이라 그런 거야"라고 생각하는 경우가 많은 것 같습니다. "한국이 반일이기 때문에"라는 방향으로 생각하는 사람도 있었습니다. 혹은 자기기 외국에서 생활하는 어려움을 일본에 거주하는 재일코리안의 상황과 같은 선상에 놓고 생각하는 사람도 있었습니다. "자기는 한국에서 이렇게 힘들게 살고 있으니, 재일코리안 사람들도 힘들 거야"라는 식의 이야기를 하는 것을 들은 적이 있습니다. 한국으로 이주하는 이유는 물론 사람마다 다르다고 생각합니다만, 유학의 경우는 자주적인 의사로 한국에서 공부하기 위해서 온 것일 테니, 그것은 식민지지배의 결과로써 일본으로 건너올 수밖에 없었던 재일코리안과 그 자손의 상황과는 전혀 다릅니다. 이런 역사적 문맥이 생략되고 있는 것입니다.

구마노 맞습니다. 한국에서 장기간 생활하면 배울 수 있는 것도 많지만, 그렇다고 한국의 모든 것을 안다고 착각해서 오만해지는 위험성도 있습니다. 그리고 당연한 일입니다만, 한국 사람이라고 해서 모두가 진보적인 의견을 가지고 있는 것은 아닙니다. "과거에 집착하기보다는 미래를 함께 열자"고 생각하는 사람도 있고, 일본의 식민지지배나 역사인식을 비판하지 않는다는 의미에서 "저는 반일이 아닙니다"라고 말하는 사람도 그중에는 있겠지요. 그러나 식민지지배 피해자가 일본에 책임을 묻고 이에 대한 광범위한 공감대가 존재한다는 사실은 흔들리지 않습니다. 일본 제국주의에 대한 비판은 뿌리가 깊습니다. 이러하니, 혹시 일부에서 과거 일은 묻지 않겠다는 사람이 있다고 해도, 일본인이 "그렇군요"라고 안일하게 받아버리는 것은 문제가 있습니다. 그런데도 한일교류에서 자기에게 유리한 부분만 받아들여서 잘못된 역사인식을 갖게 되는 경우가 있습니다. 반식민주의나 인권의 존중이라는 중심축은 잊어서는 안 된다고 생각합니다.

우시키 『마이니치신문』의 오누키 씨도 한국에서 장기 체류한 경험이 있다고 합니다. 오누키 씨의 역사인식, 한국 / 조선인식이 어떻게 형성되었는지 궁금합니다. 오누키 씨뿐만 아니라, 한국에 장기체류한 경험이 있는 일본인 기자의 대다수가 가해 책임을 무시하는 그런 발언을 하는 것 같습니다.

이상진 한국 상황에 대해서 보충하자면, 윤석열 정권처럼 역사를 경시하는 보수 정권이 등장했다고 해서 그들의 주장이 한국사회 전체를 대변하는 것은 아닙니다. 애초에 이런 정권이 탄생한다거나 역사를 경시하는 주장이 나오는 배경에는 식민지지배와 분단의 영향이 있습니다.^{두 번째 이야기 참고} 그리고 한국의 대통령 선거에서는 경제력과 연령, 지역과 성별 등의 요인에 따라 투표하는 대상이 달라집니다. 한국사회 내부에는 다양한 갈등이 있습니다만, 일본 사람이 특정 집단을 보고 "한국사회는 ○○하다"고 일반화하는 것은 잘못된 이해로 이어질 수 있습니다.

우시키 한국사회 내부나 재일코리안 사회 내부에 갈등이나 문제가 생기는 것은 당연히 있을 수 있는 일입니다만, 그 배경에는 식민지지배나 분단의 역사가 있는 경우가 적지 않습니다. 그런 갈등을 일본사회에 소개할 때는 주의가 필요합니다.

아사쿠라 이것은 한국인 친구한테 들은 이야기입니다만, 한일교류의 장에서 한국 측 사람이 역사에 대해서 발언하는 것을 주저하는 경우가 있다고 합니다. 그중에는 배려하는 마음으로 "과거사는 신경 쓰지 않아"라고 말하는 사람도 있는지 모르겠습니다만, "역사 이야기는 안 하는 편이 좋아"라는 식의 생각이 들게 하는 것 자체가 문제라고 생각합니다.

오키타 당사자가 신경을 쓰지 않아도 되도록 하기 위해서는 평소에 이런 문제를 화제로 삼는 것이 중요하다고 생각합니다. 저는 자기소개를 할 때 "대학교에서 한국 / 조선 근현대사를 공부해 왔습니다"라고 말할 때가 있습니다. 한반도에 뿌리를 둔 사람이 어디에 있는지 모르는 상황에서, 작은 행동입니다만, (상대방이 부담없이 한국 근현대사 화제에 언급하기 편하도록) 제가 먼저 '언급하는 것'에 의미가 있다고 생각합니다.

한일교류의 한계

우시키 한국에 유학하고 있는 일본인 대다수는 한국에서 시위에 참여하는 학생을 봤을 때 "일본의 정치와 사회에는 문제가 없으니까" 또는 "한국은 큰일이네"라는 식으로 생각하곤 합니다. 일본에 문제가 없어서 운동을 안 하는 게 아니라, 목소리를 내는 것에 강한 압력이 들어오기 때문에 운동을 안 한다고 생각합니다. 반면에 다른 나라에서 한국으로 온 유학생이 한국의 사회운동을 봤을 때는 전혀 다른 반응을 보입니다. 식민지주의와 인종차별에 대한 비판과 행동에 공감하면서 "대단하다"고 느끼는 사람이 적지 않은데, 일본 학생 중에서는 이렇게 느끼는 사람이 없습니다.

구마노 　독일에서 한국으로 온 유학생 지인도, 한국의 민주화운동에 관심이 있어서 공부하러 왔다고 했습니다.

우시키 　그리고 한국의 사회운동에 대한 반응의 예로, "일본군 '위안부' 문제 해결운동이 무엇을 주장하는지는 알겠는데, 그렇게 강하게 주장할 필요는 없지 않아?"라는 의견이 있습니다.

아사쿠라 　운동 방식을 비판하는 사람들이 있잖아요. "그런 식의 표현 안 해도 되지 않아?"라는 식으로 말입니다.

우시키 　"무섭잖아!" 같은 말을 하죠.

아사쿠라 　"뭐라고? 그게 문제야?"라는 생각이 드네요. 어느 한일교류 자리에서 일본에서 사회운동을 하는 사람이 자기가 하는 활동에 관한 이야기를 했는데, 어느 일본인 학생이 "그런데 그런 방식은 평화적이지 않잖아요"라고 했다고 합니다. 그리고 친구가 인스타그램에 젠더 관련 발신을 하는 학생에게 "말하고자 하는 건 알겠는데, 그런 식으로 말하지 않아도 되잖아"라고 한 적도 있습니다. "말하고자 하는 바는 알겠어"라는 단서를 붙이고 부정하는 사람이 참으로 많습니다.

우시키 　무슨 말인지 정말로 공감합니다.

아사쿠라 　무슨 말을 하는지 정말로 이해하고 있다면 그런 식으로 말할 수 없죠.

우시키 　한국 방문이나 한일교류에 관해서 다른 관점에서 이야기를 나누고 싶은데요, 일본과 한국 / 조선의 역사 문제를 배우고 생각하고 싶다면, 한국에 가는 것이 가장 좋고, 그것도 장기 유학이 좋다고 생각하는 사람이 많지 않을까 생각합니다. 실은 저도 그랬습니다. 그런데, 한국에 머물고 있으면 일본사회나 일본인에게 역사 문제를 제기하고 또는 일본사회를 바꾸기 위한 운동이나 어떤 실천을 할 기회가 적어진다는 한계를 느낀 적이 있습니다. 일본사회가 안고 있는 문제에 대해서 당사자로서 마주하는 일에서 멀어지는 경우도 있는 것 같습니다. 한국에 직접 와 보는 것은 중요하지만, 일본에서 해야 할 일도 많으니 이 부분을 경시해서는 안 된다고 생각합니다. 다만 오해하시지 않도록 첨언을 하자면, 한국에 거주하는 일본인 중에 일본의 현 상황을 바꾸기 위해서 노력하는 분이 계시며, 한국에 머물면서 한국의 운동과 연대하는 것도 중요한 방법임을 말씀드려 놓겠습니다.

구마노 관련해서 말씀드리면, 많은 일본인이 북한이 일본의 식민지 지배나 역사인식을 비판하고 있다는 사실을 잘 모르고 있습니다. 재일코리안의 목소리도 거의 안 듣고 있을 것입니다. 한일교류의 정치성에 대해서 언급했었습니다만, 한국과의 교류만으로는 조선 전체를 이해할 수 없다는 점은 이미 반복해서 강조한 대로입니다.

일본사회에서 한국 / 조선을 배우는 의미

구마노 "한국인과 교류만 하면 다 된 것처럼 생각한다면 그것은 아니다", "한국에만 가면 만사 OK인 것은 아니다"라는 이야기를 줄곧 해왔습니다. 이와 표리일체라 할 수 있습니다만, 일본사회에서 한국 / 조선에 대해 배우고, 일본사회를 바꾸기 위한 실천이 얼마나 중요한지에 대해서 이야기했으면 합니다.

우시키 저는 도쿄도 무사시노시^{武蔵野市} 출신인데, 이전에 고로마루 기요코의 『朝鮮戦争と日本人—武蔵野と朝鮮』^{クレイン, 2020}이라는 책을 읽고 큰 충격을 받았습니다. 이 책에 따르면, 무사시노시에서도 나카지마^{中島} 비행기 공장 등에서 조선인 강제 연행이 있었고,[4] 전후에는 재일코리안의 집단 거주 지역이 있었다고 합니다. 그리고 초중고에 다닐 때 "공습이 있었다"는 이야기를 들은 적은 있습니다만, 당시 조선인이 희생되었다는 사실은 모르고 있었습니다. 그리고 전후에 귀국사업으로 북한으로 귀국한 분들의 기념비가 집 근처에 있

....

4 [역자주] 1917년부터 1945년까지 존재한 항공기 및 항공기 엔진 제조사. 비행기 보국(報國) 즉 주로 전투기를 제조해서 대일본제국의 팽창주의에 보답하는 지향했으며, 1945년 4월 1일에는 제1군수공창(軍需工廠)이 되어 실질적으로 국영기업이었다. 패전 후에는 GHQ에 의해서 항공기 생산, 관련 연구 모두 금지당했으며, 군수산업에 진출하지 못하도록 12개 회사로 해체되었고, 그 후신인 후지중공업(富士重工業, 지금의 자동차 제조사 스바루(SUBARU), 1953년 발족)은 자동차 산업에 진출했고, 1950년대에는 항공기 산업에 다시 참여하고 있다. 대표적인 항공기는 대일본제국 육군항공대 역대 주력 전투기인 91식 전투기, 97식 전투기, 1식 전투기 하야부사(隼), 4식 전투기 싯뿌(疾風) 등이 있다.

습니다만, 이 비는 저의 집 근처에 있었고 매일 등교할 때 지나쳤음에도 이 책을 읽기 전까지는 전혀 모르고 있었습니다. 저 자신이 같은 동네에 생활했던 사람의 이야기를 잘라내고 살고 있었다는 사실을 알고 충격을 받았습니다. 아주 가까운 곳에 배워야 할 대상이나 알아야 할 것들이 이렇게 많은데 전혀 그 존재도 사실도 알려지지 않았다는 것이 문제입니다. 이런 역사를 일본 안에서 이어 나가고, 일본 안에 산재하는 이런 숨겨진 역사를 발굴해 가는 일이 얼마나 중요한지 깨닫게 되었습니다.

오키타　저도 비슷한 생각을 하고 있습니다. 저는 1980년대부터 1990년대의 조후시에서 있었던 재일코리안 지원 시민운동이 졸업 논문 주제였습니다만, 이 주제를 선택한 계기가 학부 4학년 때 세미나에서 함께 간 다마가와 필드워크였습니다. 다마가와 강변에는 관동대지진 때 자갈 채취에 종사했던 많은 조선인이 있었고, 다마가와 근처를 달리는 철도 부설이나, 히토쓰바시대학이 있는 구니타치시의 시가지 건설에도 조선인 노동자가 동원되었다고 합니다. 저희는 조선인의 노동으로 만들어진 땅에서 살고 있으며, 철도를 이용하고 있는 것입니다. 무의식적으로 "일본인이 이 나라를 만들어 온 거야"라든지, 관동대지진 이후에 "우리 일본인의 노력을 열심히 노력해서 나라를 부흥한 거야"라고 믿고 있는 것은 아닐까요? 당시 이곳에 분명히 존재했던 조선인이 완전히 무시되고 있는 것은 큰 문제라고 생각합니다.

최근에 다시 다마가와에서 혼자 필드워크를 실시했습니다만, 칼럼 – 다마가와(多摩川)를 걸으며 생각하는 조선 그때 향토 자료를 다루는 규모가 아담한 시설을 방문했습니다. 이 시설에는 "관동대지진 이후에 양질이라는 평가를 받은 다마가와 강변의 자갈을 채취해서 철도 재건을 위해서 노력한 사람들"이라는 설명과 함께 사진이 전시되어 있었습니다. 하지만 '조선인'이라는 말은 단 한 마디도 없었습니다. 이런 식으로 모두 없었던 일이 되는구나. 심각하다는 생각이 들었습니다.

아사쿠라   히토쓰바시대학 근처에는 조선학교西東京朝鮮第一初中級学校가 있습니다. 대학에서 조금 북쪽으로 가면 조선대학교고다이라 시(小平市)도 있습니다. 아주 가까운 거리라서, 지금 옆에 있는 사람이 재일코리안일지도 모릅니다. 일본사회에서 평범하게 살다 보면, 재일코리안이라는 존재에 대한 의식이 전혀 없다고 해도 될 정도로 갖지 못하고 지냅니다. 평범하게 살고 있다고 생각해도 사실은 누군가의 발을 밟으면서 살아가고 있는 것인지도 모릅니다.

한국에 유학 와서 유학생끼리 이야기할 기회가 있었습니다만, 미국인 학생이 "미국은 인종차별과 사회 문제가 많다. 모두 미국에 가고 싶다고 하는데, 왜 미국에 오고 싶은지 모르겠습니다"라고 말했습니다. 제가 "일본도 마찬가지야"라고 했더니, 다른 일본인 학생이 "뭐라고? 일본사회에 차별이 있어?"라는 반응을 보였습니다. 저는 그것이 충격이었습니다.

구마노 충격적이네요.

이상진 저는 올해 초에 오사카 쓰루하시와 교토의 우토로에 다녀왔습니다. 일본사회 안에도 한국 / 조선의 역사가 있기에 이 문제에 마주하는 일이 얼마나 중요한지를 통감했습니다.

구마노 저도 도쿄에서 자랐습니다만, 저희 동네에서는 관동대지진 당시 조선인 학살이 많이 일어났습니다. 구區의 역사인 구사區史에도 학살에 관한 증언이 실려 있습니다. 그런데, 고이케 유리코 도쿄도 지사가 조선인 학살이라는 사실에 대한 인정을 거부하고 있습니다.

지금 여러분께서 지적해 주신 것처럼, 일본사회에서 살고 있으면 한국 / 조선이나 조선 침략이라는 문제에 관여할 수밖에 없습니다. 예를 들어, 지금 1만엔 권 지폐에 들어가 있는 초상은 후쿠자와 유키치福澤諭吉인데, 후쿠자와는 조선, 아시아를 멸시한 『탈아론脫亞論』을 집필했습니다. 그리고 2024년부터 초상이 시부사와 에이치渋沢栄一로 바뀝니다. 저희는 「一橋大生が迫る 渋沢栄一と朝鮮侵略」『週刊金曜日』, 29권 44~47호, 2021년 11월~12월에서 시부사와 에이치가 조선 침략에 가담한 사실을 언급했습니다만, 저희는 시부사와 에이치가 설립에 관여한 히토쓰바시대학에 다니고 있습니다. 그리고 지금도 히토쓰바시대학에는 시부사와 에이치를 존경하는 풍조가 존재합니다.

정말로 일본 곳곳에 한반도 침략과 관련된 흔적이 남아 있습니다. 배우면 배울수록 한국 / 조선과의 관계가 더 많이 보입니다. 이런 사실이 일본사회에서 널리 인식되었으면 하고 바랍니다.

끝나지 않는 '뭐야뭐야'와 그 다음

"무엇을 해도 사회는 바뀌지 않아"

일본사회에는 이런 체념이 깊게 뿌리내리고 있다고 생각됩니다.

네 번째 이야기에서는 이런 상황에서

진정한 의미로 인권이 존중되는 사회를 실현하기 위해서

저희 한 사람, 한 사람이 무엇을 할 수 있는지를 생각해 보겠습니다.

사회운동에 관여한다는 것

아사쿠라 기미카朝倉希実加

사회운동은 무섭다?

여러분은 사회운동에 대해서 어떤 인상을 품고 있으신가요? 나와는 관계없는, 거리가 먼 것으로 생각하는 사람이 많지 않을까요? 어딘지 모르게 무섭다고 생각하는 사람도 있을 것 같습니다.

저도 전에는 정치나 사회 문제에 대해서는 '전혀'라고 해도 좋을 정도로 흥미가 없었으며, 사회운동은 저하고는 관계가 없는 일이라고 생각하고 있었습니다. 하지만 학교에서 배우고 많은 사람을 만나면서 생각과 인식에 변화가 생겨서 지금은 몇몇 사회활동에 직접 참여하고 있습니다.

대학에서의 배움과 당혹스러움

대학교 2학년 때 한국 / 조선 근현대사와 만나서 일본이 저지른 한반도 침략과 식민지지배, 그리고 일본군 '위안부' 제도의 실태를 배웠고, 이들 문제가 아직도 미해결로 남아 있는 사실, 일본사회에서 잘못된 인식이 확대되고 있다는 점, 그리고 제가 그랬던 것처럼 이런 문제에 대해서 알지 못하는 사람이 많다는 현실을 깨달았습니다. 한국 / 조선인에 대한 인종차별과 여성 차별에 관심을 가지게 되면서, 이전에는 깊이 생각해 본 적이 없던 '인권'이 얼마나 중요한 일인지 깨닫게 되었습니다. 동시에 인권 문제를 간과해 온 일본사회의 실태와 인권침해가 일어나고 있는 현 상황, 그런 일본사회의 일원인 저 자신까지도 생각하게 되었습니다. 저 자신은 일본인이라는 다수에 속하기 때문에 이들 문제에 대해서 제대로 생각하지 않고도 살아올 수 있었던 특권 속에 몸담고 있었다는 사실을 깨닫게 되어, 지금은 자신의 문제로서 생각할 수 있게 되었습니다.

그러나 바로 행동에 옮길 수 있었던 것은 아닙니다. 세미나와 그 외의 시민 강좌 등에서 한국 / 조선사를 배우면 배울수록 제가 어떻게 행동하면 되는지 모르겠다는 혼란스러운 상태에 빠졌습니다. 저도 뭔가를 해야겠다는 생각은 하면서도, 아직 대학생 신분인 제가 할 수 있는 일이 과연 있을까? 무엇을 하면 되지? 라고 당혹스러운 시간이 이어졌습니다. 그러던 중에 전부터 강좌나 워크숍에 참여하고 있는 '기보타네'에서 청년을 대상으로 하는 프로젝트가 실시된다는 사실을 알게 되어, 일본군 '위안부' 문제에 관심이 있었던 저는 바로 참여하기로 정했던 것입니다.

일본군 '위안부' 문제를 기억한다는 것

'기보타네'의 청년 프로젝트는 1990년 이후 일본군 '위안부' 문제 해결운동을 전개해 온 '일본의 운동가'의 삶에 관한 말씀을 청취하고 기록하려는 것으로서 10명의 여성에게 말씀을 들었습니다.

인터뷰에 응해 주신 10분께서는 태어나 자란 환경, 운동에 관여하게 된 계기, 그리고 사회적 배경에 대해서 말씀해 주셨습니다. 각자 일이나 연구, 육아 등에 성실히 임하면서 운동에 참여하신 이야기가 인상적이었습니다. 앞으로 제가 어떻게 행동해야 하는지를 생각하게 해주는 시간이었습니다.

1990년대 초, 한국의 여성단체가 일본군 '위안부' 문제를 제기했습니다만, 이 단계에서는 당사자인 생존자는 운동의 현장에는 모습을 드러내지 않고 있었습니다.

그 후, 1991년에 김학순 할머니께서 '위안부' 피해자임을 고백하셔서 세상에 밝히셨고, 그 뒤를 이어 생존자께서 잇따라 피해 사실을 고발했습니다. 청년 프로젝트에서 취재 대상이 된 여성은 이들 '위안부' 생존자와 함께 운동을 벌여왔습니다. 재일코리안 피해자인 송신도 할머니의 재판을 지원한 여성, 한국의 생존자와 연대해서 일본에서 증언 집회를 열고 있는 여성, 그리고 그 외에 한국과 대만, 중국, 필리핀 등의 각국 생존자와 함께 활동해 온 많은 분의 이야기를 들으면서, 일본군 '위안부' 제도의 생존자와 함께 운동을 벌인다는 것이 어떤 일인가, 어떤 의미인가에 대해서 생각해 보는 시간이 되었습니다.

한편 이미 피해자 중 상당수가 세상을 떠나버린 지금, 현실적인 문제로 생존자와 함께 운동을 벌이는 것은 저희 세대에서는 하기 어렵습니다. 이런 상황에 있는 저희가 해야 할 역할에 대해서 생각할 기회가 되었습니다. 제가 저의 과제 중 하나로 생각하는 것은 생존자의 삶을 잊지 않고 사회 전체가 기억하기 위한 행동을 하는 일입니다.

'기보타네'와 같은 시기에 가토 교수님 소개로 'Fight for Justice'^{두 번째 이} ^{야기, 칼럼 참조} 활동에 세미나 멤버하고 함께 참가해서 특히 젊은 세대에게 일본군 '위안부' 문제를 알리기 위한 영상 프로젝트에 참여했습니다. 일본군 '위안부' 문제를 비롯한 역사를 어떻게 기억하고 계승할 것인가는 아주 중요한 문제입니다만, 이런 활동에 참여하는 것 자체가 기억해 가는 일로 이어진다고 생각합니다.

그리고 '기보타네'나 'Fight for Justice'의 활동을 통해서 자신과 같은 세대의 청년들과 만날 수 있었던 것도 큰 힘이 되었습니다. 나 혼자가 아니라는 것을 느낄 수 있었기 때문입니다. 앞으로 그들과 함께 저희가 무엇을 할 수 있는지, 어떻게 해서 다음 세대로 이어갈 수 있는지 함께 생각해 나가겠습니다.

예술을 통해서 사회 문제를 생각하다

작년에 개최된 '표현의 부자유전·도쿄'에도 스태프로 참가했었습니다만, 거기서 차별이나 일제강점기에 있었던 성폭력 등의 가해를 없었던 일로 하기를 원하는 사람의 모습을 두 눈으로 직접 볼 수 있었습니다.

'표현의 부자유전'은 원래 검열 등으로 표현의 기회가 빼앗긴 작품을 전시하기 위해서 2015년부터 시작된 전람회입니다. 구체적인 작품으로는 일본군 '위안부' 피해자를 모티브로 한 '평화의 소녀상'이나 천황제 문제를 다룬 작품 등을 들 수 있습니다.

2019년에 열린 '아이치 트리엔날레'에서는 전시를 방해하려는 전화, 메일을 받고 작가와 실행위원과의 합의도 없는 상태에서 전시를 중단하는 사태가 벌어졌고, 후에 작가와 시민의 협력으로 전시가 재개된 일이 있었습니다.

'아이치 트리엔날레'로부터 2년이 지난 2021년, 도쿄에서 전시회를 개최하려 했습니다만, 방해 행위로 2번에 걸쳐서 연기된 결과, 2022년에 어렵게 구니타치國立시의 공공시설에서 전시회를 열 수 있었습니다. 무사히 개최할 수는 있었습니다만, 개최 전에 시설 관리자, 그리고 경찰하고 여러 차례에 걸친 회의를 통해서 방해 공작에 대비해야만 했습니다.

도대체가 표현의 자유가 보장되어 있어야 할 사회에서 어째서 전시회 개최를 위해서 이렇게까지 해야 하는 것일까요? 식민지지배와 일본군 '위안부' 문제, 천황제를 언급하고 있어서 그런 것일까요? 물론 표현의 자유라 해도 차별적인 표현은 허용되지 않으며, 무엇이든 마음대로 표현해도 되는 권리는 아닙니다. 그렇다면 예술을 통해서 사회 문제를 제기하는 것은 잘못된 일일까요? 이렇게까지 세세하게 준비하고 경비를 하지 않으면 전람회를 열 수 없는 지금의 일본사회가 더 잘못된 것이 아닌가요?

이런 상황이기는 하지만, 지역의 시민을 포함한 많은 자원봉사자의 협력으로 개최할 수 있었던 것은 다행이었고, 청년이나 아이들을 포함한 많은 사람이 관람을 위해 방문해 준 것도 큰 힘이 되었습니다. 그리고 전시장에는 감상을 남길 수 있는 포스트잇이 준비되어 있었습니다만, 많은 분이 '소녀상'에 대해 메모를 남겨주셨습니다. '소녀상' 앞에 서서는 소녀의 손을 잡기도 하고, 말을 걸기도 하고, 함께 사진을 찍으며 우는 사람도 있었습니다. 그리고 가해국에 속하는 자기가 소녀상 옆에 앉아도 되는지 주저하는 사람도 있었습니다. 저 또한 일본군 '위안부' 문제에 관여하면서 가해국에 속하는 저 자신, 일본인이라는 입장에 대해서 생각하지 않을 수 없었습니다. 이런 주저를 느끼면서, 그리고 제가 놓인 입장을 회피하지 않고 마주하면서, 운동에 계속 참여하는 것이 제가 할 수 있는 일이라고 생각합니다.

성 착취 문제에 관해서

일본군 '위안부' 문제에 관련 활동에 참여하면서 이 문제는 근본적인 부분에서 현대 일본의 성 착취 문제와 연결되어 있다는 생각이 강하게 들었습니다. 그리고 작년 Colabo라는 단체에서 약 반년간 아르바이트를 하게 되었습니다. 이 활동을 통해서 지금의 일본사회에서 여성을 둘러싼 상황을 알게 되고 많은 생각을 하게 되었습니다. Colabo에서는 10~20대의 여성을 지원하는 활동을 하고 있었습니다. '버스 카페'라 부르는 10대 여성이 무료로 이용할 수 있는 카페를 운영하고, 그 외에는 잠시 머무는 '일시 쉘터', 그리고 중·장기적으로 머물 수 있는 '쉐어하우스'를 운영하고 있습니다. 활동 내용이나 젊은 여성들을 둘러싸고 있는 상황에 대해 자세하게 알고 싶은 분은 참고문헌에 있는 니토 유메노仁藤夢乃 씨의 논문2022을 읽어주시기 바랍니다.

Colabo에서 활동하면서 현대 일본사회에서 중고등학생을 중심으로 하는 젊은 여성을 둘러싸고 있는 상황에 대해 잘 알게 되었습니다. 다양한 이유로 집에 돌아가지 못하고 밤거리를 헤매는 소녀가 많다는 사실, 그리고 이들 소녀가 성매매에 휘말리고 있다는 현실을 알고 큰 충격을 받았습니다. 여기에는 지금까지 제가 이들 소녀를 본 적도 없고, 보려고도 하지 않았던 무관심이 있습니다. 제가 지금까지 당연하다고 생각해 왔던 일이 이들 소녀에게는 전혀 당연한 일이 아니라는 현실을 깨달았습니다. 일본사회의 성 착취는 매우 심각하며, 이들 소녀는 매우 곤란한 상황에 놓여있습니다. 그런데 사회는 이런 소녀를 '비행 소녀'

로 취급하고 있으며, 이렇게 된 배경에 사회적 구조가 있다는 점에 대해서는 일절 고려를 하지 않고 있습니다.

곤란한 상황에 있다면 공적인 지원기관에 연결해 주면 되지 않냐고 생각하는 분도 계실 것입니다. 하지만 지금의 법과 제도로는 경찰은 성을 돈으로 사는 남성이 아니라 성을 팔수밖에 없는 소녀를 보도補導할 수밖에 없습니다. 그리고 아동상담소 등은 엄격한 규칙이 있어서 공공시설에는 가고 싶지 않다는 소녀가 많습니다. 이러한 상황 때문에 결과적으로 이들 소녀는 성 착취 속에 갇혀 지낼 수밖에 없는 것입니다.

이러한 배경에는 공적 시설, 법적 제도, 복지제도의 빈약함과 함께 사회가 성을 사는 것을 허용하고, 성폭력이나 성 착취를 용인해 온 문제가 있습니다. 곤란에 처하면 성을 팔면 된다는 분위기가 조성되어, 인터넷 등에서 높은 수입이나 주거를 제공한다고 광고하는 '후조쿠風俗'¹ 관련 업소 광고를 많이 볼 수 있는 사회가 존재하기 때문에 이들 소녀가 성매매라는 선택을 하도록 만들고 있는 것입니다. 이것은 절대로 '자기책임'이 아닙니다.

그녀들이 놓여있는 상황에 대해서 나는 관계없다고 생각하는 사람도 있겠지요. 하지만 그런 사회를 만든 것은 이 사회를 살고 있는 우리입니다. 그녀들이 놓인 상황을 무시하고, 대책을 세우지 않는 정권, 도정都政²을 선택한 것은 우리 자신입니다. 그렇다면 이들 소녀를 성 착취

---

1 **[역자주]** 원래 '풍속'이란 일상생활에서 볼 수 있는 풍습이 관행을 의미나, 일본에서 말하는 '후조쿠(風俗)'라 함은 각 지자체 공안위원회에 등록된 성적 서비스를 제공하는 유흥업 또는 그 업소를 말한다.
2 **[역자주]** 지사 선출을 포함한 도쿄도(東京都)의 행정을 말한다.

로 내모는 사회구조 자체를 우리의 손으로 해체해야 할 필요가 있지 않을까요?

중고등학생 대부분은 선거권이 없습니다. 선거권이 있는 18세 이상인 경우도 복잡한 상황에 놓여있는 아이들이 선거에 대해서 생각할 여유 따위는 없을 것입니다. 게다가 피해를 피해로 인식하지 못하고 있는 아이들도 많습니다. 그렇기에 당사자가 목소리를 낼 것을 요구할 것이 아니라, 이 사회를 어떤 사회로 만들 것인가라는 문제를 책임져야 하는 우리가 목소리를 내야 하는 것이 아닐까요?

한국의 사회운동을 보면서

제가 유학 중이었던 2023년 한국에서, 수요집회[3]나 국제여성의 날을 기념한 여성대회, 2014년의 세월호 침몰 사고 추모 집회, 2016년에 한국의 페미니즘이 고조되는 계기가 된 강남역 여성 살인사건 추모 집회에 동참했었습니다.

그중에서 인상적이었던 것이 젊은 세대가 이런 대회나 집회에 참여하고 있다는 점, 그들의 손으로 사회를 바꾸려는 힘이 있다는 점입니다. 여성대회, 추모 집회에 참여했을 때 "우리가 사회를 바꾼다"는 말을

---

3   [역자주] 일제강점기 당시 일본군으로부터 성폭력을 당한 일본군 '위안부' 피해 할머니 중 정의기억연대 소속 할머니가 주도해서 주한일본대사관 앞에서 매주 수요일에 열린 집회. '수요시위', '위안부 할머니 집회'라고도 하며, 이 책 원서에는 '水曜デモ(수요 데모)'라 표기하고 있다. '수요집회'로 번역했다.

계속 되풀이하고 있었습니다. 자신이 사회를 바꾸는 주체라는 인식으로 잘못된 일이 있으면 목소리를 내는 것은 당연하다고 생각하기에 이런 집회에 많은 사람이 참여한다고 생각됩니다. 그리고 자신들의 힘으로 사회를 바꿔온 역사가 있기에 그런 생각이 가능하다고 봅니다.

일본에서는 데모라고 하면 '무섭다'고 생각하는 사람도 있습니다만, 실제로 데모에 참여해 보면 전혀 그렇지 않다는 것을 알게 됩니다. 한국에서는 춤을 추거나 노래를 함께 부르면서 행진하는 등 즐거운 분위기에서 진행되는 경우가 많습니다. 6월 14일에 열린 1,600번째 수요집회에서는 "우리는 함께 평화를 행해서 전진한다"는 구호를 내걸고 있었습니다. 노래를 부르면서 그곳에 모인 모든 사람이 함께 집회를 만들고 있다는 인상을 받았습니다.

강남역 여성 살인사건 추모 집회에서는 주최자가 춤을 추는 것은 피해자를 기억해서 사회를 바꾸기 위해서라고 이야기했던 것인 인상적이었습니다. 이 추모 집회에서는 소녀시대의 〈다시 만난 세계Into The New World〉[4]라는 노래를 불렀습니다. 이 노래는 소녀시대의 데뷔곡입니다만 데모할 때 '연대를 위한 노래'로 잘 불리는 노래로 알려져 있습니다. 2016년에 이화여자대학교에서 있었던 학생 데모 때 경찰에 포위된 학생들이 이 노래를 부른 것입니다. 이때 〈다시 만난 세계〉라는 노래를 불렀던 것이 계기가 되어 10대부터 20대 여성을 중심으로 데모나 집회 장소에서 부르게 된 것 같습니다. "이 세상 속에서 반복되는 슬픔 이젠 안

....

4　(INTO THE NEW WORLD, KENZIE/KIM JUNG BAE ©2007 FUJIPACIFIC MUSIC KOREA INC. Permission granted by FUJIPACIFIC MUSIC INC. JASRAC H2308042-301)

녕"이라는 가사가 있습니다만, 이런 메시지가 여성들의 공감을 얻은 것으로 생각됩니다.

세월호 사고 추모 집회에서는 자식을 잃은 부모에 의한 연극 등이 공연되었으며, 이러한 연극이나 노래, 춤을 통해서 아픔을 기억하려는 것으로 이해합니다.

특별한 기적을 기다리지 마

지금까지 제가 사회운동에 참여하면서 느낀 점에 대해서 말씀드렸습니다. 이렇게 보면, 제가 특별한 사람으로 생각하실지도 모르겠습니다. 그러나 저는 일본사회를 사는 한 사람으로서, 저의 입장이나 특권을 인정하고, 제가 해야 한다고 생각하는 일을 했을 뿐입니다.

나는 그런 운동에 참여할 수는 없다고 생각하시는 분도 있을 것입니다. 그러나 이렇게 단체로 활동하거나 집회에 참여하는 것만이 사회운동이라고 생각하지 않습니다. 책을 읽거나, 온라인 강좌를 듣거나, 선거에서 투표하거나, 시민운동을 위한 크라우드 펀딩에 협력하거나, 또는 친구나 가족과 함께 이야기를 나누는 것도 하나의 사회활동이라고 생각합니다.

소녀시대의 〈다시 만난 세계〉에는 다음과 같은 가사도 있습니다. "특별한 기적을 기다리지 마, 눈앞에 선 우리의 거친 길은 알 수 없는 미래와 벽, (신념을) 바꾸지 않아, 포기할 수 없어." 우리가 운동에 참여한다고 사회가 급격하게 바뀌는 일은 없습니다. 그렇지만 "특별한 기적을 기다리지 마", 우리 손으로 사소한 일이라도 시작하는 데 의미가 있는 것은 아닐까요?

우리는 조선에 대한 식민지지배 문제와 성 착취 등의 문제에 관여해 왔습니다만, 이들 문제는 모두 '인권' 문제입니다. '인권'이라는 모든 사람에게 보장되어야 할 권리가 보장되지 않고 있는 상황이 지금 일어나고 있는 것입니다. 저는 운동에 참여하면서 문제나 현실을 알았을 때 저는 제가 어떤 행동을 취할지에 대한 질문을 받았던 것 같았습니다.

사회 전체를 들러보면 저희하고 같은 의견을 가진 사람은 절대로 많지 않습니다. 그럼에도 제가 운동을 계속할 수 있었던 것은 세미나의 동료나 함께 활동하는 사람이 있었기 때문입니다. 당신은 혼자가 아닙니다. 저희와 함께 고민하고, 함께 행동하지 않으시겠습니까?

'그런 것보다'라는 말을
해버리는 나

오키타 마이沖田まい

"졸업하면 끝이에요?"

졸업을 앞둔 저에게 후배가 물었습니다. 지금도 저 자신에게 계속 묻고 있습니다.

저는 대학교 2학년 때 수강한 수업을 통해 일본이 저지른 가해의 역사와 그에 대한 저의 인식의 결여에 충격을 받고, 지금까지도 일본에 남아 있는 차별과 인권 문제를 알고자 3학년 때 가토 게이키 교수님 세미나에 들어가서 한국 / 조선의 근현대사를 배웠습니다. 그러나 솔직히 말씀드리면 저는 그 세미나에서 성실한 학생은 아니었다고는 생각합니다. 일하는 것을 좋아해서 학생 단체 활동과 아르바이트를 여러 개 하면서 스스로 저의 생활을 바쁘게 만들고 있었고, 사회를 바꿀 수 있는 '자본주의'의 가능성을 동경하고 있었습니다. 그런 이유로 이 회사에 들어가면 저의 신념에 따라서 사회를 좋게 만들기 위해 일할 수 있다는 기대로 어느 기업에 지망했고, 감사하게도 내정을 받을 수 있었습니다.

함께 『뭐야뭐야』 1을 집필한 동기가 대학원 진학을 결심하던 그런 중에 일반 기업에 취업하는 나. 입사하게 된 나. "졸업하면 끝이에요?"라는 질문에 저는 이렇게 답했습니다.

대학을 졸업해도 "저는 한국 / 조선 근현대사를 공부하고 있습니다"라고 말할 수 있는 사람으로 남고 싶고, 그러기 위해서 계속 배우며 행동하는 사람이고자 합니다.

이렇게 하는 것이 하나의 연대의 형태라고 믿으며, 일을 하면서도 이런 대화가 가능할 것이고, 그렇게 되면 조금이라도 문제의식의 고리를 넓힐 수 있다고 생각하고 있었습니다.

2022년 4월, 회사에 다니는 생활이 시작되었습니다만, 실제로는 대화나 문제의식의 고리를 넓히겠다는 숭고한 이상은 거의 이루지 못했고, 가치관이나 세상을 바라보는 시선이 사람마다 다르다는 현실에 당황하면서도 차별과 인권 문제를 마주하지 않고 살아가는 자신의 특권성에 손들고 말았습니다.

사회학부에서 배우는 학생은 엇비슷한 문제의식을 공유하고, 필수 교과목을 이수해서 그야말로 서로 친숙한 가치관을 가지고 있습니다. 그리고 대학에 다닐 때 저와 가까운 사람 중에서 벤처에 적극적인 태도를 보인 사람은 대체로 사회 문제에 대한 감도가 높은 사람이 많았습니다. 한편 회사원이 된 후에 사회에서 만난 사람은 이공계 출신, 오랫

동안 스포츠에 심혈을 기울였던 사람입니다. 이들은 이른바 '고학력'인 일본인이 많고, 그리고 저와 접점이 있는 선배는 자기 의지와 신념으로 일하는 열정이 있는 사람이었습니다. 다만, 그 열정이라는 것이 제 눈에는 천진난만한 '일본에 대한 긍정'으로 보일 때도 있습니다. 예를 들어 언젠가 잡담으로 언급된 아베 신조 전 총리의 국장國葬에 관한 화제가 그렇습니다. "사람이 죽은 장례식에 와서 이러쿵저러쿵 소란을 피우는 (데모하는) 사람들은 도대체 뭘 하는 사람들이야?"라는 말에는 말문이 막히고 말았습니다. "이건 원인이 뭐든 아랑곳하지 않고 무조건 입 닥치고 조용히 하라고 요구하는 '톤 폴리싱tone polishing'이잖아? 도대체가 왜 반대하는지 이유를 알려는 생각은 있는 거야? 과거에 어떤 일이 있었는지 알고는 있나?"라는 생각이 들었지만, 참았습니다. 악의를 품은 말이 아니라 "정말 몰라서 그러는 것이겠지?"라는 생각이 들다가도, 어디부터 말하면 되는지, "과연 이 사람은 대화가 가능한 사람인가?"라는 두려운 생각이 들곤 합니다. "일본을 좋은 사회로 만들고 싶다"는 말을 하는 사람이니까 더욱 이 말을 전하고 싶고, 내 말뜻을 알아줬으면 하고 생각하는데 그렇게 실천하지 못하는 저 자신이 싫어집니다.

그리고 학교라는 울타리를 벗어나서 사회생활을 하다보면, 배경이 다양한 사람이 모여 있어서 "인권에 대한 존중이나 페미니즘 이야기를 꺼내면 과연 나를 어떻게 생각할까?"라는 불안감 같은 것이 있습니다. 예를 들어 회사 회식 자리에서는 가볍게 외모를 놀리는 발언이나 분위기에 편승해서 다른 사람을 괴롭히는 발언이 나와도 "그것은 괴롭힘이니까 그러지 마라", "그만 해!"라는 말을 하지 않고 오히려 그런 상황을 함께 웃고 즐기는 상황 말입니다. 서로가 허물없는 사이임을 확인하기 위한 소통의 한 방법이라는 면도 있을지 모르나, 이런 말에 상처를 입는 사람은 어떻게 되는지에 대해 '뭐야뭐야'하면서도 저부터 웃으며 얼버무리고 있는 것입니다. 그리고 가령 그 순간에 이의를 제기한들, 근본적인 문제에 대해서 제대로 발언할 수 있을까? 라는 생각이 마음 한편에 있는 것은 사실입니다.

이런 식으로 저 스스로에 대해서 무력함을 느낄 때마다 "대학에서 도대체 뭘 배운 거야?"라는 자신에 대한 분노가 치밀어오르며, 그럴 때마다 "졸업하면 끝이에요?"라는 말이 머리를 스쳐 지나가곤 합니다.

그리고 그보다 더 괴로운 것은 '그런 것보다', '그런 문제보다'라는 식으로 생각하게 되는 제 자신이 다수에 속해서 특권성을 누리며 안주하고 있다는 점입니다.

애당초 저는 스스로가 '정치적'인 사람으로 지내는 것은 어렵지 않다고 생각하고 있었습니다. 친구와 선거에 관한 이야기를 나누거나 그런 이야기를 SNS에서 발언하는 등이죠. 작은 일이지만 주변 사람들이 가지고 있는 '정치적인 발언은 삼가야 한다', 또는 '한쪽으로 치우친 의견은 좋지 않다'는 가치관에 균열을 만들고 싶었습니다.

그런데 본격적으로 사회생활을 하게 된 다음부터 사회가 요구하는 수준에 저의 능력이 따라가지 못하고 하루하루 일에 쫓기며 정신없이 지내게 되니, 뉴스에서 흘러나오는 '미사일이……' 어쩌고, '군비 확충이……' 어쩌고 하는 그냥 넘어갈 수 없는 중요한 사건인데도 정신을 차리고 보면 그냥 듣고 흘리고 있는 것입니다. "그런 것보다……, 이번 프로젝트가……, 이 고객님이……, 이번 목표가……"라는 식으로 제가 지금 하는 일의 원동력의 근원이고 뿌리 부분에 있던 감정이나 이런 문제에 관해서 이야기를 하고 논의하고 싶었던 과거의 제가 점점 멀어지고 고립되고 있는 것입니다. "일을 통해서 뭔가 할 수 없을까? 아니야, 먼저 눈앞에 놓인 일부터 제대로 집중해"라고 '그런 것'이 아니었던 일인데 지금 '그런 것'으로 치부하고 저 멀리 밀어내고 있는 것입니다. 제 입으로 '그런 것'이라는 말이 나올 때마다 누군가의 발을 밟고 있다는 것, 제가 자각하지 못하는 상태에서 다른 사람 마음에 상처를 입히고 있다는 것, '그런 것'이라는 말을 내뱉게 되는 제 자신에게 특권성이라는 것을 강하게 느끼고 있습니다.

이런 갈등을 느끼면서 사회인으로서 『뭐야뭐야』1 관련 행사에서 등단하는 기회를 얻었습니다. 참가자 여러분과 이야기를 나누는 기획이었고 그때 나온 질문은 다음과 같습니다.

식민지지배 문제에 대한 이해를 넓히는 과정에서 '인권'이라는 말로는 울림을 얻지 못하거나, 윤리적으로 공감을 얻지 못한다면, "이 문제에 관여하는 것은 당신 인생의 재산입니다"나 혹은 "삶이 풍요로워집니다"와 같은 말로 조금이라도 소통할 수 있는 길을 열 수 있다면 좋겠다고 생각했는데 어떻습니까?

솔직히 말씀드리면 제시하신 가능성에 마음이 끌리는 느낌도 있었습니다. 사회로 눈을 돌려보면 '인권'이라는 말이 와닿지 않는 사람도 있겠지, 삶의 전제가 너무나 달라서 이런 목소리가 닿지 않는 사람도 있겠지, 라는 생각도 듭니다.

그러나 "그래도 이건 아니야"라고 생각합니다.

가해한 국가에 속하는 제가 그 문제를 알게 된다고 해서 제 삶이 풍요로워진다는 이야기는 모순이라고 생각합니다. 오히려 바르게 살고 싶고, 제가 다른 사람 발을 밟고 있다는 사실을 자각하고 싶습니다. 역사를 배우는 것은 그런 의미에서 저에게는 지극히 당연한 일이며, 이를 통해서 풍요로워진다는 것은 또 다른 누군가의 발을 밟게 되는 것이 아닐까요? '풍요롭다'는 말은 하나의 전달 방식이나 표현으로서는 좋을지도 모릅니다. 긍정적으로 접근하는 것이 받아들이기 쉽다는 점은 이해가 되고, 저변을 넓히기 위해서는 이 선택이 더 좋을지도 모릅니다. 하지만 역시 그것은 아니라고 생각합니다.

사회인 2년차에 접어든 지 얼마 안 된 2023년 5월 초쯤에. 연휴를 이용해서 대학 재학 중에는 참가하지 못했던 한국 합숙에 동행했습니다. 유학 중인 『뭐야뭐야』 1을 함께 제작한 동기, 그리고 세미나를 활성화하기 위해 함께 노력한 세미나 후배들과 한국의 사적지와 박물관을 둘러봤습니다.

한국을 돌며 보고 느낀 것은 역사를 계승하겠다는 의지, 그리고 미래를 자신들 힘으로 만들겠다는 열정이었습니다.

용산 역사박물관에서 학예사로부터 전근대 시기 조선의 발전과 미래를 향한 노력에 관한 설명을 들을 수 있었습니다. 인상에 남았던 것은 "분한 것은 자신들 힘으로 발전을 이루지 못한 것"이라는 말이었습니다. 1904년에 러일전쟁으로 일본의 군사 거점이 되었고, 그 후에는 일본군의 기지가 들어선 용산은 예로부터 교통의 요충지였으며, 자본주의적인 발전과 근대화를 이룰 소지가 컸습니다.

일본에 의한 군사 지배와 수탈로 인해 조선에 의한 독자적인 발전을 실현하지 못한 이야기, 그리고 그래서 앞으로 이 지역을 어떻게 발전시킬지를 놓고 그 방향성을 모색하고 있다는 이야기를 통해서 미래를 향한 강한 의지를 느낄 수 있었습니다.

역사를 극복해서 미래를 개척하려는 분위기는 광화문광장 앞에서 열린 근로자의 날 데모를 통해서도 알 수 있었습니다. 수만 명에 이르는 사람이 모여서 ― 그중에는 저와 같은 세대의 젊은 청년들이 많았습니다 ― 농성과 연설을 하고, 노래를 부르며 주장하는 모습에서 "우리가 미래를 만든다"는 의지를 엿볼 수 있었습니다.

그리고 한반도에는 아직도 전쟁 중이라는 사실, 그리고 길거리에는 군복무 중에 휴가를 나온 것으로 보이는 군복을 입은 청년들이 많이 눈에 들어왔습니다. "너는 앞으로 어떻게 할 거야?"를 질문을 받은 듯한 생각이 들었습니다.

회사원으로서 저항을 포기한 일, 웃으며 얼버무린 일, 사실은 좋다는 생각은 안 들었지만 좋다고 대답을 해버린 일, 이런 것들이 정말로 괴롭고 분했던 경험입니다. 자기 생각을 전한다는 것은 터무니없이 멀리 느껴지는 어려운 일이지만, 자신이 지금 있는 곳에서 할 수 있는 일을 해야만 한다는 생각이 강하게 들었습니다. 배움의 기회를 모색하는 일, 눈앞에서 벌어지는 부당한 일에 목소리를 내는 일, 생각이 같은 사람과 연대하는 일, 그리고 자신이 공감하는 단체를 응원하는 일도 하나의 형태인지도 모르겠습니다.

"대학교를 졸업하면 끝이에요?"

끝이라는 것은 없다고 생각합니다. 그리고 자신의 풍요로움을 위해서 서로 마주하는 것도 아닙니다. 당사자로서 과거의 잘못을 풍화시키는 과정이나 차별의 구조에 그저 가담하고 싶지 않을 뿐입니다. 이런 구조를 파괴해 나가는 책임, 인권침해의 역사를 풍화시키지 않는 책임을 다 하기 위해서 제가 할 수 있는 일부터 실천하려고 합니다.

같은 해 5월 말. 직장 상사와 처음으로 1대 1로 식사를 하러갔습니다. 그리고 상사에게 처음으로 제가 배워온 것, 생각하고 있는 이야기를 했습니다.

"그런 강한 의지나 전하고 싶은 것을 회사 일을 통해서 하나씩 실현해 갔으면 좋겠어."

상사 말이 어디까지 본심이었는지, 제 생각을 어디까지 이해해 주었는지는 모르겠습니다. 그런데 무언가 하나 전진할 수 있을 것 같다는 생각이 듭니다. 이런 사회가, 이런 조직이 좋다고 말하는 것, 이상하다고 생각되는 일에 목소리를 제기하는 것, 일을 통해서만이 아니라, 하루하루 배우며, 생각하고, 발신하는 것이 중요합니다.

알기 쉬운 결과로는 바로 눈으로 나타나지 않을지도 모르겠습니다. 물론 직접적으로 무언가를 크게 바꾸는 일은 불가능할 수도 있습니다. 그렇더라도 인권을 존중하는 생각을 품고 일할 것, '그런 것보다'라는 말을 해버리는 자기 특권성에 저항하는 일, 한 사람 한 사람의 개인적인 노력에도 분명히 의미가 있다고 생각합니다.

부디 이 책과 만난 당신도 함께 배우고, 생각하고, 고민을 이어갔으면 합니다.

아무리 사소한 행동일지라도 그 단단한 구조에 금이 가게 만들 수 있을 테니까.

"사회는 바뀔 수 있다." 이 말은 지금까지 사람들이 선택하고 쌓아온 사실을 통해서 역사가 증명하고 있으며, 앞으로 우리가 선택할 수 있는 일로 생각합니다.

배움터 '기보타네' 소개

아사쿠라 기미카朝倉希実加

일본군 '위안부' 문제에 대해서 좀 더 깊게 파헤쳐서 알고 싶다. 나도 관련 활동에 참여하고 싶어 하시는 분도 계시지 않을까요? 그런 사람에게 추천하고 싶은 것이 '희망의 씨앗 기금希望のため基金' 이하 '기보타네' 입니다.[1]

'기보타네'란 "일본의 청년들이 일본군 '위안부' 문제에 대해서 배우고, 성폭력이 없는 사회 만들기에 공헌하기 위한 기금"으로 2017년에 설립되었습니다. 일본군 '위안부' 문제에 끝내는 것이 아니라, '기억·계승'을 지향하며, 두 번 다시 같은 피해가 발생하지 않도록 하기 위한 활동을 하고 있습니다.

주로 계몽 사업, 한일청년교류 사업, 조성 사업 세 가지 사업을 하고 있습니다. 계몽 사업은 일본군 '위안부' 문제를 이해하기 위한 연속강

---

1   https://www.kibotane.org

좌나 생존자의 증언을 직접 소리내어 읽는 '증언을 읽는 워크숍', 일본군 '위안부' 문제에 관한 영화 상영회 등을 열고 있습니다. 연속강좌는 2021년에 일본군 '위안부' 문제 해결운동에 대해서 배울 수 있는 강좌를, 2022년에는 한국에서 일어난 성폭력과 성 착취에 반대하는 여성운동에 대해서 배울 수 있는 강좌를 열었습니다. 저도 '증언을 읽는 워크숍'에 참가한 경험이 있습니다만, 그 자리에서 생존자의 증언을 자신의 목소리로 소리내어 읽는 경험은 처음이었습니다. 보통 '증언'이라고 하면, '위안소' 생활에 초점을 맞추는 경우가 많습니다만 생존자의 인생 그 자체를 생각해야 한다는 것을 다시 한번 생각하게 되었습니다.

한일청년교류 사업은 주로 스터디 투어를 운영하고 있습니다. 실제로 한국에 간다는 체험을 통해서 일본군 '위안부' 문제나 식민지지배에 대해서 생각하는 기획입니다. 2023년 3월에는 COVID-19 이후 처음 스터디 투어가 있었습니다. 그때 식민지역사박물관과 전쟁과여성인권박물관을 방문했고, 수요집회에도 참여했습니다. 또 일본군 '위안부' 제도 생존자인 김복동 할머니의 고향인 경상남도 양산을 방문해서 할머니 인생에 대해서 함께 생각하는 시간을 가졌습니다.

'기보타네'는 '마리몬드 재팬'이라는 브랜드 운영도 하고 있습니다.[2] '마리몬드'는 2012년에 한국의 청년에 의해서 "인권을 지키기 위해서 활동하는 라이프스타일 브랜드"로 설립되었습니다. 일본군 '위안부'를 강요받은 여성의 삶에 대해서 배우고, 그분들을 상징으로 꽃을 골라서

....

2   https://www.marymond.jp/

그 꽃을 모티브로 한 스마트폰 케이스 등의 상품을 판매하고 있습니다. 매상 일부를 일본군 '위안부' 문제의 교육이나 지원에 기부하는 활동을 하고 있었습니다만, 한국 국내의 페미니즘과 일본군 '위안부' 문제에 대한 비난에 영향을 받아서 2021년 11월에 활동을 멈추었습니다. '마리몬드 재팬'에서는 현재 '한국 마리몬드'의 활동 중지를 받아서 상품의 제조와 판매를 하고 있습니다.

또 2021년 4월부터 2022년 6월에 걸쳐서 '일본군 '위안부' 문제 해결 운동사 청취 프로젝트'는 지금까지 일본군 '위안부' 문제 해결운동을 해온 10명을 대상으로 한 청취 인터뷰를 마쳤습니다. 이분들의 태생부터 학창 시절에 어떻게 해서 일본군 '위안부' 문제 활동에 참여하게 되었는지, 구체적으로 어떤 활동을 해 왔는지에 대해서 이야기를 들을 수 있었습니다. 그리고 생존자와 함께 활동한다는 것은 어떤 일인지, 지금을 사는 우리가 무엇을 할 수 있는지에 대해서 생각했습니다.

2022년 11월부터 2023년 4월에 걸쳐서 실시한 '배봉기 할머니의 꽃을 찾는 프로젝트'에서는 조선에서 오키나와로 일본군 위안부로 끌려간 배봉기 할머니_{이 책 248쪽 참조}에게 보낼 꽃을 선정했습니다. 배봉기 할머니의 인생을 알아가는 과정을 통해서 우리가 할머니의 인생을 상징할 꽃 한 송이를 고르는 어려움, 계승이라는 것의 어려움을 마주하게 된 기회였습니다.

여러분도 '기보타네'에서 여는 강연이나 투어에 참여하거나, '마리몬드'의 상품 구매해서 '기억·계승'의 일부분을 맡아보지 않으시겠습니까?

일본사회를 꾸준히 바꾸어 간다는 것

저희가 일본사회를 진정한 의미에서 인권이 존중되는 사회로 바꾸어 가기 위해서는 무엇을 할 수 있을까요? 역사 연구와 역사교육이 맡아야 할 역할, 시민사회에 배움의 장을 넓혀 가는 방법, 사회운동을 어떻게 전개할지에 대한 이야기를 나누었습니다.

2023년 5월 2일, 한국 서울, 당시 학년 등은 「좌담회, 『뭐야뭐야』 1 간행은 우리에게 어떤 경험이 있는가?」와 동일합니다.

무엇을 어떻게 연구할 것인가?

구마노   지금 오키타 씨를 제외한 4명이 대학원에 다니고 있습니다만, 어떤 마음가짐으로 무엇을 연구하고 있는지 말씀해 주실 수 있을까요?

우시키   대학원에 진학하게 된 동기는 대학원에 들어가면 시민운동에 관여할 수도 또는 시민운동 네트워크와 연결이 용이할 것이라고 생각한 부분이 큽니다. 그리고 한국 대학원으로 진학하는 선택도 가능했습니다만, 역시 일본사회에서 재일코리안과 연대하는 것이 중요하다고 생각했고, 사회운동도 연구도 일본 내의 현장에서 일본어로 하는 것이 일본인에게 가장 잘 전달될 것이라는 생각에 일본에서 진학하기로 했습니다.

연구에 관해서는 한반도 북부, 즉 지금의 북한 지역인 평안북도에 있는 농촌 지역이 식민지지배하에서 경제적으로 어떤 수탈을 당하고, 파괴되었는지를 고찰하고 있습니다. 제가 고등학교와 대학교의 교육을 받으면서도 식민지지배가 어떤 것이었는지 지금도 제대로 알지 못하고 있어서 이에 대해서 더 알고 싶었기 때문입니다. 자주적으로 만들어진 사회가 다른 민족의 손에 빼앗긴다는 것은 도대체 무엇을 의미하는지 알고 싶어서 실태를 구체적으로 알아본다는 의미에서 지역사회라는 미크로 레벨에서 검토하는 것이 유효하다고 생각한 것입니다.

그리고 어디까지 할 수 있을지는 아직 모르겠습니다만, 일본의 침략이 없었다면 진행되었을 조선 / 대한제국의 독자적인 발전 가능성과 식민지지배 아래에 재산을 축재하는 조선인 상류층이 있었다고 하더라도 그것이 당시 조선사회 _{대다수 조선의 민중}의 부富가 되지는 않았을 점을 밝혀냈으면 합니다. 이 작업은 일본사회의 역사인식을 바뀌기 위한 중요한 작업이 될 것으로 생각합니다.

그리고 한반도 남부, 즉 지금의 대한민국에 대한 일본의 침략과 지배에 대해서는 상대적으로 거론되고 있습니다만, 조선 북부, 즉 지금의 북한에 대한 일본의 침략이나 수탈을 한 점에 대해서는 화제에 잘 오르지 않는 현실이 있습니다.

한반도 북부의 지역사회를 다루고자 한 이유가 바로 이 부분입니다.

수탈이라는 문제에 집착하는 이유는 일본에 의한 수탈의 결과 고향에서 생활 기반을 잃고 한국 / 조선인이 온 세계로 흩어졌기 때문입니다. 재일코리안은 이러한 이유로 어쩔 수 없이 일본으로 건너온 사람과 그 후손들입니다. 재일코리안을 비롯해서 중국 등 다른 지역에 거주하는 코리안^{한국/조선인}의 후손의 존재가 일본사회에서는 잘 드러나지 않고 있기에 이 사실을 분명히 밝혀서 알릴 필요가 있다고 생각합니다.

그런데 최근에 고등학교에서 역사를 가르칠 기회가 있었습니다만, 현재 사용되는 교과서의 기술 내용에 상당한 문제가 있어서 역사적 사실하고 다르다고 생각되는 부분도 있습니다. 이러하니, 역사 연구는 신뢰할 수 있는 정보를 계속 발신해야 합니다. 그리고 교단에 서서 가르치는 사람은 역사 연구의 성과에 제대로 연결될 필요가 있습니다. 대학에서 교직과정 수업을 이수하고 있습니다만, 교사를 목표로 하는 학생 상당수가 한국 / 조선사는 거의 무시하고 있는 것 같습니다. 이들이 장래에 "역사교육을 담당하는 거야?" 하는 두려움이 있습니다.

구마노 지금 저도 교직과정을 이수하고 있는데 같은 생각을 하고 있습니다. 예를 들어 이런 수업에서 토론을 하면 "15년 전쟁은 나빴다"는 이야기는 그런대로 들을 수 있는데, 그 이전에 있었던 조선에 대한 침략과 식민지지배에 대해서는 거의 무시하는 경향을 보입니다. 예를 들면 '다이쇼 데모크라시'에 대한 관심은 있지만, 동시대에 있었던 관동대지진 당시의 조선인 학살에 대해서는 대부분 인식하지 않고 있습니다. 조선에 대한 침략이라던가 식민지지배에 대한 문제의식이 전혀 없는 사람이 사회과 교사가 된다는 것은 정말 무섭다는 생각이 듭니다.

이상진 연구 이야기로 돌아갑니다만, 제가 가지고 있는 문제의식은 일본 지역사회 측면에서 침략의 문제를 생각하는 것입니다. 근대의 후쿠이현福井縣 쓰루가敦賀 항의 해외 항로 문제를 다루고 있습니다만, 이는 단순한 해외무역에 관한 문제가 아니라, 침략과 식민지지배의 문제와 연관되어 있습니다. 국가뿐 아니라, 지역사회도 해외로 나가는 경제적 진출과정에서 침략에 가담하고 있는 것이 아닌가, 하는 문제의식에서 이 연구를 시작했습니다.

히토쓰바시대학 전 교수이시고, 가토 교수님의 전·전임자이신 강덕상姜德相 교수님께서는 "일본의 전환점에는 항상 조선이 있다"고 지적하셨습니다. 이 부분에 대해서는 일본의 지역사회 차원에서도 마찬가지가 아닐까 하는 생각이 듭니다. 예를 들어 '쓰루가의 전환점'에도 조선이 있었던 것이 아닌가, 하는 생각을 합니다.

연구는 근대 쓰루가의 상공회의소 사료史料를 검토하고 있습니다만, 조선과의 관계, 조선 침략에 관한 기술이 많습니다. 이들 사료는 선행연구에서 이미 사용되고 있습니다만, 조선과의 관계에 대해서는 충분한 언급이 되지 않고 있습니다. 누구나 접할 수 있는 사료에 조선 침략에 관한 이야기가 있음에도 그 부분은 무시되거나 경시되고 있는 경향을 느낄 수 있었습니다.

아사쿠라 저는 일제강점기 조선인에 의한 여성운동을 연구하고 있습니다. 이 문제의 출발점은 조선인 여성이 사회적으로 약한 위치에 놓여있어서 그녀들의 목소리를 들을 수 없었기 때문입니다만, 무엇보다도, 저 자신이 듣지 않았고 보려고도 하지 않았기 때문입니다. 일제강점기라는 시기에 조선인 여성이 어떻게 살아왔는지가 알고 싶었던 것입니다. 여기에는 한 사람, 한 사람의 여성이 있었고, 각자의 인생이 있었습니다. 남아 있는 사료가 적기 때문에 간단한 문제는 아닙니다만, 여성 개개인의 삶에 다가갈 수 있기를 바랍니다. 이러한 관점을 제시함으로써 식민지지배의 문제는 인권 문제이며, 실제 사람의 문제라는 점을 알리고 싶습니다. 연구를 한다는 것은, 사회와 먼 이야기를 하는 일이 아니라, 사회와 밀접하게 관여하는 일이라고 생각합니다.

구마노 저의 경우는 조선 문제와 마주하게 된 계기가 된 것이 일본군 '위안부' 문제였기에, 이 문제가 줄곧 문제의식의 근저에 자리 잡고 있었습니다. 일본군 '위안부' 문제는 민족 차별, 여성 차별, 계급 차별이라는 다양한 차별이 얽혀 있는 문제입니다만, 이 문제와 처음 마주했을 때, 만일 일본이 일본군 '위안부' 문제를 진지하게 마주했다면, 일본의 '상식'은 뒤집히지 않을까 싶을 만큼 큰 충격을 받았습니다. 이 충격은 일본인 중심의 시점이긴 했으나, 일본군 '위안부' 문제는 매우 현대적인 과제와 직결되어 있다는 생각이 들었습니다. 무슨 말인가 하면, 일본제국주의는 조선을 식민지지배하에 두어 민족 차별, 여성 차별, 계급 차별을 확대해서 일본군 '위안부' 제도도 만들어졌습니다만, 패전 후에도 일본은 이를 청산하지 않고, 결국 현재까지 차별이 재생산되고 있는 것입니다.

이 문제를 통해서 일본인 남성으로서 저 자신이 가지고 있는 가해성과 특권성에 마주하게 되었습니다. 지금도 제 친구 중에는 '매춘'을 하는 사람도 있고, 저도 그쪽으로 흘렀어도 이상하지 않다는 감각이 있습니다. 과거부터 현재에 이르기까지 일본은 성 착취나 성매매에 빠져 있다는 생각이 듭니다.

이러한 일본의 현상에 대한 문제의식을 전제로 일본제국주의가 얼마나 민족 차별, 성차별, 계급 차별을 자행해 왔는지를 생각해 보고 싶습니다. 또 우시키 씨 발언과도 겹칩니다만, 일제강점기의 조선사회에 어떤 일이 있었는지를 우리가 구체적으로 알지 못하고 있다고 생각합니다. 이상의 내용을 바탕으로, 지역사회 시점에서 일본군 '위안부' 제도의 전제가 된 일제강점기 조선에 있었던 공창제도와 성매매 문제를 연구하기로 하며, 대상 지역으로는 평양을 선택했습니다. 남북 분단에 영향을 받지 않는 역사상歷史像을 의식하려 합니다.

대학, 대학원에 다니는 어려움

구마노 저희는 대학에서 배웠기에 『뭐야뭐야』 1을 세상에 내놓을 수 있었으며, 대학원에 진학한 4명에게 대학원은 중요한 거점입니다. 이렇게 생각할 때, 대학과 대학원 학비가 인상되고 장학금제도도 대여장학금이 중심이 된 현재의 취약한 상황은 큰 문제이며, 개선이 필요합니다.

우시키 아르바이트에 쫓겨서 공부와 연구에 집중하지 못하는 경우도 적지 않습니다. 그리고 그 전에 경제적인 이유로 대학이나 대학원에서 공부하고 싶어도 그러지 못하는 사람도 있습니다.

구마노 경제적인 면에 더해서 가정환경이나 지방 격차, 성차별 등에 발목이 잡혀서 대학이나 대학원에서 공부하는 것을 꿈도 못 꾸는 상황에 있는 사람도 있을 것입니다.

아사쿠라 대학과 대학원이 지금보다 접근하기 쉬워지는 것은 사회를 바꾸기 위해서도 중요하다고 생각합니다. 그리고 유학을 가는 것도 경제적인 면에서 문턱이 높습니다. 좀 더 많은 장학금과 연구 지원을 확충해야 합니다.

우시키 이 문제는 일본사회 전체에 관한 문제이기에 그 부분을 유의하면서도, 대학원이라는 곳이 여성에게 지내기 좋은 환경이라고 말하기에는 아직 이르다고 생각합니다. 남성 중심적인 분위기나 대화, 대우에 매일 마주하고, 경제적인 지원제도도 미흡하고, 게다가 일상생활과 연구 활동 중 한쪽을 선택해야만 하는 상황이 자주 일어난다는 점에서 여성한테는 연구 활동을 이어간다는 것의 문턱이 상당히 높다고 생각합니다. 여기에 젠더 외에 '마이너리티성' 즉 소수자로서의 불이익까지 더해질 경우, 그 부담은 상상을 초월합니다. 물론 여성 연구자는 늘어나는 추세에 있습니다만, 그녀들이 남성 연구자보다 더 많은 부하를 받고 있다는 점은 잊어서는 안 될 것입니다.

아사쿠라 '기보타네'의 청취 프로젝트[이 책 칼럼, 배움터 '기보타네' 소개]에서 도쿄외국어대학 교수이셨던 김부자金富子 선생님께서 "육아, 연구, 활동은 '3립'하지 않는다고 생각한다"고 말씀하셨습니다. 교수님께서는 항상 이 세 가지 중에서 두 가지를 선택해 오셨다고 합니다. 여성국제전범재판[2000년 12월 도쿄에서 열린 '일본군 성노예제도를 심판하는 여성국제전범재판']의 활동을 준비하고 있을 때, 자녀 분께서 아직 어렸기 때문에, 활동과 육아를 선택했다고 하셨습니다. 물론 우시키 씨가 언급한 것처럼, 이 문제는 대학원이라는 연구 공간만의 문제는 아닙니다만, 여전히 여성이 결혼, 출산, 육아 문제를 떠안으며 살아가야 하는 현실 속에서 남성보다 더 많은 부담을 지고있습니다. 실제로『남녀공동참여백서男女共同参画白書』를 보면, 여성의 대학원 진학률은 남성의 절반 이하이며, 여성 연구자의 비율은 20%에도 미치지 못하고 있습니다.

'시무時務'의 연구

이상진 앞에서도 언급했습니다만, 저희가 연구를 진행하는 데 있어서 강덕상 교수님의 존재는 아주 큽니다.

구마노 맞습니다. 강덕상 교수님이 돌아가시기 직전에 교수님의 생애에 대해 인터뷰한 것을 정리한『時務の研究者 姜德相─在日として日本の植民地史を考える』三一書房,2021가 출판되었습니다. '시무의 연구'라는 말은 지금 역사 연구자가 해야 하는 일이라는 뜻입니다.

이상진 지금 우리 앞에 있는 현실 과제를 마주하고, 역사를 연구해야 한다는 말씀인 거로 이해하고 있습니다. 이런 의식을 가지고 우리도 연구에 임해야 할 필요가 있다고 생각합니다.

구마노 '위안부' 문제가 본격적으로 문제화된 지 약 30년이 지났습니다만, 운동 쪽에서는 '기보타네'를 통해서 젊은 세대가 조금씩 늘고 있습니다만, 일본군 '위안부' 제도 또는 식민지 공창제도를 연구하겠다는 사람은 별로 없는 걸로 압니다. 요시미 요시아키吉見義明 선생님이나, 하야시 히로후미林博史 선생님, 송연옥宋連玉 선생님, 김부자 선생님, 후지나가 다케시藤永壯 선생님 등을 비롯한 분들이 해오신 연구를, 물론 발끝에도 미치지 못합니다만, 미력하나마 계승하겠다는 의미에서도 저희가 노력하고 분발해야 한다고 생각합니다. 그리고 현대의 성 착취 문제와도 밀접하게 연관되어 있기에 그야말로 '시무'라고 생각하고 있습니다.

다만 저의 경우는 아직까지는 일본이 자행한 침략과 지배 등, 일본 쪽이 중심이 된 역사가 연구의 중심이기에, 나중에는 한국 / 조선인 쪽에서 바라본 역사를 더 본격적으로 연구해 보고 싶습니다.

지금부터는 한국 / 조선 근대사나 일본에 의한 침략전쟁, 식민지지배에 관한 역사 연구 전체의 의의에 대해서 조금 더 이야기를 나누었으면 합니다. 이 부분은 가해와 피해의 역사를 기억하는 영위이면서 동시에 역사부정론에 대한 저항이기도 합니다.

일본군 '위안부' 문제에 관한 연구를 살펴보면, 1990년대에 요시미 요시아키 선생님 등에 의해 연구에 진척이 있은 결과, 실제로 역사 교과서에 이 문제가 실리게 되었습니다. 역사 연구가 일본인 한 사람 한 사람의 역사인식의 근본에 크게 관여하게 되는 것입니다. 아쉽게도, 2000년대 전후반에 들어서 역사부정론자에 의한 공격으로 다시 교과서에 사라지거나, 왜곡되어 있습니다만, 저의 경우를 생각해 보아도 연구의 성과라는 것이 엄연히 존재하고, 그것을 배울 수 있었기에 저의 역사인식이 크게 바뀐 것입니다.

그리고 서경식徐京植 선생님과 함께 심포지엄을 개최했을 때, "일본의 가해의 역사와 그 폭력성을 기억하는 사람이 필요하다"는 이야기가 나왔습니다. 저는 일본인으로서 일본인에 대해, 즉 다수자의 한 사람으로서 다수자에 대해서 일본에 의한 가해의 역사와 폭력성을 상기시키는 한 사람으로 남고 싶습니다.

대학이라는 울타리 밖에 어떻게 배움터를 만들 것인가?

오키타 구마노 고에이 씨의 이야기를 듣고 100% 공감했습니다. 역사 연구는 아주 중요하다고 생각합니다. 저는 그 배움의 길을 가지 않는 선택을 했습니다만, 그럼 어떻게 지금의 일본 사회의 인식에 균열을 만들 수 있는 사람으로 남을 수 있는가, 하는 부분을 늘 생각하고 있습니다. 대학이 아닌 장소에서 이를 실행할 방법을 모색하고 싶습니다.

구마노 대학이 아닌 장소에서, 계속 배운다는 것이 중요하죠.

오키타 맞습니다. 일본이 저지른 가해의 역사와 폭력성을 계속 생각하게 만드는 사람으로 있고 싶다는 점은 저도 같습니다. 차별이라는 구조에 가담하지 않는다는 의미에서라도 그것이 제가 해야 할 일이라고 생각합니다. 이 부분을 전제로 생각하는 것이 두 가지 있습니다.

하나는 인권 의식의 문제입니다. 저는 차별과 억압을 받는 사람이 살아가는 데에 어려움을 겪는 그 근본에 일본사회의 낮은 인권 의식이 있다고 생각합니다. 차별금지법의 필요성조차 이해되지 않고 있는 현실의 근본에는 인권 교육이 제대로 되지 않는 문제가 있다고 생각합니다. 이러한 상황을 바꾸기 위해서도 계속해서 배움을 이어가는 것이 중요합니다.

그리고 인권 의식 관련해서 약간 다른 문제를 언급하자면, 비즈니스의 세계에서는 "잘 풀리지 않는 일이 있어도 그것은 스스로 어떻게든 해야 한다", "어떻게 하면 잘 해낼 수 있는지 생각하자"는 식의 마인드가 기본적인 자세로 요구되고 있습니다. 그러나 이런 말처럼 모든 것이 개인의 문제는 아니고, 사회구조의 문제인 부분도 많다고 생각합니다. 이처럼 모든 것을 자기책임으로 모는 자세에는 폭력성이 있다고 생각되고, 이렇게 자기책임이라는 생각을 심어버리면, 사회가 더 나아질 가능성을 차단해 버리는 것은 아닌가 생각합니다. 그런 측면을 우리가 잊지 않기 위해서도 역사나 사회, 그리고 인권에 대해 계속 배우는 것이 중요하다고 생각합니다.

두 번째는 지금의 정세와 관련된 문제입니다. 이 지구상에서 전쟁이 없던 때는 없었다고 해도 될 정도로, 끊임없이 다양한 형태의 분쟁, 전쟁이 일어나고 있습니다만, 특히 최근 들어서 "일본이 공격당하면 어떻게 할 건데?"와 같은 이야기가 일본사회에서 굉장히 받아들여지기 쉬운 분위기가 형성되어 있는 것 같습니다. "일본이 공격당하면 어떻게 할 건데?"라고 하기 전에 자신들의 국가나 사회가 해온 일을 제대로 인식하고, 똑바로 직시하지 않으면, 또다시 안 좋은 방향으로 내닫게 될 것만 같은 느낌이 듭니다.

그래서 더더욱 연구 이외의 세계에 있는 사람도 계속 배움을 이어가는 것이 중요한 일이라고 생각합니다.

구마노 인권 의식에 대해서 말씀을 해주셨습니다만, 저로서는 인권을 중심으로 한 삶을 살아가고 싶습니다. 이것은 제가 다른 사람에게 상처를 주는 일은 하고 싶지 않다는 의지이기도 하고, 차별이나 폭력을 무시한 삶을 살고 싶지 않다는 뜻이기도 합니다. 이 부분은 대학이 아닌 다른 장소에서도 계속해서 배움과 활동을 이어가는 것이 중요하다는 것하고도 연관됩니다.

저는 연구자가 아닌 사람이 어떻게 살아가는가, 하는 문제도 중요하다고 생각합니다. 역사 연구자가 역사적 사실을 증명하는 일은 매우 중요합니다만, 그렇다고 증명만 했다고 그 사실과 의미가 사회에는 잘 전달되지 않습니다. 역사 교과서나 역사교육을 통해서 어느 정도 전달되겠지만, 이 전달에는 많은 시간이 소요됩니다. 그렇기에 역사를 전달하는 사람, 그 이야기를 서로 나누면서 이야기를 이어가는 사람의 존재 중요하다고 생각합니다.

『뭐야뭐야』1도 그러한 실천이었다고 생각합니다. 과거에 역사가가 밝혀 준 사실을 『뭐야뭐야』1이라는 형태로 정리했고, 이 책을 읽은 사람이 주변에 이야기를 해준 결과, 다양한 사람에게 연결되고 확산이 진행되고, 여기에 참여한 사람의 역사인식이 바뀐 것입니다. 전하는 사람, 이야기를 이어가 주는 사람의 존재가 아주 중요합니다.

이상진 사회를 바꿔가기 위해서는 소수의 사람만으로는 어려운 면이 있으며, 다수의 사람이 배울 때 사회는 변한다고 생각합니다.

우시키 대학원에 진학하지 않으면 이런 문제에 발을 들이기 어렵다는 환경 자체가 이상하다는 것을 더 적극적으로 인식할 수 있어야 합니다.

연구자가 아닌 다른 직업을 가진 사람이 운동에 참여하려 할 때, "이 사람처럼……"이라고 생각할 수 있는 롤 모델은 거의 없는 것 같습니다. 반면에 연구자, 대학 교수를 하면서 운동을 하는 사람은 있어서 이미지를 떠올리기는 비교적 쉽습니다. 이 외의 직접인 경우는 정말로 모델이 없는 점이 마음이 놓이질 않습니다. 이 부분이 바뀌지 않으면 상황은 쉽지 않으리라 생각합니다.

구마노 오키타 씨도 느끼고 있다고 생각합니다만, 일과 운동을 양립한다는 것은 시간적인 면에서 어려움이 많습니다. 이 부분은 자본주의 세계에서 구조적으로 노동자의 자유 시간이 빼앗기고 있기 때문일 것입니다. 이런 구조는 쉽게 해체할 수 없을 것입니다. 이런 환경 자체가 문제입니다만, 그래서 이 책에서는 'Fighting for Justice'와 같은 온라인으로 쉽게 배울 수 있는 웹사이트를 소개하거나, '기보타네'나 '라온'과 같은 동아리와 비슷한 활동을 할 수 있는 단체를 소개한 것입니다. 무언가에 연결되고 싶어 하는 분들은 꼭 이런 곳에 연결되어 보면 좋을 것 같습니다. 라온의 이야기가 나왔으니, 라온 설립에 참여한 우시키 씨께서 이 활동을 해야겠다고 생각한 이유를 들려주실 수 있을까요?

우시키 제가 나선 것이 아니라 다른 분이 제게 함께 하자는 이야기를 해주신 것입니다. 대표님 생각에 굉장히 공감했습니다. 라온은 재일코리안에 관해서 시민이나 학생 등 다양한 사람이 모여서 함께 배움을 이어가는 공간을 만들어가는 시민 단체인데, 저에게는 굉장히 마음 설레는 곳이었습니다.

『뭐야뭐야』1에서 경험한 것이 저에게 정말 뜻 깊었기 때문에, 그때 경험을 다른 형태로 이어가고 싶었습니다. 라온은 저의 원점이라고 생각합니다.

이상진 저도 라온에 참여하고 있습니다.『뭐야뭐야』1은 1만 부 이상 판매되었습니다만, 사회 전체로 보면 1만 부란 그다지 큰 숫자가 아닙니다. 게다가 요즘에는 책을 읽지 않는 시대 되었기에 저희가 하려는 이야기도 잘 전달되지 않습니다. '뭐야뭐야' 조차도 느끼지 않는 사람이 많은 걸까, 라는 생각도 듭니다. 이런 부분은『뭐야뭐야』1을 출간한 뒤에도 줄곧 '뭐야뭐야'로 느끼는 부분이기도 합니다. 일본사회에 존재하는 차별과 억압에 문제를 느끼고 깨달을 수 있는 공간의 필요하지 않냐고 말입니다. 대학 바깥에서 각자가 자기 생활을 영위하면서 문제의식을 공유해서 공부할 수 있는 공간을 만들어야겠다는 생각을 한 것입니다.

한 사람 한 사람이 쌓아가는 노력으로

구마노 일본사회는 쉽게 변하지 않을 것이라는 체념이 확산되어 있다는 이야기도 있었습니다. 그러하기에 더더욱 단념하지 말고 일본사회를 조금씩이라도 꾸준히 변화시켜 가려는 노력이 중요하다고 생각합니다.

우시키 저의 경우, 연구와 활동을 양립한다는 것은 함께 활동하는 동지가 적어서 물리적으로 어렵다고 느낄 때가 있습니다. 그러나, 그렇다고 해서 그런 이유로 활동을 포기하는 것은 절대 저 자신이 행복하지 않다고 생각합니다. 자신이 하고자 하는 일을 포기한다는 선택지는 저에게는 없습니다.

이런 이야기는 함께 활동하는 장소에서 또는 함께 활동하는 사람 사이에서는 가능합니다만, 그 외의 장소에는 이야기를 꺼내기가 어렵습니다. 가족일지라도 이해해 주지 못합니다. "왜 그렇게 힘든 일을 이것저것 다 하는 거야? 일을 좀 줄이면 좋잖아"라고 합니다. 그리고 '혼자 그렇게 애를 써도 사회는 변하지 않잖아", "그러니까 좀 더 편한 길을 생각해 봐"라는 말도 듣습니다. 물론 혼자서는 할 수 없는 일이죠. 혼자만으로 무언가를 하는 것은 잘못된 생각입니다. 그러나, 그게 아니라, 조금 강하게 표현하면, 포기하고 관망하는 것이 아니라 "그럼, 함께 해주면 되잖아"라고 생각하게 됩니다. 혼자서는 작은 힘일지라도 모이면 운동에 대단한 힘이 됩니다. 한 발 뒤로 물러서지 않고, 할 수 있는 일이면 충분하니, 배움을 시작하는 것만으로도 좋으니, 힘을 보태주면 좋겠습니다.

아사쿠라 작년에는 사회운동과 연구로 너무 바빠서 집에서 지친 모습으로 있었더니 "너 스스로 바쁘게 만들고 있잖아"라는 소리를 들어서······.

우시키 맞아요, 정말 그렇다니까요.

아사쿠라 활동을 모두 그만둔다는 선택지는 애초에 없으니 "그만
두면 되잖아"라는 말을 들어도, 저로서는 "무슨 말을 하는
거야……"라는 식이 되고 맙니다.

우시키 맞아요. 한편 "정말 힘들어 보여"라고 주변에서 걱정해 주
는데, 거꾸로 그것 때문에 활동을 함께 할 사람이 줄어드는
건 아닐까? 하는 생각이 들 때도 있습니다. 그런데 실은, 물
론 힘은 들지만 즐겁거든요. 그래서 여기서 활동의 의의를
느끼곤 하는 거죠.

아사쿠라 그런 감정을 느낄 수 있는 공간 자체가 애초에 별로 없잖
아요. 저희에겐 그런 공간은 안전한 분위기 속에서 편안하
게 이야기를 나눌 수 있고, 역사 이야기나, 인권에 관한 이
야기도 아무런 걱정 없이 할 수 있습니다. "이런 이야기 하
면 안 될까?"라던가 "이 이야기는 해도 될까?"라는 생각을
할 필요 없이 "지금 이런 문제가 일어나고 있다는데 이상하
다고 생각 안 해?"라는 식으로 자유롭게 대화를 할 수 있는
공간이 있는 것 자체가 매우 중요하다고 생각합니다.

우시키 그런 대안적인 세계가 이전의 저에게는 전혀 없었기 때문
에 정말로 소중하게 다가옵니다.

아사쿠라 사회를 조금씩이지만 지속해서 변화시키려는 것에 대해
말하자면, 활동하면서 많이 바뀌었다고 실감하는 일은 그
다지 없을 걸로 생각합니다. 예를 들어서 인스타그램 스토

리에서 사회 문제에 관한 어떤 주제를 발신했을 때, 가까운 지인이 반응을 해줘서 기뻤던 적은 있어도, 급격하게 아주 좋은 사회가 되었다고 느낄 일은 없다고 봐도 됩니다. 그래서 조금 지칠 때도 있지만, 할 수 있는 일부터 조금씩 조금씩 바꿔 나갈 수 있으면 좋겠습니다.

그리고 사회운동은 예를 들어, '기보타네'나 'Fighting for Justice'와 같은 단체에 소속되어야 하는 것은 아닙니다. 그야말로 많은 분이 말씀해 주신 것처럼, 배움을 이어가거나, 행사에 참여하거나, SNS에서 조금 발신하는 그런 일을 한 사람 한 사람이 한다면, 그것도 큰 힘이 될 것입니다.

한 가지 더 활동의 의의에 대해서 말씀드리자면, 일본군 '위안부' 문제에 관한 활동은 그 자체로 피해자의 기억을 이어가는 일이기도 합니다. 활동해도 변화가 없으니 무의미하다, 이것은 아니며, 활동하는 자체에 의미가 있는 것이 아닌가 생각합니다.

구마노 제가 "인권 문제와 사회 문제에 관심이 있다"고 하면, 종종 "정치가가 되면 되겠네"와 같은 말을 듣습니다만, 솔직히 거북함을 느낍니다. 먼저 현실적으로 볼 때, 정치인 한 명의 힘으로 바뀌는 문제가 아니라고 생각합니다. 역사를 공부하면 결국에는 대중이나 시민이 역사를 바꿔 온 사실을 알 수 있잖아요. 그런 관점에서 역사를 배운다는 것은 사회를 바꿀 수 있는 상상력을 키운다는 의미가 있다고 봅니다.

지금의 정치와 사회는 과거 사람이 선택하고 쌓아 올린 결과물이며, 앞으로 좋은 방향이든 나쁜 방향이든 우리 사회를 바꿔 나가는 것은 지금 우리 선택에 달려있다고 봅니다. 그러하기에 좋은 방향으로 바꿔 가는 선택을 할 필요가 있는 것입니다.

사회를 변화시키겠다고 하더라도, 여기에 특정한 목표가 있는 것은 아닙니다. 물론 법률이 개정되는 등의 전환점은 있을지 모르지만, 그렇다고 해서 그걸로 모든 것이 해결되고 문제가 끝나는 것은 아닙니다. 물론 끝이 아니라고 해서 결코 부정적인 상황이 아니라, 긍정적인 일이라고 생각합니다. 더 나은 사회를 만들어 간다는 의미에서 저희는 긍정적인 운동을 벌이고 있다고 생각하고 있습니다.

최종적인 동기부여로서는 아무것도 하지 않고 이대로 생을 마감하고 싶지 않다고 할까, 좋은 선택을 하면서 살아가고 싶으며, 앞에서 이야기한 "자신이 옳다고 생각하는 일"을 하고 싶다는 문제와도 연결이 됩니다만, 저는 그런 의식이 강합니다.

오키타 방금 이야기는 매우 중요하다고 공감하지만, 어딘지 문턱이 높다고 느끼는 사람도 있을 것 같습니다. 저의 경우는 사회운동 등의 활동에 참여하지 못하고 있다는 부분이 항상 마음의 빚으로 남아있습니다만……. 최근 들어 생각하는 것은 관심을 품게 되는 계기나 입구가 될 수 있는 행동이 중요하지 않을까 하는 부분입니다. 저 자신은 이들 문제에 관심을 보이기 위한 문턱의 높이를 낮추기 위한 노력을 하고자 합니다. 예를 들어서 SNS에서 사회 문제에 관한 계정이나 게시물을 공유하거나, 자기 생각을 글로 써보고 누군가가 읽어 주면 좋겠다고 생각하는 등이 있습니다. 정치와 사회 문제와 어울리는 방법을 100%는 어렵더라도 "이런 식의 방법, 동참하는 방법이 있어"라는 것을 직접 보여주는 것도 있을 것입니다. 정말로 아무런 티도 안 나는 사소한 일이지만, "차별 문제를 생각하는 쪽, 사회운동을 하는 쪽에 서 있어"라는 부분을 밝히는 사람이 많아지면, 세상은 바뀌지 않을까 생각합니다. 0이냐 100이냐가 아니라, 1이나 2로도 무언가 할 수 있다는 식으로 저는 노력하고 분발하고 싶다는 생각입니다.

구마노 '활동'이라는 말을 들으면 무언가 굉장히 특별한 것처럼 들릴지 몰라도, 저는 이것이 제 생활의 일부라고 생각하기에…….

아사쿠라 저 자신, 활동하고 있다는 의식이 강하게 있는 것이 아니라, 오히려 당연한 마음으로 임하고 있는 그런 느낌입니다.

구마노 일본에서는 아무래도 운동에 참여하는 것은 특별한 일로 받아들이겠지만, 다른 나라나 사회에서는 생활의 한 부분으로 하곤 합니다.

오키타 "일상적인 일인걸"이라고 아무렇지 않게 말할 수 있는 환경이 되면 좋겠습니다. (선거가 있을 때는 다양한 유세 활동이 있으니)

선거가 있기 전 정도밖에 그러지 못하는 일본사회의 현실입니다만…….

이상진 한국사회의 경험을 보아도, 여러분께서 지적하고 계신 대로, 하나하나 선택이 쌓인 결과 지금의 사회가 형성되었기 때문에 세세한 행동 하나가 장래 사회 형성으로 이어진다고 생각합니다. 이런 인식을 모두가 가지고, 각자가 할 수 있는 데서부터 무언가를 실천함으로써 사회가 바뀐다고 생각합니다.

오키타 정말 그렇게 생각합니다. 누군가 권력을 가진 사람이 바꿔주는 것이 아니라, 한 사람 한 사람이 조금씩 쌓아감으로써 무언가가 바뀔지도 모른다. 그렇게 믿고 사회를 마주하고 노력을 이어가고 싶습니다.

전체

岡本有佳·加藤圭木 編,『だれが日韓「対立」をつくったのか－徴用工,「慰安婦」, そして メディア』, 大月書店, 2019.

加藤圭木監修, 一橋大学社会学部加藤圭木ゼミナール 編,『「日韓」のモヤモヤと大学生 のわたし』, 大月書店, 2021.

첫 번째 이야기

칼럼 – '한일'의 역사를 무시하고 K-POP을 듣는 건 가능해?

加藤直樹,『九月, 東京の路上で－1923年関東大震災ジェノサイドの残響』, ころから, 2014.

좌담회 – '한일'의 '뭐야뭐야'와 마주하는 당사자성과 상상력

岡本有佳·金富子責任 編集, 日本軍「慰安婦」問題webサイト制作委員会 編,『増補改訂版 〈平和の少女像〉はなぜ座り続けるのか』, 世織書房, 2016.

平井美津子,『「慰安婦」問題を子どもにどう教えるか』, 高文研, 2017.

テッサ·モーリス＝スズキ(田代泰子 訳),『過去は死なない－メディア記憶歴史』, 岩波書 店, 2014. (初出2004年)

좌담회 – 『뭐야뭐야』 1에 대한 현역 대학생의 목소리에 답하다

岡本有佳·アライ＝ヒロユキ 編,『あいちトリエンナーレ「展示中止」事件－表現の不自 由と日本』, 岩波書店, 2019.

加藤圭木,『紙に描た「日の丸」－足下から見る朝鮮支配』, 岩波書店, 2021.

中塚明,『歴史の偽造をただす－戦史から消された日本軍の「朝鮮王宮占領」』, 高文研, 1997.

두 번째 이야기

"무엇이 진실인지 모르겠어"는 어째서?

伊藤昌亮,『ネット右派の歴史社会学－アンダーグラウンド平成史1990~2000年代』, 青 弓社, 2019.

_____,「ネット右派の起源－90年代後半のネット右派論壇の成り立ち」, 清原悠 編, 『レイシズムを考える』, 共和国, 2021.

岩崎稔シュテフィ・リヒター,「歴史修正主義－1990年代以降の位相」, 倉沢愛子ほか 編, 『岩波講座アジア・太平洋戦争1 なぜ, いまアジア・太平洋戦争か』, 岩波書店, 2005.

大串潤児,「教科書訴訟教科書問題と現代歴史学」, 大津透ほか 編,『岩波講座日本歴史 第22巻 歴史学 の現在(テーマ巻3)』, 岩波書店, 2016.

加藤圭木,「現代日本における朝鮮人への差別暴力と歴史認識」, 須田努 編,『社会変容 と民衆暴力－人びとはなぜそれを選び, いかに語られたのか』, 大月書店, 2023.

金誠明,「在日朝鮮人の民族教育と自決権－朝鮮学校『高校無償化』排除と朝鮮民主主 義人民共和国」,『歴史評論』, 第822号, 2018.

権赫泰(鄭栄桓 訳),『平和なき「平和主義」－戦後日本の思想と運動』, 法政大学出版局, 2016.

斉加尚代毎日放送映像取材班,『教育と愛国－誰が教室を窒息させるのか』, 岩波書店, 2019.

徐京植,「和解という名の暴力－朴裕河『和解のために』批判」,『植民地主義の暴力－「こ とばの檻」から』, 高文研, 2010.

「戦争と女性への暴力」, 日本ネットワーク 編,『暴かれた真実 NHK番組改ざん事件－ 女性国際戦犯法廷と政治介入』, 現代書館, 2010.

俵義文,『戦後教科書運動史』, 平凡社, 2020.

鄭栄桓,『忘却のための「和解」－『帝国の慰安婦』と日本の責任』, 世織書房, 2016.

中野敏男ほか 編,『「慰安婦」問題と未来への責任－日韓「合意」に抗して』, 大月書店, 2017.

Fight for Justice(日本軍『慰安婦』問題webサイト 制作委員会),「日本軍『慰安婦』『強制 連行』などを否定した閣議決定と教科書への政治介入を批判する声明(FFJ)」, 2021.7.8. (https://fightforjustice.info/?p=5246, 2023.6.18取得)

山口智美ほか,『海を渡る「慰安婦」問題－右派の「歴史戦」を問う』, 岩波書店, 2016.

吉澤文寿,『日韓会談1965－戦後日韓関係の原点を検証する』, 高文研, 2015.

_____,「[寄稿]植民地支配の被害者の人権踏みにじる『1965年体制』を民主化しよ う」,『ハンギョレ』, 2023.3.11. (https://japan.hani.co.kr/arti/opinion/46156.html, 2023.6.18取得)

吉田裕,「戦争責任論の現在」,『現代歴史学と戦争責任』, 青木書店, 1997.

_____,「戦争責任論の現在」,『現代歴史学と軍事史研究－その新たな可能性』, 校倉書 房, 2012.

「朝鮮戦争の終戦宣言に難色」REUTERSウェブサイト, 2021.11.7. (共同通信配信記事, https://jp.reuters.com/article/idJP2021110601000688, 2023.6.21取得)

「ドイツの大学キャンパスから少女像撤去される 学生会が昨夏設置」,『聯合ニュース』, 2023.3.10. (https://jp.yna.co.kr/view/AJP20230310001400882, 2023.6.18取得)

「トランプは朝米終戦宣言を望んだが安倍が反対した」,『ハンギョレ』, 2020.6.23. (https://japan.hani.co.kr/arti/international/37018.html, 2023.6.21取得)

역사 부정과 '유해한 남성성'

及川英二郎,「石橋湛山の小日本主と家族のアナロジー─ジェンダーの視点で読解く帝国意識の系譜」,『日本植民地研究』, 第28号, 2016.

倉橋耕平,『歴史修正主義とサブカルチャー─90年代保守言説のメディア文化』, 青弓社, 2018.

樋口直人,「ネット右翼の生活世界」, 樋口直人ほか,『ネット右翼とは何か』, 青弓社, 2019.

村山一兵神戸女学院大学石川康宏ゼミナール,『『ナヌムの家』にくらし, 学んで』, 日本機関紙出版センター, 2012.

山口智美,「ネット右翼とフェミニズム」, 樋口直人ほか,『ネット右翼とは何か』, 青弓社, 2019.

米山リサ,「戦争の語り直しとポスト冷戦のマスキュリニティ」, 倉沢愛子ほか 編,『岩波講座アジア・太平洋戦争1 なぜ, いまアジア・太平洋戦争か』, 岩波書店, 2005.

한국에서는 역사를 어떻게 받아들이고 있어?

金英丸,「ソウルから日本の市民へのメッセージ─東アジアの平和を創る道を拓きましょう!」,『アジェンダー未来への課題』, 第67号, 2019.

김동춘,『대한민국은 왜? 1945-2015』개정판, 사계절, 2020. (日本語版─金東椿[李泳采監訳],『韓国現代史の深層─「反日種族主義」という虚構を衝く』, 梨の木舎, 2020).

강성현,「한국 사상통제기제의 역사적 형성과 '보도연맹 사건' 1925-50」, 서울대학교 박사학위 논문, 2012.

강성현,『탈진실의 시대, 역사 부정을 묻는다』, 푸른역사, 2020. (日本語版─康誠賢[鄭栄桓監修古橋綾訳],『歴史否定とポスト真実の時代─日韓「合作」の「反日種族主義」現象』, 大月書店, 2020)

손열,「위안부 합의의 국제정치─정체성-안보-경제 넥서스와 박근혜 정부의 대일외교」,『국제정치논총』, 제58집 제2호, 2018.

崔仁鐵,「韓国政府樹立後の反共活動と国民保導連盟」, 一橋大学大学院社会学研究科博士論文, 2020.

한홍구,『대한민국사』제1권, 한겨레출판, 2003년 A. (日本語版─韓洪九[高崎宗司監訳],

『韓洪九の韓国現代史 韓国とはどういう国か』, 平凡社, 2003)

한홍구, 『대한민국사』 제2권, 한겨레출판, 2003년 B. (日本語版−韓洪九[高崎宗司監訳], 『韓洪九の韓国現代史II 負の歴史から何を学ぶのか』, 平凡社, 2005)

＿＿＿, 『대한민국사』 제3권, 한겨레출판, 2005.

吉澤文寿, 『日韓会談1965−戦後日韓関係の原点を検証する』, 高文研, 2015.

한홍구, 「되살아난 친일 세력과 독재자의 망령」, 『내일을 여는 역사』 제2호, 2008.

「韓 극우 매체, 하버드에 '위안부 망언' 램지어 지지 성명 발송」, 『아주경제』, 2021.2.16. (https://www.ajunews.com/view/20210216100050196, 2023.6.28 발췌)

「한국 재단이 징용 배상 "한일관계 위한 결단"…피해자는 '반발'」, 『연합뉴스』, 2023.3.6. (https://www.yna.co.kr/view/AKR2202303060722504, 2023.6.28. 발췌)

「기시다, 강제동원 사과커녕 '위안부 합의' 이행도 요구」, 『한겨레』, 2023.3.16. (https://www.hani.co.kr/arti/politics/polities_general/1083989.html, 2023.6.28. 발췌)

「기시다 "尹대통령 어려운 결단에 경의"」, 『연합뉴스』, 2023.3.17. (https://www.yna.co.kr/view/AKR20230317147151073, 2023.6.28. 발췌)

「해리스 "文대통령, 종북좌파에 둘러싸여있다" 발언 논란」, 『동아일보』, 2019.11.30. (https://www.donga.com/news/Politics/article/all/20191129/98601249/1, 2023.6.28. 발췌)

「美 백악관 "尹대통령 對日 조치 용가결단 평가…인정 받아야"」, 『연합뉴스』, 2023.3.31. (https://www.yna.co.kr/view/AKR20230331009900071, 2023.6.28. 발췌)

「윤, 일본에 또 저자세…"100년 전 일로 '무릎 꿇으라' 동의 못 해"」, 『한겨레』, 2023.4.24. (https://www.hani.co.kr/arti/politics/politics_general/1089210.html, 2023.6.28. 발췌)

「윤 대통령 향한 일본의 '극진한 환대' 부각…"부부만 만찬 드문 편"」, 『한겨레』, 2023.3.16. (https://www.hani.co.kr/arti/politics/politics_general/1083990.html, 2023.6.28. 발췌)

칼럼 − 삭제된 『마이니치신문』 오누키 도모코 씨의 기명 기사

加藤圭木, 『現代日本における朝鮮人への差別暴力と歴史認識』須田努 編, 『社会変容と民衆暴力−人びとはなぜそれを選びいかに語られたのか』, 大月書店, 2023.

加藤圭木吉田裕, 『大貫智子「韓国文化を楽しむなら加の歴史に向き合うべきか」(毎日新聞) の記事削除について』, 2023.2.16. (https://researchmap.jp/blogs/blog_entries/view/92532/73276bdf391f276759604406be5f8d4f, 2023.6.29.取得)

세 번째 이야기

재일코리안과 일본인인 나

金誠明,「解放後の法的地位をめぐる在日朝鮮人運動」, 一橋大学大学院社会学研究科博士論文, 2021.

金德龍,『朝鮮学校の戦後史－1945~1972』, 社会評論社, 2002.

小林知子,「8.15直後における在日朝鮮人と新朝鮮建設の課題－在日朝鮮人連盟の活動を中心に」,『在日朝鮮人史研究』第21号, 1991.

_____,「戦後における在日朝鮮人と「祖国」－朝鮮戦争期を中心に」,『朝鮮史研究会論文集』第34号, 1996.

五郎丸聖子,『朝鮮戦争と日本人 武蔵野と朝鮮人』, クレイン, 2021.

『朝鮮学校物語』日本版 編集委員会 編, 地球村同胞連帯(KIN)「高校無償化」からの朝鮮学校排除に反対する連絡会,『朝鮮学校物語－あなたのとなりの「もうひとつの学校」』, 花伝社, 2015.

鄭栄桓,『朝鮮独立への隘路: 在日朝鮮人の解放五年史』, 法政大学出版局, 2013.

_____,「在日朝鮮人の『国籍』と朝鮮戦争(1947-1952年)－『朝鮮籍』はいかにして生まれたか」,『PRIME』第40号, 2017.

_____,『歴史のなかの朝鮮籍』, 以文社, 2022.

朴慶植 編,『朝鮮問題資料叢書－解放後の在日朝鮮人運動 1』, 第9巻, アジア問題研究所, 1983.

_____,『在日朝鮮人関係資料集成〈戦後編〉－在日朝鮮人連盟関係』, 第1巻, 不二出版, 2000.

李愛玲,「植民地責任と向き合う育の可能性－在日朝鮮人･日本人の教師間び学校間における交流史に着目して」, 一橋大学大学院社会学研究科修士論文, 2023.

100년 전에 도쿄에서 일어난 일

梶村秀樹,「在日朝鮮人の生活史」, 梶村秀樹著作集刊行委員会 編集委員会 編,『在日朝鮮人論』, 明石書店, 1993. (原著論文, 1983)

加藤直樹,『九月, 東京の路上で－1923年関東大震災ジェノサイドの残響』, ころから, 2014.

姜徳相,「関東大震災に於ける朝鮮人虐殺の実態」,『歴史学研究』, 第278号, 1963A.

_____,「つくりだされた流言－関東大震災におる朝鮮人虐殺について」『歴史評論』, 第157号, 1963B.

姜徳相,「関東大震災下『朝鮮人暴動流言』について」,『歴史評論』, 第281号, 1973.

_____,『関東大震災虐殺の記憶 [新版]』, 青丘文化社, 2003.

_____,「一国史を超えて－関東大震災における朝鮮人虐殺研究の50年」,『大原社会問題研究所雑誌』, 第668号, 2014.

徐京植,『在日朝鮮人ってどんなひと?』, 平凡社, 2012.

강덕상 외,『관동대지진과 조선인 학살』, 동북아역사재단, 2013.

徐台教,「安倍元首相銃撃事件への怒りが, 在日コリアンに向かうとき」『yahoo news』, 2022.7.8. (https://news.yahoo.co.jp/byline/seodaegyo/20220708-00304689, 2023.6.28取得)

関原正裕,「関東大震災時の朝鮮人虐殺事件, 国家責任を隠蔽した『特赦』『特別特赦』」,『人民の歴史学』, 第227号, 2021.

ほうせんか 編著,『風よ鳳仙花の歌をはこべ [増補新版]』, ころから, 2021.

야마다 쇼지, 이진희 역,『관동대지진 조선인 학살에 대한 일본 국가와 민중의 책임』, 논형, 2008. (原著－山田昭次,『関東大震災時の朝鮮人虐殺－その国家責任と民衆責任』, 創史社, 2003)

「関東大震災96周年朝鮮人犠牲者追悼式典の横で右翼ら『韓国が嘘をついている』」,『ハンギョレ』, 2019.9.2. (https://japan.hani.co.kr/arti/international/342.1.html, 2023.6.28取得)

「地震発生後, 日本で『朝鮮人が福島の井戸に毒を入れた』というデマまで」,『ハンギョレ』, 2021.2.16. (https://japan.hani.co.kr/arti/international/39143.html, 2023.6.28取得)

「東京都が朝鮮人殺題材の映像作品を上映禁止…作者「検閲だ」と批判 都職員が小池知事に付度?」,『東京新聞』, 2022.10.28. (https://www.tokyo-np.co.jp/article/210760, 2023.6.28取得)

다마가와(多摩川)를 걸으며 생각하는 '조선'

金隆明,「指紋押捺制度の沿革と在日朝鮮人」『在日朝鮮人史研究』, 第34号, 2004.

指紋押捺制度の撤廃を求める調布市民の会会報,『ひとさしゆびに自由を』No.35, 1985.

朴慶植,「在日朝鮮人の生活史東京近を中心として」,『물레의 会シリーズ5 多摩川と在日朝鮮人－地域にみる近代の在日朝鮮人生活史市民講座の記録』, 調布ムルレの会, 1984.

三井住友トラスト不動産,「『京王電軌』による沿線の開発」,『写真でひもとく街のなり

たち』. (https://smtrc.jp/town-archives/city/chitosekarasuyama/p02.html, 2023.6.11.取得)

칼럼 – 오사카 이쿠노(生野)와 교토 우토로(ウトロ)를 방문하며

金贊汀, 『異邦人は君ヶ代丸に乗って－朝鮮人街猪猪飼野の形成史』, 岩波書店, 1985.

杉原達, 『越境する民－近代大阪の朝鮮人史研究』, 新幹社, 1998.

中村一成, 『ウトロ ここで生き, ここで死ぬ』, 三一書房, 2022.

박미아, 「해방 후 재일조선인의 생활공간 변용－오사카 츠루하시(大阪 鶴橋) 일대 '시장화'를 중심으로」, 『한국민족문제연구』 39권, 2020.

오키나와와 일본군 '위안부' 문제

アクティブ·ミュージアム, 「女たちの戦争と平和資料館」 編, 『軍隊は女性を守らない－沖縄の日本軍慰安所と米軍の性暴力』, 2012.

川田文子, 『新版 赤瓦の家－朝鮮から来た従軍慰安婦』, 高文研, 2020.

古賀徳子, 「沖縄戦における日本軍『慰安婦』制度の展開(1)~(4)」, 『戦争責任研究』, 第60~63号, 2008~2009.

洪玧伸, 『新装改訂版 沖縄戦場の記憶と「慰安所」』, インパクト出版会, 2022.

「インタビュー金賢玉さんに聞く 日本軍『慰安婦』問題解決と統一への思いを胸に－奉奇ハルモニと過ごした17年間を振り返る」, 『人権と生活』, 第35号, 2012.11.

「ハルモニの遺言 元『従軍慰安婦』ペポンギさんの戦後」, 『琉球新報』, 1998.6.18.~23.付.

「[ルポ] 韓国社会が忘れた最初の慰安婦証言者…その名はペポンギ」, 『ハンギョレ』, 2015.8.9. (https://japan.hani.co.kr/arti/politics/21570.html, 2023.6.28.取得)

좌담회 – 서울에서 생각하는 한국·조선, 일본에서 배우는 한국·조선

五郎丸聖子, 『朝鮮戦争と日本人 武蔵野と朝鮮人』, クレイン, 2021.

シンパク·ジニョン(金富子監訳), 『性売買のブラックホール－韓国の現場から当事者女性とともに打ち破る』ころから, 2022.

네 번째 이야기

사회운동에 관여한다는 것

仁藤夢乃 編著, 『当たり前の日常を手に入れるために－性搾取社会をきる私たちの闘い』, 影書房, 2022.

　이 책은 히토쓰바시대학 사회학부 가토 게이키 세미나에서 펴낸 『뭐야뭐야』 1^{大月書店, 2021}의 속편입니다. 학부 때 『뭐야뭐야』 1을 집필하고 지금은 대학원생과 회사원이 된 5명이 이번에는 편자로 이 책을 펴냈습니다. 편자 중 4명은 총 20명 정도인 제가 담당하는 대학원 세미나의 일원이지만, 이 책은 대학원 세미나 기획은 아닙니다.

　『뭐야뭐야』 1은 많은 분이 예상을 뛰어넘는 관심을 보여주신 결과, 발행 8개월 만에 누적 1만 부를 달성했습니다. 특히 독자 여러분께서 SNS 등에서 계속해서 감상을 공유해 주셨고, 발행 기념 심포지엄을 비롯한 행사에 1,000명 이상이 참가해 주신 것은 지금까지 찾아볼 수 없었던 획기적인 현상이었습니다. 이러한 확산에 저자 5명도 저도 큰 격려를 받았습니다. 독자 여러분의 응원이 없었다면 속편인 이 책이 실현되지 않았을 것입니다.

　역사부정론이 대두하는 작금의 상황 속에 한국 / 조선 근현대사 연구자로서 무력감을 느낀 적이 없었던 것은 아닙니다. 그런데 독자 여러분의 힘으로 『뭐야뭐야』 1을 확산시켜주신 경험을 통해서 포기하지 않는 소중함을 그리고 역사학이 사회적으로 수행해야 하는 역할을 다시 한 번 일깨워 주셨습니다.[1]

　속편을 내는 것은 상상 이상으로 힘든 일이었습니다. 회사에서 일하

1　『뭐야뭐야』 1의 감수자로서 되돌아본 논고로 加藤圭木, 「『日韓歴史問題』と大学生－モヤモヤは進化する」(『世界』 제961호, 2022)가 있다.

면서 시간을 할애하는 것은 결코 쉬운 일이 아니었으며, 대학원생도 전문적인 논문 집필이나 학회 활동에 더해 사회적 실천에 참여하느라 매우 바쁜 나날을 보냈습니다. 그런데도 자신들이 할 수 있는 일을 해내고 싶다는 편자들의 명확한 의지를 느꼈습니다.

2023년 4월 말, 서울에 편자 5명이 모여서 답사와 편집 회의, 좌담회를 수행했습니다. COVID-19에 따른 규제와 각자의 유학 등으로 모든 인원이 대면으로 모인 것은 『뭐야뭐야』 1을 출간한 이후 약 2년 만의 일이었습니다. 크게 성장한 5명한테서 많은 자극을 받았고, 문제의식을 공유할 수 있는 관계성이 얼마나 중요한지 다시금 느꼈습니다.

또한 『뭐야뭐야』 1을 계기로 새로운 학생이 세미나에 참여하면서 배움의 고리가 확대한 것에 커다란 용기를 얻었습니다. 그 모습은 좌담회 형태로 이 책에 반영되었습니다.

일본사회에는 여전히 심각한 한국 / 조선 차별과 역사부정이 만연해 있으며, 피해자의 존엄은 아직 회복되지 않았습니다. 과거를 망각하려는 입장에서 대형 신문사가 『뭐야뭐야』 1에 대해 부당한 공격이 있었던 것은 일본의 현재 상황을 상징하는 사건이었습니다.[2] 이런 상황에서 이 책을 통해 일본과 한국 / 조선의 역사에 대해 생각하는 고리가 점점 더 커지기를 바랍니다.

가토 게이키

....

2   자세한 내용은 두 번째 이야기, 칼럼, 「삭제된 『마이니치신문』 오누키 도모코 씨의 기명 기사」 및 加藤圭木, 『現代日本における朝鮮人への差別·暴力と歴史認識』(須田努編, 『社会変容と民衆暴力』, 大月書店, 2023) 참조 바람.

후기

『뭐야뭐야』 1이 출간된 지 약 2년이 지났습니다. 지난 2년간 '한일' 양국 사이에 어떤 일이 일어났고, 환경이 얼마나 변했나요? 2023년 3월에는 2018년 한국의 대법원판결에서 승소가 확정된 강제 동원 피해자에 대해서 일본 기업을 대신해서 한국 정부 산하 재단이 배상금을 지급할 것을 발표했습니다. 한국 정부의 이 발표는 피해자의 의사를 무시하고, 그들의 바람을 외면해 버리는 결정이었다고 볼 수 있습니다. 또한 2023년 5월에는 기시다 총리가 한국을 방문해서 "미래를 향해서 한국과 협력해 나가는 것이 책무다"라고 발언했습니다. 강제 동원과 일본군 '위안부' 문제를 비롯한 피해자에게 사죄하는 것도, 역사적 사실을 명확하게 인정한 것도 아닌, 그저 '미래'가 중요하다는 발언은 피해자를 무시하는 행위이며, 이런 기시다 총리에게 진지하게 역사를 마주하는 자세는 없었습니다.

시간이 지날수록 생존해 있는 피해자는 점점 줄어들고 있습니다. 가령 2023년 6월 현재, 한국에서는 5월 2일에 또 한 분의 일본군 '위안부' 제도 피해자가 사망하였고, 정부가 인정한 한국인 피해자 중 생존자는 9명뿐입니다. 그리고 대만의 마지막 일본군 '위안부' 제도 피해자가 5월 10일에 돌아가셨다는 현지 지원단체 발표가 있었습니다.

이런 가운데, 앞서 언급한 상황 등을 근거로 "한일관계가 개선되었다"는 사회적 풍조가 형성되고 있습니다. 그러나 피해자가 요구하는 것은, 역사적 사실을 인정하고 사죄와 배상을 하는 것입니다. 우리는 이러한 사회적 정세에 휘둘리지 않고, 피해자의 절실한 바람을 마주하기 위해서 무엇을 해야 하는지를 생각하면서 『뭐야뭐야』 2를 만들었습니다. 우리는 어떤 사회적 상황에서도 피해자의 뜻이 이루어지고 명예가 회복되기를 계속 요구할 것입니다.

이 책을 제작하면서 많은 분의 도움을 받았습니다. 히라이 미쓰코 선생님께서는 두 차례에 걸쳐 행사에 참여해 주셨고, 발언을 수록하는 것도 흔쾌히 응해 주셨습니다. 히토쓰바시대학교 가토 게이키 세미나의 와카바야시 치카わかばやしちか 씨, 다키나미 아스카滝波明日香 씨, 네기시 하나코根岸花子 씨, 후지타 지사코藤田千咲子 씨, 고지마 타쓰토小島辰仁 씨는 이 책의 원고를 읽고 조언을 해주셨습니다. (와카바야시 씨, 다키나미 씨, 네기시 씨, 후지타 씨는 이 책에도 등장해 주셨습니다)『뭐야뭐야』 1에서 얼굴 그림을 그려 주신 세미나 졸업생 하바 이쿠호羽場育保 씨는 바쁘신 중에 이 책을 위해 10장의 초상화를 그려주셨습니다. 2022년 7월 오키나와 답사에서는 고가 노리코古賀德子 씨, 오다 히카리大田光 씨가 오키나와 전투 및 '위안소' 터 등을 안내해 주셨습니다. 그리고 오키나와에서 김현옥 씨, 백충 씨로부터 소중한 말씀을 들을 수 있었습니다. hiko 씨는 트윗 인용을 기꺼이 승낙해 주셨을 뿐 아니라, 『뭐야뭐야』 1의 의의에 관해서 말씀을 들려주셨습니다. 서울시립대학교 국사학과 교수님과 학생께서는 학과 답사에 참여할 수 있도록 저희를 받아주셨습니다. 이 책의 일러스트는 가토 미나에カトウミナエ 씨가, 장정은 미야가와 카즈오宮川和夫 씨가 담당해 주셔서 멋진 책으로 완성해 주셨습니다. 오쓰키서점大月書店의 가도타 미카角田三佳 씨는 『뭐야뭐야』 1에 이어 이 책의 편집을 맡아 주셨고, 이 책

에 대해 여러 차례 세심한 조언을 주셨습니다. 그리고 『뭐야뭐야』 1의 간행 이후, 저희를 응원해 주신 독자 여러분께 진심으로 감사의 말씀을 드립니다.

2023년 6월

편자를 대표하여 아사쿠라 기미카^{朝倉希実加}